出典：前川光永著「カメオとギリシャ神話図鑑」柏書店松原株式会社

プラトーン著作集　第七巻

自然哲学

ティーマイオス
クリティアース

水崎博明　著

櫂歌全書⑲

序

もう二十歳は過ぎていた頃だったろうか。午後遅くの演習の時間が終って帰りを御一緒した時、恩師は仰有った「しかし、プラトンは、僕は思うが、未だ誰一人にも読まれてはいないのだ」と。それは確か文学部直ぐ近くの市内電車の狭いプラットフォームで電車の来るのを待ちながら私が学生の気楽さと甘えの中で演習の後のもやもやからプラトーンの読み方についての学者や研究者たちへの不満を恩師に言い立てていた時のことであっただろうか。私は一応古典ギリシアの哲学を勉強することには傾いていたが、それでも哲学という学問の茫漠たる大きさにはただただ呑み込まれて五里霧中でもあったのだった。私は一瞬余りにも思いがけないことを聞いたと思い耳がシーンと静まった。西洋には二十五世紀に渡る哲学の伝統が脈々とあり、その伝統は異口同音にプラトーンとの格闘の申し子ではなかったか。であれば、どうして彼らがプラトーンを読むことがなかったと言うことなど出来ようか。それなのに恩師は「未だ誰一人も読まなかった」のだと仰有るとは。だがしかし、その不可解は一瞬のうちに消え去った。何故なら、その御言葉は恩師の並々ならぬプラトーンを読むのだという決意とその勇気とのことなのだと私には、その一瞬のうちに、理解出来たからだ。そして同時に、何かこの私自身もまた恩師のそういう御言葉を心の片隅でずっとお聞きすることを待っていたのではないかというような気持ちにも襲われた。

その時より今は五十年の月日が過ぎた。四十三年の年月に渡って大学で講義する義務を負って来たが、私のその義務を遂行する「方法」はそれ以来ただただひたすらに「プラトーンを読む」というその一事であった。こういうことを人前で言うのは決して褒めたことでもなく或いは更にはまた犯罪にさえ近いことなのかも知れないが、私は人の多分十分の一も研究書や論文等の類を読んでは来なかったであろう。私は「プラトーンを読む」というその一事の前にはそんなにまでそれを読むべき書き物があるとは余り思われなかったのだ。研究書を読まぬとプラトーンが読めないのだろうか。私には余りそう思われなかったのだ。「プラトーンを読む」ということは研究者ではないと叶えられぬことなのだろうか。無論、研究者であってもプラトーンをよく読むということはあるとは思うが、例えばその研究者ではなくとも一人の子供が一心不乱に新美南吉の童話を読んでその心を研究者以上に真実育むということは、絶対にあり得ることだと思うのだ。

今日にギリシアの古典を、心貧しき信者が聖書を、無垢の心に眼を澄ました子供が新美南吉を、読むそのように読む熱情は、どうなってしまったのだろうか。自らの全人格を捧げて古典という全人格と遭遇するそこにこそ教養の真実はあった筈なのに現今の機械文明の供する断片的な便利への纏わりつきに、最早人々は人格という重い或るものの手応えを解消してしまっているのではないかと危惧されるのだ。従って、私は「古典を読む」という全うで真実な道を出来るだけ多くの方々が歩まれるよう老若男女全ての方々に訴えたいのである。故にこの書は何かプラトーンの哲学の研究的なレヴェルに責任を負うものではなく、否、それを「よく読むこと」の勧めである。

私は本全集をもって私がプラトーンをどう読んで来たのかその一切を公開し、読者の皆さん方と「プラトーンをよく読む」という真実の教養の道を再興したいと願うのである。

序

凡　例

一、この『プラトーン全集』は通例通りJ・バーネットによるプラトン全集（J.Burnet, Platonis Opera, 5 vols, Oxford Classical Texts）をその底本とし、これと異なる読み方を訳者がした箇所についでは註などによって示した。
二、翻訳文の上欄に付けた数字及びそれに続くBCDE等のアルファベットは（Aは数字の位置）彼のステファーノス版プラトン全集（H.Stephanus, Platonis Opera quae extant omnia,1578）の頁数と各頁におけるBCDEによる段落づけとの一応の対応を示したものである。
三、各々の対話篇の章分けは一八世紀以降J・F・フッシャーの校本に拠ることが慣習となり、本全集もその慣行に拠った。
四、添えられた副題は伝統に従った。
五、ギリシア語の無声音と有声音との表記上の区別はせず、一般にソクラテス・プラトンと表記される人名を、本全集はギリシア語の長短そのままにソークラテース・プラトーンとした。
六、全分冊に「序」を、各巻の最初の分冊に「前書き」を、最後の分冊に「後書き」を付けた。
七、本全集刊行の趣旨は、プラトーン研究の学問的な水準に対して責任を負うことに置かれてはいない。それはむしろ〝一人の読者としてプラトーンをただ読むこと〟をお求めの方々に対し一人のプラトーン読者としての読み方を提供することで貢献しようとするものである。従って研究書・参考書の類は一切あげられてはいない。岩波の『プラトン』全集を参照されたい。

第七巻　前書き

今日に〝自然哲学〟というようなことが言われると、人は恐らく何かそこに落着かないものを思うのではないかと想像します。何故なら、「哲学」というものはそれをその最も素朴な理解から言ってみればそれはおよそ〝事柄をその最も根源的なところから深く突き詰めて考えること〟だとされることでしょうが、そのような「哲学」というものも人生や社会といったものに向う場合ならばいざ知らず〝自然〟を対象としてそれに向うとすればそれは最早「神話」となるか或いは「宗教」となるしかないだろう。否、そうであってはならないのだ。「自然」がまさしくただ自然そのものとして明らかになるのは一重にただ「科学」こそがそれに立ち向かったその時なのだと、こう人々には考えられることでしょうから。すなわち、人は「自然」を哲学してはならないのであり、すべからく科学的にこそそれに対しては迫るべきだと考えているのではないかということです。そうであって見れば私はそういう今日における常識というものがあるのにも拘らず何故に〝自然哲学〟というようなこの巻の題名を敢えて提出するのかという理由を、何程かではあれ、明らかにすることが先ずは求められているのではないかと思います。

さてこの課題に対しては、私はおよそ「学問」だとして語られるもののその発展ないしは展開といったことをざっと概観するところから答えて行こうと思います。端的に申して古代ギリシアにおいては、およそ「哲学」というものは学的な営みの総体をすべからく総称することのあった言葉であり、例え今日おいてはそれは最早ただ「科学」という名前でこそ呼ばれるべきではないかと考えられる知的な努力ではあってもおよそ「哲学」の名前でもって呼ばれることでこそ安定の下に到るのでした。それはアリストテレースによって〝哲学の始祖〟ともされた彼のタレースからしてそうであり、アリストテレースがタレースをもって哲学が始まったのだとみなしたのも「自然」を神々の名前を用いながらそこに神話を語ってこそ説明することから「自然を自然そのものから語る」ことへと一歩踏み出したその開眼に注目してこそのことでした。彼の前五二五年五月二十八日に生じた日蝕の的確な予言は、よしんばそれは今日の言葉で言えばまさしく科学の名前でこそ呼ばれて然るべきものだとは言えそうはされずにまさに「哲学の始祖」なのだと彼をなしたのでしたが、その理由というのも「自然を語る」のに神話から決別して「自然を自然から語る」ことをもってするその一事にあったのでした。すなわち、その決別の意味こそが一大事であったし、加えてその決別を「哲学」の名前において確認することの方がそれをいきなり「科学」の名前で確認するにはそれをそうとまで名乗り出させるべき蓄積と発展とにおいて時代的な限度が当然のことながらあったのでした。つまり、その限度というのは今日に「科学」をまさに科学だとしてその客観的かつ普遍的な妥当性を人々が安んじて思うことを許すものは恐らく「検証の可能性の担保」と「再現の認識と確保」といったことかと思われますが、成程タレースその人はまさに日蝕の予言ということによってその「再現の認識」に至りはしましたが、科学的な営みがその質と量とにおいてそのような実績を普段に獲得するようになるには、まさに時日を置くこと必要だったのでした。しかしながら、この二十五世紀になんなんとする知的な努力の成果はそこにすべからく「科学」をまさに科学だとするだけの質と量との両面に渡る成果ともなって、そこでは確かに一方で「科学」は最早「哲学」から独立したのだということを私ども一般に思わせるだけのものを十分に用意するに到ったのだとされてもよいことでしょう。そして今やその「検証の可能性」というそもそもはタレースが「哲学」を哲学たらしめるべく示し得た特質は「哲学」の中に住まうことは最早止めてただ「科学」の中にだけ住まうことを決めてしまったかのようにさえも思われます。

とは言え、はたして根本的にもそうなってしまったのでしょうか。その端的な証拠に、そんな今日にあってさえも「博士号」は〝ドクター・オブ・フィロソフィー〟と伝統的には呼ばれるのは一体何故か、ということがあります。私の学位記は〝博士（文学）〟となっていてそれは他の分野においても恐らくそんな表記になっているのでしょうが、かかる表記の仕方は何か中間的・折衷的であるようです。何故なら、〝ドクター・オブ・フィロソフィー〟という〝ドクター〟といっても「フィロソフィー」こそのそれなのだという意味で「フィロソフィー」の権威を西洋の伝統は残すのに、我が国では要するに〝ドクター・オブ・フィロソフィー〟という表現の形容詞の部分である「オブ・フィロソフィー」の部分は抹消してただ単に「ドクター」であるそれだけが称号であり抹消した形容詞の部分は各分野の学すなわち〝科学〟の名前で埋め直して従来からの〝ドクター・オブ・フィロソフィー〟という表現の体裁を整えるもののように見えますから。

つまり、ここで「フィロソフィー」の権威に代わって「ドクター」を権威に据える相変わらずの権威主義はやはりまたここでも残される意味では「哲学」が長い間権威としてその命脈を保って来たのと同様に、およそ「学問」とはドクターの称号の中で権威を持ち続けるべしということが考えられているのでしょう。そして「哲学」に代って今では「科学」こそがその検証の可能性を担保して客観性と普遍性とを獲得して権威ともなったことでそうした学位記の表現ともなったのだという分けですが、そうであって見れば問題は学問的な権威をまさに学問的な権威たらしめるところの客観性と普遍性ということにもなりましょう。そしてまさしくその時にこそ「科学」は一重にその代表選手なのだという分けですが、すなわち、一切の神話はこれを拒否してこそ今や権威なのだという分けですが、しかしそれはまさに根本的にもそうなのでしょうか。「自然」とは科学によってこそ極められるべきものの謂いである。とは言え「自然」の科学の一つの例である今日の天文学にあってもその九十九％までは確かに検証可能性を担保し得てこそありましょうが、しかしそれでも宇宙の起源という残されたラディカルな問題にそれが取り組む時、はたしてその取り組みにおいて一切の神話が廃絶されているでしょうか。すなわち、私が申したいのは「科学」は検証可能性の担保の故にまさに科学であることを得た。それはよかろう。しかしはたしてそのような科学もその検証可能性を担保し得るところだけで終始することが許されるのか。否、そうすることだけでは許されず、その限界においては自らを或るラディカルなものとせざるを得ないその時には、すなわち、検証可能性を担保し得るその限界の外にさえ出ざるを得ぬこともまた自らのこととせざるを得なくなったその時には、その「科学」の語り方ももう一度何か神話的なそれにさえ立ち戻ることを強いられるのではないかということです。

こうしたことが考えられる時に古代に起こった「哲学」というものを振り返って見れば、その「哲学」も、まさにタレースがそれを確保し担保し得た如く、まさに「科学」に先んじて何程かではあれ検証可能性に触れてこそ自らを哲学の名前に拠り権威あらしめ、その権威は今日に至るまで伝統を重んずる西洋世界にあっては〝ドクター・オブ・フィロソフィー〟という称号の中に残存することになったことを私どもは見るのではないかと思います。すなわち、これを要するにおよそ「哲学」とは「神話」をリプレイスする（取って替わる）ことでなったものだとは言え、それはただまさしくただ「権威」としてこそ取って替わったのであり、自らが一つの権威であることを本質とすることには、何一つの変更もないのでした。

恐らく私は必要なことは語り得たのではないかと思います。何故なら、私は〝自然哲学〟などという言い方に恐らくは今日の人々が常識的に抱くだろう怪訝な思いに対して何程かの理由づけをすることが必要かと思われたのでしたが、古代の哲学者たちはその総体的な学問としての権威において科学を未だ未分化のものとしたままにもやはり一つの学問的成果を目指したのでした。簡単に言って、今日ではまさしく「自然科学」とこそ語られるだろうものも、それは古代世界にあっては「自然哲学」で十分だっのだということです。

この第七巻では『ティーマイオス』篇と『クリティアース』篇とが取り上げられる分けですが、はたしてどのような仕方で一つの権威たり得ることか、私どもはよくよく読んで行きましょう。

目次

クリティアース

アテナ女神像頭部
出典：小学館『世界美術大全集 第４巻』

ティーマイオス

『ティーマイオス』篇をこう読む

一

先ずいつものように内容目次を示しましょう。但し、これについては如何にも適切だと思われましたので、岩波版での種山氏のそれをも参考にさせて戴きました。

導入部（その一）　ソークラテース、本篇の登場人物らと出会い、彼らは問題意識を共同する。
第一章（17a1-19b2）ソークラテース、ティーマイオスに出会い、今日の話題のため昨日やった国家論のあらすじを復習して聞かせる。
第二章（19b3-21a6）ソークラテースの国家論に対する返礼としての国家論ということへ
第三章（21a7-25d6）クリティアースのかつてのアテーナイの偉業の語り
第四章（25d7-27b9）クリティアースの国家論の下準備
導入部（その二）　ティーマイオス、「国家論」の奥行きとして「宇宙論」を語る自らの語り方を意識的に一同に対して断るところの、全篇への序論
第五章（27c1-29d6）ティーマイオス、その宇宙論を始めながらそれが〝ありそうな物語り〟となるだろうことを断る。
第一部「知性」（ヌース）の作品

二

さてこれから「『ティーマイオス』篇をこう読む」ということで私の読み方というか解説というかそういうものを私はこの今に語ろうとしているのですが、何か厳しいものがあるようにも予想されますので、右に整理して示しました「内容目次」を一渡りざっと見渡したところで得られる素朴な感触を先ずは得ておきたいと思います。何故なら、その素朴に得られた感触は無論何程かではあれ『ティーマイオス』篇の全体像を素描してくれるものでありましょうから、恐らく私が負担に感じている厳しさを、そうして得られる全体像が些かなりとも軽減してくれはしないかとこう思われるからです。

ではどう見渡されましょうか。

先ずは冒頭の導入的な対話から何かこの『ティーマイオス』篇はそれに先立つ『国家』篇との或る絡みにあることを、私どもは知ることでしょう。それ故、この絡みが持つであろうところの意味をそれとして確かめることが先ず私どもには第一に求められるだろうことが気づかれます。

次いではその「絡み」というのも本篇でティーマイオスなる登場人物が「宇宙論」をこそ語ることになるようなそのような絡みなのだということが分かりましょう。その際、その「宇宙論」が強いられる語り方は原語で言えば「エイコース」な、日本語で言えば〝ありそうな〟とか〝尤もらしい〟とか言われるものになろうことに関し語り手たるティーマイオスがとても意識的であることが伺われ、それ故にその自意識こそが彼の語りの「序論」だとされていることもまた私どもに気づかれましょうか。総じてプラトーンの哲学というものを振り返って見れば、私どもはその核心的なこととして「知性に現前するものを厳格な言論を通してこそ明らかにする」ということが常に語られていたことを思い出す時、このような〝尤もらしい言論〟にまで踏み出してそこでもまた哲学をするということがどんな意味を持つのかということが検討されねばならないことが問題的でしょう。それはまた「イデア論」はどうなったのかという問いでもあるかも知れません。

次に簡単に気づかれることは全体がほぼ截然と「第一部、知性の作品」「第二部、必然の所産」「第三部、知性と必然との共同作品」というように区分されてそれぞれの明確な問題意識の下に語られることになっていることでありましょう。すなわち、「知性」ということも「必然」ということも今し方に右に見た〝尤もらしい言論〟によってする哲学という「微妙な哲学」をさえ何か一つの哲学にあらしめんとするプラトーンの用意或いは覚悟として明確な自己意識に支えられてこそあろうことが、この今にも望見されて認められるのではないかということです。

次いでそれら三つに別れるそれぞれについて見れば、「知性の作品」を語るその第一部は岩波版の小見出しが明確に整理をする如く「一、宇宙の生成の原因、宇宙の完結　二、宇宙の魂の構成・時間・惑星　三、恒星・大地　四、神々（天体）への神の指令　五、人間の魂　六、頭・手足・眼、〝補助原因〟」ということであり、それらの語りを一貫して貫くものをただ一つに要約して一言で言うなら、それはおよそ「万有」或いは「コスモス」というものがまさにそれとして示す秩序こそが人間存在に知性を獲得させるのだという意識でしょうか。「魂」は同・異・ありをこそ言論するのだとか、時間や七つの天体の円環運動を云々するとかといったことの本質は、およそ「知性的存在」にとっての秩序をこそ問題にすることでありましょう。最後に言及される「補助原因」というものも「原因そのもの」である「神」という知性もそれが万有をまさに万有として自らの外に産み出すのだというその時は、「神」と雖も「必然」には対抗し得ないのだというまさしくそこからする「知性」の自己完結とその限界とを語ったものでありましょう。神のその〝外なるもの〟をもまた語るのであれば、その神に補助するものがどうしても必然としてあらねばならぬのだということです。

　第二部については何を問題的だとして私どもは予想するでしょうか。再び岩波版の小見出しを列挙して見れば「一、知性と必然　二、〝場〟と宇宙の素材　三、正多面体の構成　四、宇宙は無限個か一か。火・空気・水・土の粒子の形態とその相互作用　五、四元素それぞれの種類　六、感覚的諸性質」ということになっています。第一部については私どもは「秩序と人間知性と」ということをその全体を貫いて意識されているものではないかと見たのでしたが、そうした全体を貫いてある意識をここでも私どもは見出すことでしょうか。私はここでもやはり答えは「イエス」だろうと思います。ではそれは何か。それはまさに『ティーマイオス』篇を『ティーマイオス』篇たらしめてこのコスモスをこそ語らしめているもの、すなわち神の「知性」が「必然」の助けにおいてこそ働くそのことではないかと考えます。そしてそれ故にこそまたこの「コスモス」を〝場〟という必然として考えるのではないかともまた。故に、第二部は小見出しということでは六つの場面で語られてはいますがこの『ティーマイオス』篇をこのコスモスを語ってさえも哲学なのだとするとしたなら、その哲学はすべからく最初の二つの小見出しの場面にこそ局限されるのであり、後の四つの場面の語りは最早哲学そのものというよりも文字通り〝尤もらしい語り〟(騙り)へとも出て行くという、ただそれだけのことに過ぎないのではないかと思います。

第三部はどうでしょうか。それは「〝知性〟と〝必然〟との共同作品」だというように岩波版の目次では題されてあるものでしたが、そう題されるその意味を考えてみましょう。そうすると第二部は「必然の所産」ということで、神の知性のこのコスモスの産出ということも不可避的に素材に触れざるを得ないその必然に拘束されてあることを見る語りでこそあった。それに対して第三部はその神の被拘束というその面に局限して語り通すだけではなく、否、物的なものが示す性質ではなく心的なものこそが示す性質がこのコスモスを語ることのその中に存在していることをこそ見てその浸透を神の「知性」こそのそれだと見るものでしょう。三度岩波版が与えている第三部の小見出しを引けばそれは「一、死すべき種類の魂・心臓・肺・胃・肝臓・脾臓　二、腸・髄・骨・肉・腱・毛髪・爪　三、食物としての植物　四、身体の潅漑と呼吸作用　五、〝まわし押し〟の理論　六、成長と老衰　七、身体の病気・魂の病気・その矯正　八、女・鳥・水棲族の誕生」となっていますが、もし私どもがその「神の知性のこのコスモスへの浸透」という問いに対してその問いの重さにめげずにただ質朴にということで立ち向かって行くとすれば、私どもはこの第三部が始まって間もなく

そしてそれらのことどもの故に、さあそこで、神々しいものを汚すことを恐れ畏みながら、それは万止むを得ざる場合を除きましたが、神的なものから切り離して身体の別の住いへと、その死すべきものを彼らは住まわせるのです」(69d6-e1)

というティーマイオスの語り方を見出すことに、私は或る感触を持たざるを得ません。それ故に私はその註(177)(179)(185)(186)で、右の語り方とはこの「コスモス」とは一つの計画された地図の作成としてこそ見られはしないかという註釈をして見たのでした。無論、その「地図」としての解釈は第一部の「秩序」の確認の線上にあるものとしてのことです。そのような読み方でこの第三部を私どもは一貫して読み通すことが恐らく可能ではないかと私には思われるのです。何故なら、配置されてこそそれらであるものと配置されてあるものへの手当てのこと、如何にも理屈だなと思われる〝まわし押しの理論〟とか〝座の欲求〟であるとか「均斉」の重要性の語りだとか一連のこうしたことは「コスモスとは計画された地図の謂いである」ことをこそ、すべからくその場その場の必要において語り変えて行くもののように思われるからです。無論しかしここでもそれらの語り方が〝尤もらしい〟それともなることは第二部とも同様に避けられることはないのですが、それでもプラトーンはもし我々がこのコスモスを「知性」の立場で語ろうともすれば例えそれが一方では〝尤も〟ではあれそこにその尤もだと肯かせるものを確かに語り得る限りはその〝尤もらしさ〟を肯定的に見る態度は自らのこととしているようにも思います。その最大の証拠となるものは、恐らく『ティーマイオス』篇の掉尾を飾る結びの語り方でしょう。種山氏の解説の冒頭（岩波版『ティーマイオス』二五一頁）は如何に『ティーマイオス』が伝統的に物議を醸し或いは多大の影響を与えて続けて来たかということを私どもに教えてくれていますしまた『ティーマイオス』篇こそ中世に最も読まれたプラトーンの著作であることも私などは読み嚼ることがありますが、それというのも『ティーマイオス』篇がプラトーンその人のそんな積極性に裏打ちされて結びの言葉を得ているからでしょう。すなわち、やはり『ティーマイオス』篇とはただ伊達なだけの哲学の書ではなく、否、成程〝尤もらしい語り〟をこそ我々は強いられるのだとは言えその尤もらしいその限りでこの「コスモス」を知性の対象だとすることはそれでも依然哲学には課題なのだとプラトーンが覚悟した書だということです。何故なら、我々の「魂」だけであればそれは本来神の知性とともにこの天空をこそ巡回するあり方で終始することも許されるものでしょうが、しかしその「魂」もこの地上に落ちて来ては土の性をもった身体とともにこそあってそこにこそ住まうのでなくてはならなかったのでした。私どもがこれから読むことになるであろう『国家』篇も哲学者をしてただ真実在を観照することだけで終始することを許さず、否、この地上の洞窟に戻ってその暗闇とともに同胞と住まうべしと語るのを見ることになるのです。プラトーンの哲学は「イデア論」だと見なされてそれも如何にも尤もな見方でありはしますが、私ども人間存在が地上に住まうことをその底の底から凝視するプラトーンを思うことは、イデアを思うプラトーンを思うことに何一つ劣らぬ思いだと、私は考えます。もしかするとそのイデアを思うことをその根源から動機づけたのもまさに「私どもが地上に住まっているというただその一事からこそだったのだ」と今私どもが思ってみても、或いは過言ではないのかも知れません。

三

最初はこの『ティーマイオス』篇を私として読んで行くことの厳しさが予想されそれ故に予めその全体像をざっと得ておこうと思いその作業を始めたつもりでしたが、何だか最早読み終えたその時の結論めいたことを語ってしまったかのようです。これはやはり拙いことですから以上において問題的に見出していた各論点を、その次第に沿いながら、これから逐一考えて行くことに致しましょう。すなわち、以上は「内容目次」を概観しながら抽象することによってそこに本質だと見られて来る限りでものしたものですが、今度はただの抽象ではなくそういうことならその本質を示すことだろうと思われるところの、その具体的な内実を私は確かめようということです。

最初からテクストを読み始めるということでその作業に着手すれば先ず私どもの念頭に浮んで来ることは、その代表を上げて見れば『リュシース』篇・『カルミデース』篇・『ゴルギアース』篇・『パイドロス』などの諸篇がそうであるように、その冒頭がそれとして始められて行くのには、例えばソークラテースのその「今」そのものによってこそであるのが殆ど通例であるというのに、この『ティーマイオス』篇はそのようなその「今」によってではなく、否、敢えて言えば〝引きずられた今〟といったようなものによってこそ決められていることの印象です。まさに本篇冒頭の一人、二人、三人——だがしかし、四人目は、さあそこでティーマイオス、私どもにとって何処にいらっしゃるのでしょうか。昨日は、一方、客人たちの中におられたけれども、他方、この今には接待方の役をする人々の中のお一人でいらっしゃる方は。（17a1-3）

というソークラテースの言葉はまさにいみじくも私の言う〃引きずられた今〃をこそ現わすものであると言えるかと思います。そしてそのことは彼らの所謂〃言論の御馳走〃（ヘスティアーマ・ロゴーン）の主客交替しての遣り取りの昨日と今日だというそのことでも、また認められて来るかと思います。そしてそうしたその〃言論〃とは何であったか。それは昨日のソークラテースの「理想国」の語りに対してその返礼にこの「コスモス」の成立を語る語りにこそなるのだと言う。然り、彼らの〃引きずられた今〃は人間存在が「国家」において住いしこの「コスモス」の中に存在するというその全体によってもまた引きずられてあることを、私どもは知らなくてはならぬようなのです。だが私は早とちりしているようです。何故なら、「理想国」の語りが「コスモス」のそれに続くことになるというのにもそこにはワン・クッションがあって、「理想国」を語ることにおいてただ描かれただけの人間の語りではなくて、否、生きて実際にそのまさに理想的な人間であるその行為を現に示し得る人間の語りこそが望まれるのだとソークラテースは言い、そんな願いを満たして下さるのはあなた方ティーマイオス・クリティアース・ヘルモクラテースなのだとすることがあり、そこからこそティーマイオスその人の「コスモス」の語りも始められるのだからです。だが、この言い方もまた再び些か早とちりだとされましょうか。何故なら、いきなりティーマイオスの語りが語られたのではないからです、否、その前にクリティアースの語りこそがあり、それは今し方まさに見られた〝理想的な人間が現実に生きて行為をするところを見たいのだ〞というソークラテースの願いを十分に満たすべき話しを、クリティアースその人はかつてその子供の時に聞いたのだというものとして語られるものでした。またその語りもただその要点だけを言えば、かつて彼のソローンはエジプトに赴きそのとある神官から常に子供であり老人はただの一人もいないギリシアに対してこのエジプトはすべからく往にし方の記録を蓄積しているのであり、それは九千年前にギリシアは理想的な法制と徳とを備えた国でありアトランティスの大陸から押し寄せた勢力をものの見事に防いで地中海世界の自由を保ったのだということをこそ語るものでした。

こうした子細が整い、彼らの対話は理想国を語ったソークラテースの語りの九千年の往にし方に徳のすべてを示したかつてのアテーナイ人の語りとの否定すべからざる符合から、そのような符合に痛く感激するクリティアースの、その祖父に聞き及んで心に焼き付いてあり記憶に蘇った話しをすべからく披露をする用意があることの表明を告げ、ソークラテースの理想国の語りへの返礼のお膳立てを語るにも至ります。そしてそのお膳立てに拠れば、先ずは第一に万有の本性を知ることの達人であるティーマイオスに「宇宙の生成から始めながら人間どもの自然本性に終る」ことを遣ってもらい、次いでクリティアースがその人間をティーマイオスから受け取り、他方、ソークラテースからは理想的に教育された人間存在を受け取ってまさに市民だとして行くのだと、こういうことなのだとクリティアースによって語られます。先に私はこの『ティーマイオス』篇の始まり方は通例とは異なり〝引きずられた今〟とともに始まるところにその特徴を示しているのだなどとも言いましたが、こうして考えて見ると、その言い方は多少の修正が必要なようです。何故なら、より正しくは〝引きずられた今〟と言うよりも彼らは〝引きずらなくてならない今〟をこそその今としているように思われますから。すでに私どももクリティアースの〝お膳立て〟の中にその後にものされるだろう対話篇をこの『ティーマイオス』篇に引続き『クリティアース』篇そして『ヘルモゲネース』篇として予想されてもいるだろうことを見ることが出来ると思うのですが、それは諸々の本篇の研究者たちが様々に議論することともなっているのも宜なるかなというところでしょう。そのように彼らの「今」の呼吸は深かったのだということです。

四

それはそうとしてこの『ティーマイオス』篇はまさにティーマイオスその人のクリティアースその人のお膳立てに拠るままの万有の語りへと、早速にも進んで行きます。しかしながら、そのティーマイオスの差し当っての語りでその挙句がソークラテースによって

最高ですよ、ティーマイオス、そして全くもってまたあなたのお命じのように受け入れなくてはなりません。されば先ず序曲の方はこれを驚嘆すべくも我々はあなたから受け取りますが、他方、本曲の方を我々のために引続きやり遂げて下さい。(29d4-6)

という風に締め括られるテクスト第五章の語りには私ども『ティーマイオス』篇の読者であればすべからく心を砕いてこそ全篇を通して読み続けなくてはならぬ重要な観点があることを、私はここに読者の皆さんには告げなくてはなりません。それと言うのもそれは先ずティーマイオスが開口一番に言うところの

されば実にあるのです、この私の思惑に即すれば第一にこのことをこそ区別せねばならぬと。すなわち、何が常にあるものであり、他方、生成を持たないものであるか、そして何が生じて行くもので一方では常にあり、他方、如何なる時にもあらぬものであるのか。(27d5-28a1)

という、プラトーンその人がおよそ「イデア」というものを語ろうとするその時にはすべからく「イデア論」の思索がそれにこそ拠るべきその根本的なテーゼとして語ることをおよそ常として来たテーゼが、遠慮気味になどというよりもむしろ明示的にかつ積極的に提出されているということがあるからです。それを語るのはソークラテースその人ではなくて恐らくはピュタゴラースの徒かエレアー派の徒かとも思われるティーマイオスということになっていて決してイデア論者としては本格的な血筋にある人とは目されないであろう人なのに、それでもここではその仕方でこそなおイデア論の基本的テーゼがここでは守られているのです。思うに、ここにはプラトーンその人の何か深謀遠慮といったものがあるのではないでしょうか。

そして次にその深謀遠慮とどう絡むのかはここでは未だ明かではありませんが、右に私の言う〝締め括り〟がそれを受けてこそ締め括りの言葉をソークラテースに語らせたクリティアースの

言葉がまた如何にも問題的だと思われるのです。それは要約して言って「あり」と「なり」とが峻別されるときにその「なり」をこそ語るべき語り方とはどういうものとならざるを得ないかということに関するクリティアースの自意識を言うものであり、テクストをそのまま引けば

されば、ソークラテース、もしも多くのことどもを多くのことどもについて、神々についてまた万有の生成について、我々がすべての道筋でもってあらゆる仕方で、それら自らがそれら自らにとって一致したそして高度に作り上げられた諸々の言論を与えることが出来なくなったとしても、あなたは驚かないで下さい。否、もしもひょっとして何一つに劣らず諸々の似姿を我々が提出するとしても歓迎すべきなのです。覚えていて下さって、語っているこの私にまたあなた方判定者は、我々としては人間的な本性をもってこそあるのだということを。故にまたそれらについては似姿である物語りを受け入れつつ、そのことよりも何一つなお越えては探求をせぬことこそが相応しいのです。(29c4-d3)

と語られるにも到るものです。私が傍点を打って引き立たせた〝似姿である物語〟(エイコース　ミュートス)という言葉は少しの違いでまた印象的に〝尤もらしい語り〟(エイコース　ロゴス)という風にもその先で語られていたものでもありました。「あり」をこそ語りそして「イデア」をこそ語ろうとして来た本筋のプラトーンにおいてはとてもとても認められはしないそうした語りを今からは語るのだというティーマイオスその人に委ねたプラトーンの新たな語り方とは、一体、どのような新たな意味を持つのであるか、この点にプラトーンの読者たる者は必然的に深く心を

揺さぶられることでしょう。このことについては最初に試みた全篇の概観においてもすでに認めていたのでしたが、そのようにこうしたティーマイオスの自意識とイデア論との絡みとか今し方に言ったプラトーンの深謀遠慮とか言ったことが明らかにされねばならないように思われます。加えてまたその概観でもすでに見たようにこうしたティーマイオスの自己意識は全篇に対しては〝序曲〟だともされるわけですからその意味では何か全篇の語りの「原理論」でもありましょう。その意味でも私どもは心を砕かなくてはならないわけです。

尤もしかし、その〝エイコース・ロゴス〟というのをこう語ったそれだけでは不足でしょうか。何故なら、その言葉を口にするまでには何か執拗で綿密な議論をティーマイオスはしているからです。それ故、最後にその議論の要点を見ておきましょう。

イ、先ずは先に引いた「あり」と「なり」との区別からこそ議論も始まること、及びそれぞれが我々人間存在の「知性・思惑」に関わるあり方のこと（前者は知性でもって言論とともに把握され、後者は思惑でもって言論を欠いた感覚とともに思惑されること）、

ロ、その際、後者の「生成するもの」は必然的に〝或る生成の原因の下で〟こそ生成すること

ハ、制作によって成就する作品は制作において眼差しをされるものにより左右され、眼差しが同一のものに向えば作品は見事、生成消滅するものへと向えば作品は見事ならぬこと

ニ、ウーラノス或いはコスモスとされるものを「あり」と見るか「なり」と見るか問いを問い、答えは右のイの区別に基づき「なり」とこそ見られるのだとすること

ホ、次いで制作に原因たるものの発見の困難と制作において眼差しされたものの何かを問い、コスモスという制作の見事に基づくなら眼差しは〝永遠のもの〟へとこそ向けられたのだとすべきこと（コスモスは生成したものにおいて最も美しく、その制作の父は最も善くあった）へ、かくて「制作」とはその自然本性における始めとして模範と似姿とをそこにもたらすものであるが、今諸々の言論とはその取り次ぐものと同族でもある。されば永続的で確固として知性に即して明白ものをこそ取り次ぐならば言論もその性格のものとなり、「模範」ではなくその「似姿」を取り次げば、すべからくその言論もその性格のものとこそなる。

ト、結論として「なり対ありは信念対真実」である。

と、こうした綿密な議論を経てティーマイオスも十分な用心とともに「エイコース・ロゴス」ということを言うに到っていたのでした。

五

とは言え、こうして私どもが問題を意識するとしてもその解決は一気呵成になるといったものではなく、私どもは地道にテクストに沿うことをこそ先ずは求められましょう。第一部（第六〜第一六章）は「知性（ヌース）の作品」というわけですが、私は先に全篇の概観を試みた中から第一部は「万有の示す秩序が人間存在に知性を獲得させること」をこそ語るものであろうということを言っておりました。それ故、そうした知見がテクストに地道に沿う時にもまた内実として見ることのあるものなのかを、私はかくてこれから確かめることになるのだということでしょうか。

最初の第六章は、如何にも尤もにも次の言葉とともに始まっているのを私どもは見ます。

さあそこで我々は語ることと致しましょう、如何なる原因の故に生成と万有のこのものを、組織者は組織したのであったかを。(29d7-e1)

と。要するに「万有が組織される原因」をこそ私は語るのだとティーマイオスは宣言しているのだということですが、彼はそれでどう語ったか。そこを手短に見るとすればそこには

イ、万有の組織者たるもの（神）は善き者でこそあったこと、それ故

ロ、彼は善意志に満ち妬みを持たず、その産む万有が自らに似てあることを望んだこと、とは

ハ、可視的な万有もこれを、無秩序の素材を受け取ってではあったが、秩序へと整えたこと

ニ、その際の神の思考――最善の者は自らが最美のことをなすことこそがその掟でこそあれば、その際、秩序は無秩序よりも優れ、知性なき作品は知性を持つそれにより美しくはないからには、また加えてその知性も魂にこそ依存するのであれば、つまりは「知性」を「魂」に、その「魂」を「身体」に組織するということで万有を組織したこと

これらのことを語った上で結論として

さればそのようにしてさあそこで語りの似姿なるそれ（ロゴス・ホ・エイコース）に即しては語らねばなりません、この宇宙は魂を持ちまた真実に知性を持ってある生き物としてこそ、

神の先慮の故に生じてあるのだと。（30b6-c1）

と、こうティーマイオス先ずは〝原因〟ということに特に留意しながら語るのでした。私どもはここに自ずから彼の『パイドーン』篇（九五E以下）のソークラテースが「魂の不死」の証明が或る行き詰まりに陥った時に自らの〝自然の研究〟（ヒストリアー・テース・ピュセオース）を一同に打ち明けた語りを思い出すことでしょう。そこでは真実の原因とは彼には「真実な仕方で善きものと結合するものとが結合し統一している」とこそ考えられるのだと語るのでしたが、この思考はいみじくも彼が牢獄でベッドに座っていることの「原因」を真実のそれと必要条件（シネ・クワ・ノン）としてのそれとを峻別することで教えることへとも続いて、私どもの『ティーマイオス』篇の原因がそこから思われているだろうその奥行きともなるのでした。彼がベッドに座っていることの身体的生理的な条件はそれらの条件を欠いては事実とはならないその意味ではまさに〝必要条件〟でもあろうが、けれどもそもそも何が真実の理由であったればこそソークラテースは真実に牢獄にあるのか。それは先ずはアテーナイ市民の判決でもあろうがしかし決定的にはソークラテースその人のそれをよしとして受け入れるその正義でこそあったのではないか。単なる必要条件は真実の理由そのものなどでは決してあり得ない。私どもは今し方右に見た「神の万有の組織の原因」を語る語りの中にもその真実の原因と必要条件としてのそれとが二つながら語られていることを恐らく認めることでしょう。何故なら、神が善き者であったとは真実の原因すなわち「理由」を語るものであり、無秩序から秩序へともたらされたところの万有がそれでもって組織された素材とは必要条件でこそありましょうから。

ティーマイオスその人が語り始めるこの第六章には後二つ、一つは「宇宙の制作にモデルとなったものは何か」という議論と二つ「宇宙は一か多か」という議論がありますので、これらも出来るだけ手短に見ておきましょう

議論の最初がその切り出しを次のように切り出しているのには、多少の注意が必要でしょうか。

他方、このことが土台を占めてあるにおいては、更にまた、それらに続くことどもを我々は語らなければなりません、生き物たちの中の何に対してその宇宙を類似性へとも組織した者は組織したのであったかと。(30c2-3)

とこう切り出されていますが、それは無論すぐ直前の先に引用した「神の先慮は宇宙を魂を持ち真実に知性を持つ生き物として産んだ」という語りを〃尤もらしい語り〃(エイコース・ロゴス)だと自らはしながらにも、それでも語り得た限りはその語りはまた彼をして引続き語らしめるのだという、その「言論のそれ自身としての自治」を宣言しつつ進もうとしているものでしょう。それ故、私どもは前々頁で私どもが見た「万有を組織する原因の話し」すなわちその最も核心であろうものは「神・その善き者とその善意志」ということでしょうが、そうした核心こそがその〃尤もらしい語り〃を彼にもたらしていたのだということを、私どもはおさおさ忘れてはならぬのではないかと思わなくてはなりません。つまり、この切り出しとは「神の善意志がコスモスを自らへの類似性を思って組織するその時に向った生き物は何であったか」を〃尤もらしい言論〃

の自治においてこそ語ろうとするものだということです。然り、こうしてその語りもすでに方向づけられている限りは、その語りもその勢いの中にあるのでなくてはならないのです。すなわち、よし問いは「宇宙の制作にそのモデルとなったものは何か」と問うものではあってもその答えはそれは〝部分的なもの〟ではなくまさに〝全体的なもの〟だと最早答えられるのであり、加えてまたそこに「宇宙制作のモデルの知性的な生き物すべての含み＝この宇宙の我々可視的な生き物すべての含み」という比例式を答えるものとなり、総じて「知性によって把握されるものの中で最も美しく完結的なものに神は宇宙を似せたのだ」と結論することにもなるわけです。

第二の「宇宙が一か多か」という問いもほぼ背理法（reductio ad absurdum）によりめでたくその答えを見るものだと言えましょう。一旦、〝このコスモスは知性的な生き物すべてを含む〟とした限りは二つのコスモスが併存すればそれら両コスモスを包括するものをこそ万有とせざるを得ない。然るに、コスモスとは部分化してはならぬものこその謂いである。故に、コスモスはまさしく一なるものである、とこうです。

六

第七章へ進みましょう。第七章は総じて「宇宙の構成要素と構成、形態と運動」といったことを語るものではありますが、私どもはここで語られる語りがすべからく積極的に〝尤もらしい〟ことを思わざるを得ないことでしょう。先ず「生成するもの」は物体的・可視的・可触的であればそうした性質を与えるべくも「火」と「土」とが生成の素材であったとか、その「組織化」においてその「絆」ともなるべくは「比例」とその「中項」とが問題的だったとか、宇宙が立体であれば二つの中項としてそこに「水」と「空気」とが求められたのだとか、組織者の神はそれら四つの構成要素を宇宙を完結的・全体的な生き物とすべく、唯一かつ不老不死のものとすべく、完全に使用し切って宇宙の外には残さなかったのだとか、宇宙の形態は自ら内にすべての生き物を包括すべくもすべての形を含むべく球形としたのだとか、宇宙はまさに自足してこそあるべきものであればそれが閉じてこそあるべくも宇宙の外側はただ一面滑らかだったとか、宇宙の運動は回転運動でこそあれば宇宙に足はなかったのだとか、何れも〝尤もらしい〟と言えば全く尤もらしいわけですが、そこに首肯すべき如何なる論理も我々は見出すことは出来ないなどと言えばその主張こそが疑問となりましょう。その限りにおいては〝尤もらしい〟これらの語りもやはり積極的にこそ尤もらしいのだとされて、私どもをともかくも何程かは納得させましょう。

次の第八章と第九章とは「魂」の構成とその内部ということについての語りともなりますが、その語り出しにおいて語る左の三点は注目に価しましょうか。すなわち——

イ、以上のコスモスの制作とは常にある神の思慮が何時かあらんとする神をめぐって思量したそのことであること、すなわち、「神が神を産んだのだ」との思想

ロ、コスモスという身体の完璧とその身体における魂の中心的かつ全体的なあり方

ハ、コスモスの幸福に唯一である存在のこと

という三点ですが、一切の語り出しにおいて先ず語った「神の配慮と万有の組織における原因のこと」ということを語った意識は依然としてここまで流れているのだということでしょう。それ故私どもは語り手たるティーマイオスの意識の統一或いは透徹ということを教えられましょうか。それはそれとして語りは〝行きがけの駄賃〟といったように身体と魂との「支配すべきもの・支配さるべきもの」としてのその当然から魂こそが長老格として産み出されたのだということを一言し、その上で「魂の構成」に関する綿密な語りへと進みます。〝綿密な語り〟だというのもそれは魂の組織の素材と組織の仕方とを語るその語り方のことであり

イ、その素材とは、一、不可分の「あり」と分割されてある「あり」とそれらの中間たる両者から混合される「あり」二、同様にそれら三つの「同」三、同じく「異」であること

ロ、組織の仕方とは、先ずは右の一、二、三の三つを一つに混合する仕方であること

ハ、次いではその一つから一部分を取りそれに対して二倍二倍となって行く系列と三倍三倍となって行く系列を作ってはそれら一方の系列と他方との系列の二つの合間を「調和中項」と「算術中項」という二つの結合項を考えながらすべての区分が「あり・同・異」を含むものとして何一つも残らないようになるまで区分したこと、

ニ、その組織の語りの最後は宇宙が接合された二つの円環運動をなすものだとすることとその詳細

というようなことを語るものとなっていることを私どもは見ます。コスモスが遺漏なく「あり・

同・異」に満たされ我々人間存在の知性に対してあることをそうした仕方での魂の構成のあり方によって明らかにしようとする思想は、素材の一切の使用とかその完璧な結合とかといった語りでもって如何にも説得的なものとなっていることを私どもは否定することは出来ないようです。

無論その「あり・同・異」と我々の知性とということはむしろ第九章が本格的に語ろうとするものですから、そこを丁寧に見ることと致しましょう

その語り出しは「魂」の全体の組織が完成した後の「魂」と「身体」とが組み立てられるその仕方のことですが、両者の中心と中心とが合わせられたことと「魂」が「身体」に対し普遍的に織り込まれたことと「魂」は「身体」の全体を覆ったことを語った後は、「魂」が永遠に思慮のある生を自己として回転しながら神々しく始めたことを語るに到っています。その際、だがまた「身体」の可視的なあり方と「魂」のあり方とを対比してこそ語ることを忘れずに――

他方、魂自身は一方では不可視的だが他方では計算と調和に与って魂であり、そして諸々の常に思惟的なあり方のものどもがあるにおいて最も優秀な者により最も優秀なものとして産み出されて、諸々の産み出されたものどもに属してあるのです。（36e6-37a2）

と付言することを致します。つまり、「魂」のすべからく思惟的なあり方をするものとしての優秀とその被産出性とを際立たせたいのだということです。この読み方は岩波版の読み方とは異なりますが、この読み方ならば岩波版が思うような困難が生ずる余地はないと思います。何故なら、この読み方はただ一重に「魂」の思惟的なあり方にこそ集中をするものでありますから。そして

ティーマイオスの語り方の趣もそこへと赴く趣だと考えるべきだと思うからです。かつまたこの第九章の残された語り方もまたその要点とはまたすべからくかかる「魂」の思惟というその一事にこそ集中してそれが如何に「あり・同・異」に相関してあるかということを語るところにこそあるものでありましょう。挙句が「**これら二つ（知性と知識）が存在してあるものどもの何処に生ずるのかを、もしも何時か人がそれを魂より別のものだと言うとすれば、むしろ彼は真実以外のすべてを語っているでしょう**」（37c3-5）となっていることは如何にも宜なるかなと思われます。

他方またここには本篇のほぼ冒頭でソークラテースその人がティーマイオスたちに求めていたところの「描かれた理想的な人間が生きて活動するところを見せて欲しい」という要求に応ずるものがあるとも言えるでしょうか。何故なら、もし今私どもが単に〝要点〟においてということだけではなく、否、むしろ内容に即して今し方の下りを見てみれば、「魂」の「同」においてまた「異」においてする自己回転が人間の「魂」に或いは思惑と信念とを或いは知性と知識とを獲得させるのだとも語られていることとは何か。それはまさに「魂が生きて働いたのだ」ということでしょうから。この意味においても私どもはティーマイオスその人の語りを受け取ることも必要であり、のみならず、すべからく続く以下の〝尤もらしい語り〟においてもまた期待することが出来ることかとも思われます。

（ここで一寸した註釈めいたことを言っておくことが或いは有益かもしれません。それは右の「魂」に相関する「あり・同・異」といったことのプラトーンの思索における出自のことですが、それが彼の『ソピステース』篇二五九A以下にこそあるということです。その『ソピステース』篇も神の如きパルメニデースその人の「ありはあり、あらぬはあらぬ」とする究極的な認識へと立ち向かい「あらぬもの」のその「あり」が語らるべき哲学的な強制にソークラテースが応じてこそ産まれてあるものであることは、本篇で何の苦渋する様子も一切なくその「あり・同・異」ということが語られることを説き明かすものだと考えられましょうから)

七

さあ、いよいよ第一〇・第一一章という『ティーマイオス』篇の思索の白眉とさえ思われよう思索を読むところへと私どもは立ち至りました。第一〇章は「時間」・その永遠の影の誕生ということを語るものであり、第一一章は「時間」と「宇宙」との同時存在を言うものであり、私ども無学な者にとってさえもこうしたことの思索が後の世にどれ程の大きな影響を与えたことだったかということは、自ずから思われて来ることでしょう。

他方、そのものが生きて動いてあり永遠の神の似像となっているのを産みなした父親は見たものだから、お讃えになられそしてまた喜ばれては、なおさあそこで一層模範に向って似たものとして成就することを意図なさいました。(37c6-d1)

「時間」というものをめぐって語る語りをティーマイオスはこのように語り始めますが、誰にとっても明らかなように、その核心をなすものはこの「コスモス」を永遠の似像として見る見方でありましょう。その核心に立ってこそ左の次第で「時間」の誕生が語られて来るわけです。

イ、神の右の意図、すなわち「コスモス」をもっとよく永遠の模範に似させようとの意図

ロ、然るに、模範の持つ永遠という自然本性はコスモスには付与し得ぬ掟の存在

ハ、それ故の処置として〃似姿の何か動くもの〃を永遠に所属するものとして制作したこと

ニ、その制作の子細――**天空を一貫して秩序づけながら同時に一の中に留まってある永遠の数に即して進み行く永遠的な似姿を制作すること**

思うに、これは私ども誰しもが如何にも美しい語り方だとして受け取る語りでありましょう。日々・月々・年々とはこのコスモスが産まれてこそ永遠的な回帰として私どもに与えられたものであり、私どもにはそんなコスモス（秩序）が産まれる以前には如何なるそれら永遠的な回帰も知られることはなかったのでした。そして加えてティーマイオスはそれらの永遠的な回帰として私どもが認める日々・月々・年々をそれら一つ一つの認めとして「時間」の部分だと言い、その「時間」の中での生成というその「動」にこそ「あった」「あるだろう」という言葉を用いるべきであり「ある」を用いるべきではなく、否、「ある」とは一重に永遠そのことの言葉なのだと説き明かします。時にティーマイオスは当面の話しの最後に私どもが何の拘りもなくて「来るだろうものは生じて来るだろうものである」とか「あらぬものはあらぬものである」とか口にすることに関して、彼のパルメニデースの「あるものはあったこともあるだろうこともない」（『断片』八）の立場に鑑みてでしょうか、疑問を提出しつつもその回答を先送りしているように一見見えます。

しかし私はこの点プラトーンがすでに多少のことは考えたことがあっただろうことを私の『註釈』（註70）において些か述べておきました。その要点は『メノーン』篇での彼の〝探求の不可能を言うアポリア〟とは何か。それは「探求」のおよそその始点と成就点とに注目するその限りではそこに「知」が存在してある限りは探求することを不用かつ不可能にするものである。すなわち、私は探求の暁には知ったのであるし、かく今は知ってこそあるのである。「知った」こととは何事なのかと言えば、「知った」とは「まさに知って実にあること」こそであれば、「ある」とは実にそのようにして永遠にその「知」という成就において閉じてこそあることである。さればその成就の閉じてこそあることを開き直し「あった」とか「あるだろう」とすることは全くの無意味でしかあり得ない。こうしたことを言ったものでした。故に「動」と「生成」とにおいてこそ言われるのが本来の「あった」「あるだろう」を、知った時のその「あり」と一つの文章において語ることは、そこに一つの不透明とそれ故の飛躍を持つものだとティーマイオスは見たのだと言えましょう。

以上が第一〇章の題すれば「時間・その永遠の影なるもの」とも題されようティーマイオスの語りを私が読んだ読み方ですが、私どもは次の第一一章へと進まなくてはなりません。とは言え、最早そこで語られることは大筋はすでに第一〇章で与えられていたと言っても過言ではないことでしょう。何故なら、先に第一一章を私は「時間と宇宙との同時存在」と題しておきましたが、ここで語られることとはおよそすべからくその線に沿ったことだと言えるでしょうから。しかし触れる必要があるかと些か思われることは、私どもにその〝永遠の影〟を知らしめるものとして落ちて来る「七つの天体の円環運動」のことでしょうか。何故なら、「太陽・月・五つの惑星」が七つの円軌道に置かれて「時間」を区分しこれを見張るのだとされていることは、「同」と「異」との運動において「夜と昼・暦月・暦年」の意識を秩序としてもたらしてまさに人間存在の知性を知性たらしめたのだとされましょうから。

八

そして、一方、他のものどもは今や時間の生成へと到るまでにまさにそのものでもって万有が成就される類似したあり方へと成就をしておりましたが、他方、未だすべての生き物どもの自らの内部に生じてあるのを包括してはいないというその道筋によっては、なお宇宙は相似ぬ仕方でそのあり方がありました。さあそこで、それの残されたものを神は成就せんとしました、まさに模範たるものの自然本性へと向って象りをしながらに。さればその道筋でもって知性がまさに生き物であるところのものにとって内在してある諸々の姿を、どのような姿があるかどれだけの姿があるかと見て取る仕方で、そうした姿たちをまたそれだけの姿たちをこのもの（万有）もまた持たねばならぬと思考されました。（39e3-9）

当然のことながら、ティーマイオスの次の語りは神がなお宿題のあることを自らに覚え、その宿題へと向うところの右のような語りとなっています。自らが永遠の生き物を自己の内に包括してある際にその生き物を天体の円環運動として与え、それがこのコスモスに時間を与えることとなったとはしても、このコスモスは自らが包括するすべての生き物をその類似として与えられるには未だ到ってはいないとの神の気づきが先ず語られ、それ故に神は自らの内の生き物の諸々の姿を見直したのだというわけです。以下、以上に引続いて第一部において語られる第一二章から第一六章までの語りとはその宿題を順次神がはたして行くものであるわけですが、そういう語りなのだとそのあり方を抑えておけば、思うに私どもはそれらの語りを一つ一つ丁寧に見ることを止めて注目が必要な要点だけを語ることにしても、それ程の大過は無かろうと思います。

そうした思いによって見て行けば先ずこれは要点だろうと思われるのは、神は宿題として四つの種族——天の神々たちの・翼を持つ・水棲の・陸棲の種族——をこのコスモスへもたらすことになることとです。そこで第一の種族たる「天体」の制作のあり方とその動のこと、その暁の「恒星」の誕生が語られる。また続いて特筆的に私どもの住まう「大地」が語られ、そして総じてこれら天体が天体自らの動きのあり方から相互に対して取るあり方が、その一例は「蝕」ですが、付言されます。

次に要点かと思われるのは右の「天体」以外でやはり神霊だと思われるヘーシオドス的な諸々の語りであり、それらの制作に際して神が語る言葉でしょう。すなわち、神の制作物は神の意志によってこそ結ばれを得また解体するのだが、善きものである神はその制作物らの結合の絆を更に大きく権威ある絆とする意志をそれらに与えるのだ言い、それ故にコスモスを完全に充実させる仕事を天体たちに委ねたというそのことです。そしてその委ねの理由が神自らが制作するとその制作されたものは永遠不死のものとなるので、死すべきものともなるように、続く三つの種族は「不死の部分は神が種を播き、死すべき部分を天体らが産み育て死なせよ」と興味深く語られることになります。

〔**それらのことを神は語られて、そしてもう一度先の混ぜ器《クラテール》、その中で万有を調合してお混ぜになられたものへと向われ、以前のものどもの残されてあったものどもを注がれました。一方、混合をなされるのにその仕方は何か同じそれでしたが、他方、混じり気なきものどもに即して同じようにはなくて、二番煎じ・三番煎じのものどもでした。（41d4-7）**〕

次いで要点かと思われまた当然のことでもあろうが些か熱を込めて語られるのは、無論、「人間」の制作の語りです。第一部は「知性の作品」を語るべきものだったわけですが、その残る第一四章から第一六章までの三つの章がすべてこの「人間の制作」ということの知性的なあり方を語るものとなっていることを私どもは知るというわけです。そして右に引いた語りに続くのは――

イ、その仕方で制作した魂の星々と同数の数への分割とそれら星々への配分、また万有の自然本性の魂に対する示し

ロ、諸々の運命の掟の魂に対する告知

という大筋右のイロ二つのミュートスの語りとなっています。だが、後者は如何にもミュートスであり、そこでは――

イ、「魂」はその出生において一切平等であり、故に魂にとってその課題はただ一つであること

ロ、魂たちはそれぞれに相応しくそれぞれの星々へと播かれるがしかし敬神の思いを持つ人間にこそ産まれるべきこと、但し、その際その人間の自然本性は二重だがより力のあるそれは男であろうこと

ハ、だがしかし、この星々への魂たちの播種とはまた魂が身体へと必然的に結合されることでありそこではまた魂の身体への接近とそれからの離別も伴うが、そこからしておよそ「感覚」ということが先ずは生ずる。それは諸々の受動を強いられることであり、その受動する感覚は快楽と苦痛とに混じった恋・恐怖と憤り等々である。

ニ、そこでこれらの受動に対する対処ということが問題的であり、魂はそれら受動を抑制して正義とともに生き、受動に抑制されて不正となる。

ホ、その生のあり方から転生ということが生じ、それはただ自らの内なる〝同と相似たもの〟へと受動からする魂の騒乱を抑制することでこそ止むこと

といったことが掟として告知されたことが語られます。中でも魂のただ一つの課題だとか敬神の思いを持つ人間としての魂の誕生だとかのミュートスは、この今に彼の『プロータゴラース』篇のそれをも私どもに思い出させることでしょうか。

〔他方、播種の後、若い神々に対し委ねなさいました、諸々の身体の死すべきものどもを形作ることは。そして残ったところのなお人間的な魂の中に付け加わる必要のある限りのものとそれらに対して付属する限りのすべてのものどもとを彼らが成就した上では支配することを。かつ能う限り

に出来るだけ美しくそして最も優れた仕方で死すべき生き物を舵取りすること、諸々の悪しきことどもにそのものがそのもの自身にとって責めのあるものとなるという場合を除いては」（42d5-e4）

かくてこの当面の話しは魂の星々への播種と魂の運命の魂への告知という二つのミュートスの語りとして与えられたのでしたが、最後に右に引いたようなことを語ってティーマイオスは自らの語りの先行きを示唆します。

九

とは言え、この次なる語りというのもすでにその大枠は今し方に見られた〝魂の受肉〟のそれにおいて与えられていたものであり、それ故今はその大枠をその内側から充実させるというただそれだけのことになります。この言い方で次なる語りの内容を総括してもそれ程大過があるとは思いませんが、魂が流水の干満のある身体へと結びつけられてその循環運動が騒乱に巻き込まれ、魂はそこにおいてその「同」と「異」の軌道を乱されたこと、それ故その回復こそが魂の正しい養いと教育とに期待されたことだけはその要点として特筆するに価しましょうか。そういうことにして私どもとしては次の第一六章の「『頭』の制作、『前方』の尊さ、『眼』、鏡の映像、補助的原因と真実の原因、視覚と聴覚との意義」とも題されよう章へと進んで行きましょう。何故なら、ここに見られる「頭―前方―眼―視覚・聴覚」というように引かれる線とおよそ「原因」ということを厳格にこそ思うことをする思索は、私どもがこれを心して読むことを求めるようですから。

〔先ずはさあそこで、神的な巡行の二つあるものどもを、万有の形態が丸くあるのを模倣なさりながら球形の身体へと絞り込みなさいました。すなわち、それはこの今に「頭」として我々が名前をつけているものでして、それはまた最も神々しくてありまた我々の中にあるすべてのものどもにおいて主君であるのです〕(44d3-6)

一見、何気なく語り始められているようにも見えますが、そのことは却ってティーマイオスのおよそ「頭」をもってこそ語り始めるのだという断固たる意図を示すものでこそありましょう。すなわち、人間の制作とは頭こそのそれの謂いなのだという認識のことです。「時間」のことが先に語られてそれはおよそ人間の知性がコスモスの回転運動とともに育てられるのだということを私どもは見たのでしたが、その思索はここまでも脈々と線を引いて生きてあるということです。

尤もしかし、続いて

〔その頭に対しては全身体をもまた授けられました、それに対して奉仕として取り集めた上で神々は。その際、看取をなさった上ででした、それは諸々の動としてあろうとする限りのすべてに与ってあるのだということを〕(44d6-8)

とされる時は最早「コスモスを凝視して時を知る」というその仕方の知性だけが人間存在の問題なのではなく、否、その知性も身体の動とともに文字通り「行為」においてその知性が置かれてある環境において働くべきことを見通されるに到っていることを私どもは知らなくてはならないでしょう。「身体は頭の乗り物である」などという愉快な言い方がなされてもいますが、そのことも知性の線的なコスモスの見詰めから面的な環境への目配りというところへとも展開すべきその運命に拠ることでしょうか。その〝環境への目配り〟などと私が無味乾燥した言い方で言うことも、ティーマイオスは「最も神的でそして最も神聖なものの住いを我々の上方において運ぶ」（45a1-2）という慎み深く「頭」を尊んだ言い方で言っていますが、それも如何にも宜なるかなというところでしょう。

それかあらぬか続く語りは「神々は前方をこそ尊く支配的だ」と考えたことを語り、故にまた「顔」の前面のあり方を語り、そこからまた「眼」とその視覚の成立の〝尤もな語り〟が語られ、その〝尤もな語り〟が語るメカニズムの語りはまた同様に「鏡面における映像」のそれをも語ることに繋がって行きます。

〔それらのものどもはされば実にあるのです、諸々の「補助原因」でそれらを奉仕するものどもとして神が用いるものどもに属して。すなわち、最善のものの可能な限りの姿を実現して行かれるにおいてです。然るに、最多数の人々にこれは思惑をされているのです、「補助原因」としてではなく、否、一切のものどもの原因なのだとこう。「冷やす物」「熱する物」「凝固させるもの」かつまた「溶解させるもの」そしてそうした限りのことどもを成就するものは〕（46c7-d3）

さて「前方―顔―眼―鏡面」と進んだ〝尤もな語り〟がそこで語った「メカニズム」の語りは右のような仕方で今ティーマイオスによって厳格に見詰められなくてはなりません。物理がそれとして或る〝成就〟ではあるとしても我々はそこに真実「原因」ということを言うことが出来るのかという、それはけだしそのことの反省であると言えるでしょう。今日においては単なる物理現象として説明される降雨ということも往にし方には「ゼウスが降らせる」という仕方で原因が思われたのでしたが、今日の我々にとってはそれは単に物理的な説明の代用にも過ぎないとしても往にし方には恐らく物理現象を引き起こす「原因」としてではなくて、否、人間精神が首肯し受け入れることの出来る「理由」としてこそ思われていたのでしょう。そのように我々が「原因」を「原因」として認めるところと「理由」をまさに「理由」として納得するところとは「理由」の語りが「そうであって善い。それが理由であっても善い」という「善なるもの」の承認と受容とによって性格づけられることにおいて決定的な差があるとされるのであり、このことはすでに彼の『パイドーン』篇（98b799a4）においてソークラテースが真実にも語っていたことを思うにどなたも承知されていることでしょう。ここでの言い方は「補助原因として語られるものどもは如何なる言論をも更には知性をも何一つのものにかけても持つことが不可能である」（46d4）というものですが、その認識は何一つも『パイドーン』篇のソークラテースと変わるところはないことでしょう。加えてティーマイオスは

〔**何故なら、存在するものどものの中でただそのものだけには知性を獲得してあることが相応しいものは、語られなければならぬからです、それは「魂」こそだと**〕（46d5-6）

とも語っていますが、これは最早所謂〝駄目押し〟というところでしょうか。またここでは「魂」の不可視と「火・水・土・空気」など四元とされる「もの」の可視的なあり方が言及されては、

加えて「思慮を持つ自然本性」の次元と「動かされ動かすものであることが必然な」それだけの次元のものとの峻別が言われ、知性と知識との恋人は前者の追求こそが自らのことなのだとされます。そしてこの線でこそ「眼」に関することも補助原因を語ったのであり、今は最早「眼」の有益な仕事に関する真実の理由こそが語られなくてはならぬのだされます。

〔**だがしかし、実際には昼にかつまた夜が見られながら、月々とそしてまた年々の諸々の巡行と春分・秋分・夏至・冬至が、一方、数を案出し、他方、時間の観念とまた万有の本性について探求を与えたのです。そしてそれらからして我々は智慧に対する親しみの種族を勝ち得たのでしたが、そのものよりより大きな善きものは到り来ることはなかったし何時か将来も来ることはないことでしょう、死すべき種族にとって神々から贈物された上で**〕(**47a4-b2**)

恐らく、思うにティーマイオスの語りのハイライトは右に引用した語りこそでありましょう。無論、次いでその〝神の贈与〟とは天空の知性的な巡行の観察によって我々の知性の巡行を正すことだと語られることは注目すべきことでしょうが、それ以上に我々が多言を弄することはないだろうと思います。それ故、ティーマイオスもまた殆ど間髪を入れずに同じ〝神の贈与〟としてまた「聴覚」という善きものを語ることへ進みます。曰く、ハルモニアー(和声)もリュトモス(韻律)もともに我々の魂の巡行の整えとしてムーサの女神によっておくられたのだと。

一〇

以上、私はやっとのことで苦心惨憺しながら第一部の「知性の作品」の語りをこう読むことが出来るかと考えながら読んで来ましたが、それで第二部へと進むことを読者の方々には容赦して戴きましょう。そこでまた読者の方々へのお願いはこの『解説』のほぼ冒頭で『ティーマイオス』篇を読みこなすことの重さということに鑑みて「内容目次」を一渡りざっと見渡した時の感触を得ておくことを私がしていたその感触を、ここでもう一度振り返って戴きたいということです。それは12頁から13頁にかけて私が述べたことですが、第二部の核心とは「このコスモスの誕生においては神もまた必然の助けに迫られた」まさにそのこと、そしてそれ故の「場」の思索を強いられたことではないかと述べておりました。それ故、私どもはこれから私の得ていたその感触が全うなそれであったかどうか確かめる仕方で第二部の内容へと向って行きましょう。

〔**既述のことどもの通り過ぎたことどもは、先ずされれば僅かなことどもを除いて示されているのです、「知性」を通して工作されるに到ったものだとして。けれども「必然」を通して生じて来るものどももまた議論によって引証しなくてはなりません。何故なら、混ぜられてこそ、さればこの宇宙の生成は「必然」とそしてまた「知性」との組織から産み出されたのですから**〕(**47e3-48a2**)

〝混ぜられて〟などと何かただぶっきらぼうなだけでこの語り出しは語られていますが、誰にとってもこれが私が〝感触〟として得ていた「神の宇宙構成時における必然によっての被拘束」のことなのだということは明白でしょうか。尤もしかし、その神の被拘束とはそのままその服従であったということでは断じてなく（何故なら、もしそうであれば神はその神たる本質を失うの

ですから)、否、神は

〔然るに、知性が必然を支配してある中で、それは必然を説得して生成するものどもの最も多くのものどもを最善のものへと導くようにさせることでもってでしたが、その道筋でそれらに即してそして必然の思慮を持った説得によって従えられたのを通じて、かくてこそ諸々の最初には組織をされたのでした、この万有は〕(48a2-5)

とこそ語られるべき仕方でやはり飽くまでも支配的であったのでした。有り体に言えば神は必然を〝使い回した〟ということです。それは例えばあたかも棋士が将棋を指すには将棋の「駒」があることを強いられましょうが、そこで将棋を指して自足するのはただ棋士だけであり「駒」は何一つの自足をも得るものではないというその事情に似ていましょうか。だがしかし、表向きはティーマイオスはその神の被拘束のこと、つまり「必然」の働きのことをこそ語らねばならないのですから当然その線を進めるのでなくてはなりません。そこからティーマイオスも人が万有の生成を語るべきならば

〔混ぜるのでなくてはなりません、彷徨する原因の形をもまた、それがどんな道筋でもって本来運び行くことをするものであるかとこう。さればもう一度遡及をせねばならず、云々〕(48a6-b1)

と語るし、また

〔さあそこで、天空の生成の前での火・水かつまた空気、そして土の自然本性を見なくてはなりません〕(48b3-5)

とも語りはするのですが、ティーマイオスは宇宙生成以前の「必然」をストイケイア〔構成要素〕は言うも疎かシュラバイ〔綴り・音節〕として考えるその中で準えることさえ思慮ある者のなすことではないのだと致します。この深謀遠慮が何を意味するのかは私にはただ謎に思われるだけであり、私どものなすべきはそのティーマイオスをただ受け入れることだけでしょうか。とまれ彼はアルケー（「始め」の単数）とかアルカイ（「始め」の複数）とかといったことを真実に語ることの困難を前にしてその語りは断念し、人間存在のここでの言論はすべからく〝ありそうな・尤もらしい〟それで終始すべきことを自らの立場に致します。

〔註――但し、辛うじて言えるだろうかと思うところを註しておきますと、私は私の註（109）においてこの「ストイケイア―シュラバイ」（字母―綴り）という対概念にプラトーンが訴えるのはおよそ自らの思索を深めようとする際の方法であったことを述べたのですが、考えて見れば、その対概念とはすべからく〝学習の場〟にこそあることが気づかれます。であれば、ここですティーマイオスの〝断念〟とは「宇宙の生成以前の世界とは如何なる学習の場でもあり得ない」とする想念からのことでしょうか〕

〔然るに、さればあらためて「始め」は万有についてはあるのだとして下さい、前よりは大きい仕方で区別されてあってと。何故なら、あの時は、一方、二つの形を我々は区別しましたが、だが今は三つの種族を我々は明らかにすべきだから〕（48e2-4）

第二部の「必然の所産」を語り抜くべき語りも右の宣言をもって始まるわけですが、この宣言は当然のことながら先立つところの如何にも「イデア論」からなした二つの形のことに言及し、そしてその「始め方」の変更を宣言するものでありますから、ただ「イデア論」としての始め方だけに馴れて来た私どもとしてはおよそここには容易ならぬもののあることを予感せざるを得ぬことでしょう。無論、それはプラトーンその人の哲学の全体像の問題だということでもあります。そういう何かラディカルな問題に取り組むことをプラトーンは恐らく敢えて決意して「イデア論」とともに「必然」に関する思索へとも踏み出すのだということを私どもはここに認めざるを得ぬのではないでしょうか。先には「時間を永遠の影」だとする思索を『ティーマイオス』篇の白眉だと申しましたが、恐らくはむしろこのプラトーンの哲学の新たな開拓こそ全体としてはおよそ「白眉」と呼ぶに価する思索であるかとも、また従って思われます。

それはともかくとして、それ故にも「始め」の新たな設け方はそれなりの腐心とともに提出をされます。それは「一切の生成の容器、例えば乳母といった」(49a5-6)という言葉で用心の中にあっても端的に提出されるものですが、だがしかし、如何にもティーマイオスはそこでの用心を語らなくてはなりません。何故なら、そこにはその〝生成の容器・受容者〟というものの提出をしなくてはならぬ、その問題状況の子細というものがあるからです。その問題状況とは——

それは端的に語っておよそ「存在してあるものを我々は如何にして同定することを得るか」というその問題状況でしょうか。何故なら、「存在するもの」もそれが絶え間なき変転においてこそあるのであれば、我々が相対するその現象をして「それとして同定する」ことは不可能であり、

同定さるべき「同じもの」を見出すことは出来ない。可能なのはただ

〔**その都度にそのものを別々の時に別々の道筋でもってさながら「火」というように生じて行くところを見るものを、これをそのものとしてではなくて、否、そのようなものとしてこそその時々に火なのだと呼ぶこと。更には「水」をもそれとしてではなく、否、そのようなものとして、その都度に、更には別の何一つをも、何時か何か確固としたものを持っているものであるとしてそうはしないこと、我々が述べ言葉の「このもの」や「そのもの」などという言いにかつすべての永続的なものとしてそれらがあるのだというように示している限りのその言いに対し、その下に留まっていないで**〕(**49d4-e2**)

というその考え方なのだとティーマイオスは致します。要は「万有流転の現象においては〈そのもの〉はない。否、ただ〈そのようなもの〉をその都度に見ているだけなのだ」という主張だと言えましょうか。とは言え、それでも〝そのようなものでありながらも流れ去ってはそのようなものではなくなるそのそのようなものが、そこでこそ去来するそのもの〟は「それ」また「これ」という風に呼ぶことは許容されるのだと言います。そしてしかしそのかく「同定されるもの」はそのただ同定のみが問題なのであり断じて形容されるものなどではないのだということが付言をされます。そしてこの間の事情は例え話でもって説明されて、黄金を素材にして次々に形を作り続けている時にそれは何かと問われればそれは黄金だが答えであり、他方、黄金の中に生じた形はこれこれのものと答えられるだろう。故にここに我々はそうした事情とのアナロジーによって

「黄金」対「諸々の形」＝「受容者」対「すべてのもの」という比例式を得るのだということが語られます。以上の一連の思考は確かに何事か或ることを「イデア論」にとって直接的ではない新たな仕方で「あるもののあること」に関して語るものであることは、我々にも首肯されることでしょう。それ故、ティーマイオスはその確かな語りを語り直して以下のように駄目を押します。すなわち、それは―

イ、（黄金において我々が工作をするように）すべての身体を受容する「受容者」は、その自然本性は同一である。それは自らの能力からは出で立つことはしない。すなわち、常にすべてのものを受容しつつも、何一つの型をもそこへと入るものに似たものとして取ることはない。

ロ、すなわち、それは万有に対してその「印象を受容するもの」（エクマゲイオン）として名を呼ばれるものであり、そこへと入り来るものによって動かされて形を取りその都度に変わるものである。

という二点ですが、右において決めた「受容者」と対になるべき〝受容するものにおいて去来するもの〟に関してはそれを「それは存在するものの模倣物であり、存在からの象《かたど》りである」とただぶっきらぼうに言い放つだけで終ってしまい、その詳細の語りは先送りされます。この点、はたして「イデア論」に言うところの分有・臨在（メテクシス・パルーシアー）のことを語っているのかどうか、私どもは全く予断を許されないところです。ただこの今に思われるのは例えば「美」の問題でしたら「多くの美しいものどもは美によってこそ美しい」という「イデア論」の分有の定式によって彼の『パルニデース』篇（一三一B）の〝一つの昼の地上における遍在〟の議論にも裏打ちされて理解されもしましょうが、その場合と同様に「存在するものの一般」が、例えば「火・水・空気・土」が如何にしてそのような遍在を叶えるものなのか、これは如何にも考え憎いことのように思われるということです。

そうしたことでティーマイオスはこの問題を先送りし、当面するところでは、以上の語りから結論的に確認もされようかということを確認します。曰く「この現在は種族を三つ思考すべきである。すなわち——

イ、生じ来たるもの（すなわち、子）

ロ、そこにおいてそれが生じ来たるところのそれ（すなわち、母）

ハ、そこからして似せられて生じ来たるものが生じ来たるそれ（すなわち、父）

とこう。但し、その際、駄目押しの駄目押しとでもいうかの如くその「受容するもの」が完璧に無規定であることの必要を語ります。何故なら、「受容者」はそこでこそ一切の象りがそれとして実現するためには、それ自身が規定されてあってはその象りも旨くは行かないだろうからです。その間の事情は「よい香りがする塗りもの」とか「押印」の場合だとかの比喩で説明されますが、確かにそれら〝塗りもの〟がそこで作られる液体や〝押印〟がそこで行われるものはまさに何の規定も予めあるべきではないことでしょう。

一一

「受容者」に関するティーマイオスの語りは右の「それは無規定たるべし」という要求に即し、なお執拗に続きます。曰く、それは何か土・空気・火・水などといった四元と呼ぶべきものではない。否、それは「不可視的なもの・型を欠くもの・一切のものの受容者・最も困惑的に思惟的なものを分取するもの・最も捉え難いもの」であり、ここで語るべきは

〔火としては、一方、その時々にそのものの火だとされた部分が現われるのであり、水とされたものが水として現われ、土にそしてまた空気としては、それらの模倣物どもをそれが受容するその限りで〕（51b4-6）

というそのことなのだとこう。私どももまた当面のティーマイオスの語りが終局的にはこの語りへと及ぶことをさもあらんと受け取ることでしょうか。

しかしながら、第二部はこのコスモスの生成において「必然」が絡むその絡み方をこそ問おうとするものでした。それ故それを問うことから出て来る語り方が「イデア論」の語り方と如何にまた絡んで来るのかということも問題となるだろうことも予想されたのでした。ティーマイオスは先ず最初はその「必然」の絡み方について〝受容者〟という観点を我々は強いられようことを語ったのでしたが、さればここにその含意するところが「イデア論」とどのように対峙するものであるかということを問うことに到ります。その語り出しはまさに

〔言論でもって、然るにさあそこで、むしろこうしたことをそれらについては区別をしながら

徹底的に考察しなくてはなりません」（**51b6-7**）

と言われます。そこで、しかしその〝言論でもって〟とは如何なる言論であるか。そこで提出をされるその問いの要点は

A．何か火なるものが自らが自らに基づいてあるのか、また自体的に各々だと我々の語るものこそがあるのか。それともまた

B．ただ我々の眼差し感覚するものだけがあるのであるか。

ということで語られます。確かに私どもにとってもまたこの問いの提出は如何にも「イデア論」さながらの問いであると思われることでしょう。ティーマイオスはこの問いは解かれずに放置をされてそのままに主張されるべきものではなく、かと言って延々とかまけることは躊躇われるのだと言っては、その程よい解き方を望みながら進んで自らの回答を提出します。

その回答の要点は

イ、先ず「知性」と「思惑の真実なもの」との同一如何こそ回答の要諦だとして、両者が相違すればそれらは自らに即して我々によって感覚されざる形としてただ知性把握をされながらある。同一であれば身体的に感覚されるものこそが確固たるものであるとこうしたその上で、その前提条件としては断固として前者こそを採るべきことを答える。無論、その理由を語ることもする。「知性」は教え説明し僅かの存在が持つのみ。後者は万人のものだからと。

ロ、次いで、かく考えられたからには我々の思うべきは、一にエイドス（形相）、二にエイドス

と同名のもの、三に「場」なのだとしながら、それらの詳細を一は不生・不消滅・非受容・非侵入・不可感覚的にして「知性」の対象たるもの、二はエイドスとの相似・感覚的で生成し・動き・「場」において生成消滅し、思惑により感覚の助けで捉えられる。三は滅亡せざるものにして生成するものの座・擬似的な推理で捉えられる非感覚的なもの、とこういうことだと語られます。

とは言え、私どもも予想したようにティーマイオスは言わば「コスモスの必然はまた場こその必然」だとするのですから、従来の「イデア論」との間ではどんな緊張を持つものなのかということはすべからく語るところともなります。曰く、

イ、我々はこの「場」を眼差しせざるを得ない故に夢見ながらに主張をする、「〈あるもの〉は必然的に何処かにこそ『場』を占有しつつあるのであり、大地や天空などにおいてあらぬということは所詮はあらぬことだ」と。

ロ、この夢見の故にまた真実をこう語ることに無能となる。すなわち、「似姿とはそれを似姿とする根拠は似姿そのものものではなく、否、要するに自らはその根拠の幻影なのであれば、幻影が落ちるその根拠の場ならざる場にこそあるのだ」と語ることに。その「幻影」としての意味においてこそ、或いは「あり」に絡むとされるか或いは「全くの虚無」だとされるかなのだとももまた。だがしかし、真実に「あるもの」は正確な言論がこれを助け、それは一を一、他を他とこそなすものである、ともこう。

しかしながら、右に言う〝夢見ながら〟ということで批評をするソークラテースの秘めた意識については、私どもはどういうことを思うべきなのでしょうか。今し方49頁辺りの議論では
＊「場」（コーラー）とはイデアが〝ゾレ〟として現前していることを〝ゾコ〟が占有されたのだということをもって告げるものの謂いであろう。イデアは「場」へと現前し、「場」はイデアによって現前されるその能動・受動というその一つこその場であるとか、或いは
＊＊であれば「場」は受動というネガティヴとしてこそ能動の受動でもあれば、「場それ自身」がその能動のポジティヴィティーを端的に明らかにするものではないだろう。
というようなこともそこに隠されてあったでしょうか。それ故にも右の口に「場」とは根拠の場ならざる場だとされ、その無根拠たることが〝夢見つつ〟ということをも語らせることになるのでしょう。それ故、ここで些か先取りした形で敢えて言うことにすれば「天空の生ずる以前にも〝あるもの・場・生成〟の三つが存在していたというような事が先に語られることと対比をして考えるとすれば「場」というものは何かとにもかくにも二重の層があることだけは確認せざるを得ないもののように思われましょう、その委細は今は措くとして。

一二

私はこの第一八章の内容目次を与え「万有の生成に必要な三つの種族、受容者とそこへ入って来るものの捉え方、自体的・独立的な存在と知性、三つの種族各々の特質」といったようにそれ

をしたのでしたがOCTのテクストで五頁にもなんなんとする大規模で問題的な考察もテクストに沿ってということでなら、一応の辿り方はしたことでしょうか。とは言え、「コスモスの必然は場こその必然」ということで「イデア論」も洗われたのであるかとも私どもは思いもするのですから、ここで総じてプラトーンの哲学全体の中でこの「場」ということの思索がどのように逆に洗われるもするのかということを考えておこうと思います。恐らく『ティーマイオス』篇の白眉の議論だとも、この第一八章の議論は私どもに受け取られましょうから。

思うに、この『ティーマイオス』篇の読者がこの第一八章において最も印象深くも読む箇所は何処でしょうか。恐らくそれは現前する現象を何か確固不動のものでもあるかのように「これ」「それ」と呼ぶべきではない。否、**その都度そのものを別々の時に別々の筋道でもってさながら「火」というように生じて行くところを見るものを、これをそのものとしてではなくて、否、そのようなもののとして呼ぶこと**（49d4-6）、**これこそが最も蹉跌することのない呼び方なのである**とするその下りでしょう。そしてこのような下りこそは彼のヘーラクレイトスの〃万有流転〃の説に由来することも私どもは承知しています。そしてまたその或る最も突き詰められた下りではそれがどのような言語を私どもに強いるものであるのかが如何にも古代ギリシア人らしい透徹とともにこう語られていることをも、また私どもは学びました。〃万有流転〃の説に服すれば

とは言え、その「そのように」というのもまた語るべきではないのですよ。何故なら、「そのように」というのがもう動かないこととなりましょうから。更にはあらためて「そのようにでは

なく」とも語ってはならぬ。何故なら、それもまた動ではないのですから。否、何か他の言語を立てるべきなのです、言論のそれを言論する人にとっては。とまれ今は彼ら自身の前提に向っては、彼らはそれを述べる言葉を持ってはいないのですからね、もしもひょっとして「そのようにさえも」というのが取り分け彼らにとって調和するかというのでないならば。このものは無限定なこととして語られてあるのです。(『テアイテートス』篇 183a10-b5)

という言語によってこそ生きなくてはならぬことが語られていたことを。然り『ティーマイオス』篇の右の〝蹉跌することなき呼び方〟というのもそうした言語生活に服そうとする者こその言い分であることは明かでしょう。しかしながら、そういう言語生活を強制しようとする思想の根本動機はどういうものでしょうか。それは恐らくこういうことでしょう。すなわち、端的に言って「〝万有流転〟のあり方にあっては如何なる問答をも我々は問答することが許されないのだ」と。何故なら、問答とは「―とは何か」と問いその答えを「〜が―」であるとするそのことでしょうが、〝万有流転〟にあっては、よしんば「それは何か」と問うことだけは可能ではあれ如何なる「〜がそれである」と答えるべき「〜」も確定することは出来ない。何故なら、答えが与えられないのだということを分らせるためにはともかくも問題・問い・主題たる「それは」というそのそれの理解はまさに前提として与えられなくてはなりませんが、その問いないしは主題に対してその答えがないのだということでしょうから。すなわち、主語ではなく述語こそが確定出来ないのだというそこで〝万有流転〟の説も意味ありげなことをいうのだということです。すなわち、右に引いた『テアイテートス』篇の下りのソフィズムとして腐心するところも「答えがない」というそのことの定式化のそれなのだということです。

時にしかし、プラトーンはこうした問答が出来ないとか言論不可能だとか言う〝万有流転説〟に対してはどういう態度を取ったか。私は先に『テアイテートス』篇に関して「解説」を書いた時に稚拙でもあり問題的かとも思われる〝我々の知性の摩擦係数〟ということを〝万有流転〟の説への或る対処かと考えて提出しておきました。すなわち、「プロータゴラース説」ならば「―は〜である」という問答は「誰々にとって（或いは何々にとって）」という与格的な存在のその利害において立派に語り得ることだとされるのではないかとか、同じ『テアイテートス』篇第三部における〝没言論的―言論的〟という対概念の提出というのもそれは「―は〜である」というその「―」も「〜」もただ単独にそれだけでは何らの問答でもなく「―よ、お前は」というその形が整えば「それは何か」という問いを立派に成立させるのであれば「呼格―主格」をそれとして行く知性も我々人間存在の「問答すること」への用意ではないかと考えたのでした。そして取り分けまさに「イデア論」の根本的なテーゼが一重に「問答することが人間存在のこととして端的にある」というその一点に集中して彼プラトーンにとって置かれたこととは〝万有流転の説〟への完璧なアンチ・テーゼであったとされてよいでしょう。この『ティーマイオス』篇もまた、先にすでに20頁で引いていたように、「あり」と「なり」との峻別ということにこそ立ったのでした。そういう『ティーマイオス』篇が今ここに〝最も蹉跌なき呼び方〟などと言いあたかもヘーラクレイトスの徒をもって任じようかというばかりであるのです。
それ故、私どもが今ヘーラクレイトスの徒かとも思われようそのティーマイオスの言語生活をそれは何かと問うとすれば、どういうことが思われましょうか。
先ず、そのティーマイオスも一方ではヘーラクレイトスの徒たる側面を示すものの、だがまた他方ではプラトーンの徒である側面をも示す者にも思われることを、私どもは認めねばならないようです。何故なら、彼は「「あり」と「なり」」とを峻別するプラトーンを引き受けた上でしかも「なり」を救おうとする者であるようですから。すなわち、彼は「なり」を救う〝これが火ではなく、否、その都度に火であるなりこそあるのだと。故に、そのなりを火というそのものとしてではなく、否、火という形跡が引かれてあることとして、火のような、つまり総じてそのようなものとしてだけの「あり」をこそ我々はただ認めるべしと致します。しかし本来的には「なり」のみを認めるべきなのに何故「あり」までを言うのであるか。それは何故なら火のようななりを「受容者」がそこにおいて受容をして、そこでこそあらしめているからだと。それ故にも曰く、
必然的なことなのだ、何処かに存在することが「あるもの」一切は。何らかの領域においてそして或る「場」をこそ占有しながらで。他方、大地においても何処か天空に即してでもあらぬものは、何一つありはしないのだ。（52b3-5）
とこう。言論はその問答においてすべからく「あり」を把握するのだというプラトーンの思想に際してもティーマイオスは、その問答ではあれその「あり」を答えることとおいて「何処かにこそ」

ということがそもそもの最初に基本的にも前提されてこそあるのだとする分けです。この思想がはたしてアリストテレースやカントなどの「カテゴリー」の思考であるかどうかは今は暫く問うことは措くとして、最も核心的に言ってティーマイオスが「我々が問答をしてありをこそ語ろうとするのだとはしても、かかることはすべからくこのコスモスにおいては、そのなりこそのそれともなるのだ」ということを引くに引けぬその一線として持っていたのだということでしょう。またそのことは単に彼ティーマイオス一人だけのことではなく、我々のプラトーンその人もまた彼と同様にヘーラクレイトスの徒として言論する言論を覚悟して引き受けたのだということをも私どもに思わせるのではないでしょうか。とは言え、この「受容者」の思想に関しては誰しもに明かなようにティーマイオスの（つまりはプラトーンの）口ぶりは決して手放しの積極的なものではなく、否、繰り返し（51ab.52ab）彼がそれを主張することについては半信半疑であることを表明していることを見るなら、私どもは彼が（或いは彼らが）要するに〝尤もらしい語り〟をこそ徹底させているのだということにとても意識的であることを思わざるを得ないことでしょう。彼の最後の語りが「受容者の主張は寝とぼけたそれであり、その夢見心地の所為で我々はイデア論の主張に無力となるのだ」とすることは、真底は「イデア論を守る」ことの表明なのでしょう。

それ故、極論をするとすれば〝夢見心地〟からしての「受容者におけるなり」の語りとは結局のところはその「なり」を「あり」に読み替えるのだというその論点先取だということになるのではないでしょうか。それはすなわちまさに〝夢見心地〟によってこそということです。さればこそ「イデア論」の人間的知性が厳格に語り続けるその問答法の成就において「あり」の語りと「善のイデア」への超出とをそこで伴うのだとする厳しい思考とは、無限の隔たりにあることが見られなくてはならないのでしょう。「なり」をそれとして語ることを覚悟するとしても飽くまでそれは〝尤もらしい語り〟なのだとすることを忘れないというのは、プラトーンその人の自らの哲学の立つところの認識とその哲学さえもその環境として引き受けなくてはならぬこのコスモスの存在の承知との狭間にあることからする被強制の当然の意識なのだと、それ故、こう私どもは言わなくてはならないようにも思われます。

一三

以上、恐らくはこの『ティーマイオス』篇における白眉の語りかとも思われよう「受容者」の語りに関して私のその読み方を述べて来ました。それは遂に〝尤もらしい語り〟にも過ぎないのだという意識を際立たせることで一応の語り終えとはなりましたが、それは飽くまで一応ということであり、〝尤もらしい語り〟は依然として続けられて行くのを私どもは見ます。曰く「宇宙生成以前の時の『あるもの・場・生成』の存在、受容器と四元の有様」とこう。

とは言え、例えティーマイオスはプラトーンその人の覚悟のままにこのコスモスの哲学をその〝尤もらしい語り〟において語り続ける役目を果たそうというのではあれ、私どもはその〝尤もらしい語り〟を聞き届けることに何時まで耐えられることでしょうか。或いは耐えるべきなのでしょうか。この点、私のこの『ティーマイオス』篇の読み方は、すでに余りにも多くの頁をこれまでに費やして来たこともあり、続く第一九章をこれまでのような遣り方で読んだとしても未だ半ば前にも過ぎませんが、その後は「哲学」の事柄としてはその本質が〝尤もらしい語り〟にも過ぎませんからおよそ「哲学」として特筆すべき語り方かなと思われるところだけを選んでその語り方だけに触れることだけに致したいと思います。

〔**このことが、先ずはさればさあそこでこの私の投票からして推理された上で要点において与えられてあるのだとして下さい、議論として。すなわち、「あるもの」とかつまた「場」と「生成」と、三つが三つの道筋でもって、天空の生ずる以前にも存在していたのだとこう**〕**（52d2-4）**

驚いたことに、そもそもこの今に生成してコスモスであるその「なり」の語りのためにということだけで案出をされたはずの三つが、それはまたこのコスモスの生成以前のことだったのだといきなりただ〝私の投票から〟というただそれだけの理由で持ち出されていることに、私どもは出会います。一体、この不用意を正当化すべきどんな理由が隠されてあるというのでしょうか。精々のところこのコスモスの「なり」において現実化して結果すべきものは現実化させる原因だとして可能性においてすでにあったのだというところでしょうか。そして、幸いなことに、この説明も私どもにとって頷けない説明ではないようです。それかあらぬかティーマイオス本人には明示的に語るところは何もないようですから、私どもとしてはそうした飛躍も「原因―結果」のロジックが内々に前提されての議論なのだということにしておきましょう。

さて、先に「受容器」のなりの語りは論点先取的にそれをありの語りへと読み替えるものでもあるかと疑ったのでしたが、「父―母―子」としての認識の如くここでも「あるもの」と「生成」とはそのイメージの下にあるようです。そして比較的にこの第一九章の語りは単純なそれであるようです。何故なら、そこで語られるのは一つには生成時に「養い親・場・受容器」は如何なる有様であったか、それは多様を受容し多様な外観を提示してあったこと、不均衡な諸力の充満とそれ故の不均衡と不規則な動揺、受容器の生成物の揺さぶり返しとその結果である生成物の選り分けられ、それ故の似ぬものの分離と似たものの集合、四元の別々の場所の占有、然るにそれにも拘らぬそれらの無秩序の神に拠る形と数とによった最善なものへの整えであるという、端的な回答であるし、また二つにはその神の整えということの力説というただその二つだけでありますから。そしてこの章は

〔とは言え、この今にはされればそれらの各々のものどもの配置と生成とを不慣れな議論でもってあなた方に向って明らかにすることを手掛けなくてはなりません。いやしかし、とこう言うのも、それはあなた方が教育に即した諸々の道のそれらを通して語られることどもを示すことが必然であるものどもには与ってあるからには、きっとともに着いて来て下さることでしょうから〕

(53b7-c3)

ということで語り終えようとすることになっていますが、神がコスモスの生成以前にあるものの無秩序のあり方を須《すべから》く最善の秩序へともたらしたことは以後の語りにとっての根本的な想定な

のだということとの上で語られていることは、今後の私どもの読み方においても決して忘れられてはならないことでしょう。

〔そして先ずはさあそこで諸々の形態と諸々の共同にかつまた相互への諸々の変化などでもってした諸々の多様化された種類（エイデー）は、殆ど示されるに到りました。だがしかし、それらの諸々の受動をどんな諸々の原因の故に生じてあるかと、明白にすることを試みねばなりません〕(61c3-5)

さて『必然の所産』といった題目の下で議論されているのだと理解もされよう第二部において言って見ればその言わば「原理論」とでも称されよう最初の第一七～第一九章までの議論が以上のように読まれたのだとすれば、私どもはその先へと進まなくてはなりません。それは第二〇章から第三〇章までの議論であるわけですが、私どもは今し方も申しましたようにこれまでのように詳細にというのではなく、否、特筆すべきものがあればそこを簡略に要点を押さえるといった仕方でその〝尤もらしい語り〟と言うものを抑えようというのでしたから、先ずこの範囲の大概を見てみましょう。そうするとまさに第二六章の右に引いたような語り出しがその議論の大概を教えてくれるのを私どもは知ります。すなわち、第二〇章から第二六章まではコスモスの構成に必然的に素材となる「火・空気・水・土」の四元の三角形による幾何学的な構成と相互への変化・変容などが語られたのだと要約され、その語りの後にあるべきその語りとはそうしたコスモスという環境の中に人間存在もあるのであればその環境においては我々は如何に受動するのかが須く語られるべき語りとなろうというように、ティーマイオスは語りを総括しまた見通しているのだということです。そのように総括される語りの中で私どもは問題の〝尤もらしい語り〟なのだということがティーマイオスその人の自意識において都合八度もその口にされているのを見るのだというわけですが（53d5-6,55d5,56a1,56b4,56d1,57d6,59c6,59d1）、その裏返しとしては我々のティーマイオスその人が或いは幾何学という学問の必然を或いは物理学的な必然を或いは論理上の必然を如何に駆使することによって如何に我々にその〝尤もらしい語り〟の納得を迫ったかということがあることを私どもは思わなくてはならぬことでしょう。恐らくその最も典型的な語りは恐らく第二一章における諸々の形を四元へと配分するその話しでしょうか。そこでは

〔**さあそこであるのだとして戴きたい、全うな議論に即しそして尤もな議論に即すれば、一方、ピラミッド（正四面体）の立方体として生じてある形は「火」の構成要素であり、種子としてこそだと**〕**（56b3-5）**

とまでも言われてそこには「必然—納得の強制—尤もらしさの受容」という線が殆ど明示的にとも思われる仕方で引かれてあって、私どもはどれだけの学問的な・論理的な、およそその言論をただ必然的だとしか思うことが出来ないそれらが駆使されているかということを思わざるを得ぬいう仕掛けになっています。恐らく特筆すべき点をただ一つだけ求めるとすればその事情のことに恐らくは尽きることでしょう。内容的には実に多くのことがそれはこうだこうこうだと語られていて豊かなものがあるものの、その一々の〝尤もらしさ〟を我々は論《あげつら》うまでには及びますまい。

何故なら、およそ「哲学」の話しとしてはそこには「必然—納得の強制—尤もらしさの受容」という線が引かれてあるのだということで、その本質は最早見られたことでしょうから。

一四

かく第二部の前半の第二〇章から第二五章までの議論については読むことが出来たものとして私どもは残された第二六章から第三〇章までの議論を読まなくてはなりません。さて、それではどう読まれて来るでしょうか。思うにこの範囲に関してももう一度二つに大きく区分することが出来るように思います。それはその最初の第二六章とそれ以後の第二七章から第三〇章までとを二分するという分け方です。何故そう分けるかというと、第二六章は専ら物理的な諸々の性質がどのような仕方でこのコスモスのこととして生起してあるかということの議論であるのに対してそれ以後の議論はそうしたコスモスが人間にとっての環境としてどのような受動を受動させるかという議論ともなっているからです。この点、その区分点ともなる第二七章の冒頭の語り出しが如何にも細心に次のように語られていることを、私どもは落ち着いて味読すべきでしょうか。

〔他方、最大でまた残されたものとして身体全体をめぐる諸々の共通の受動に属して諸々の快楽と諸々の苦痛との原因がありそれは我々がすでに詳述してしまっていることどもの中にありますが、またどの限りが身体の諸々の部分を通して諸々の感覚を、それら自身においての諸々の苦痛とまた快楽とを同時に伴うものとして獲得してしまって持っているかの問題です〕（64a2-6）

私はこの文章に関して岩波版の種山氏が六一C5と同様に六四A3の παθήματα というようにプラトーンが語った言葉を〝感覚的諸性質〟と訳されていることに対して私の註の（159）と（162）とにおいて多少の異論を述べてやはりむしろ愚直に「諸々の受動」という風に訳すべきではないかと言ったのでしたが、六一C5に続く下りにおいてプラトーンがいみじくも一つの何か丁寧なこだわりを表明していますように、とどの詰まりには「感覚」というものが前提されてあるのだとしてもその感覚というのも「身体環境の能動と身体の受動と」ということから産出されるものなのだとして「感覚」という結果と「能動・受動」という原因とを見分けることをしているからです。すなわち、読者の皆さんが第二七章冒頭の岩波版の種山氏の翻訳と私の同じそれとを比較されると、前者が如何にも通りのよい読みやすい翻訳であるのに対して私のそれが如何にもごつごつとした読みにくいそれであることを恐らくは認められることでしょう。それにも拘らず私が敢えてそんな訳を提出するのは、私はプラトーンの原文そのものが「感覚」と「受動」との絡みと区別とを、すなわち、それぞれの言葉の守備範囲を、粘っこく言葉にして行くその呼吸をこそ見るべきではないかと考えたからです。何故なら、彼の「原子論」を首唱したデーモクリトスが現代的な言葉遣いで言えば〝第一次性質〟と〝第二次性質〟の区別において「原子と空虚」こそが真実あるのであり〝甘い・辛い〟などは人間の思いなす虚偽の思いなしに過ぎないのだとしたような区別とおよそ類比的な区別を考える余地をプラトーンもまた「感覚」と「能動・受動」との距離を考えることによって考えているのではないかとも思われたからです。無論、プラトーンは「能動・受動」と「感覚」とを原因・結果の結びつきにおいて結びつけていることはありますから、そのプラトーンは明らかにデーモクリトスではないとは言うべきでしょう。だが、それはともあれ、第二七章から第三〇章までの範囲の議論が置かれている置かれ方がそもそもの「能動・受動」というコスモスの環境からこそ始められていることが先ずは確認されねばならぬでしょう。とはつまりどういうことかと言うと、それはこの範囲においても〝尤もらしい語り〟をするのにもティーマイオスはその「能動・受動」の場を須くどういう必然こそが作っているかというそのことをこそ語るだけだからです。何故なら、第二六章から第三〇章まででは

イ、物理的な諸性質（熱い・冷たい・硬い・軟らかい・重い・軽い・上下・粗い・滑らか）

ロ、身体が全体として受動する快楽と苦痛

ハ、身体の個々の器官における諸々の受動としての「味覚・臭覚・聴覚・視覚」

といったことが議論されるわけですが、ここでの「能動・受動」の場を作る必然はおよそ多言を要しないだろうという態度で臨まれていて、その「必然」は見られるものは見られる、見られぬものは見られないのだというそのあっさりとした態度だけで対処されているからです。

〔**そして輝くものが赤と白とに混ぜられては黄金色のものが生じます。だがしかし、どれだけの尺度がどれだけのものどもにであるかということは、もし人が知っていたとしても、知性を持っていることでさえありません、それを語ることは。それらのことどもの何らかの必然をも尤もらしい語りをも、程々の仕方であってさえも人は語ることは可能ではないことでしょう**〕（68b5-8）

と語られていることがその間の事情を物語ることでしょう。
そして目下当面している第二部の「必然の所産」の語りにおいて最後に注目すべきは、やはりそれも一連の語りを締め括るその語りでしょう。ここでは
イ、最善なるものの製作者である神がこのコスモスの制作を任せた神々を産んだ時に「必然」からしてその有様があった「四元」を補助手段としたこと、けれども、自らとしては「善さ」の図り手であったこと
ロ、それ故、我々は「原因」を〝必然的なもの〟と〝神的なもの〟とに区別して考え、後者は幸福な生の獲得のために探求すべきもの、前者は我々が真剣になるべき対象を感知するその必要条件であり、神的なもののためにこそ探求されるべきものである。
ということが語られますが、如何にも「必然の所産」の語りを締め括るものと言えましょう。

一五

第二部の締め括りが全体の考察の要点を再確認するといったような仕方で言わば〝中締め〟をするといったようなものであったその呼吸は、引続き第三部の『「知性」と「必然」とが共同して作るもの』という議論の語り出しにおいてもほぼそのままに呼吸されて行くのを私どもは見ます。すなわち、そこでは神は「四元」という必然を素材或いは補助原因としてこのコスモスの制作へと向ったのでありその線でこそ語り続けて来たのであればその語り方において彼ティーマイオス

の語りは仕上げられようこと、その際、神の制作とは無秩序であったままの「必然」を均斉へともたらしたものであり「コスモス」を完璧な一個の生き物とするためには神は自らはその製作者となることはせず自らの産んだ神々（天体）へとその制作を委託したということが振り返られるということです。こうした言わば〝中締め〟を置いて語りの核心を再確認しつつこれからの語りに見通しを与えることをするわけですが、そうした用心の下で語り進められる〝知性と必然との共同作品〟なる語りではあれ、私はこの語りを非常に単純化して読むことが出来るのではないかと思います。それはどのようにしてかと言えば、第二部の『「必然」の所産』の語りがコスモスを充実させたのに引続き『「知性」と「必然」との共同作品』という仕方で同様にコスモスの充実を図るのだと言っても、その「共同」とは須く〝「知性」が目的論的にその作品を設計されたものとして配置する〟その或る地図としてこそ語られているのだと私には理解されるからです。私がこの第三部の語りにおいて先ず最初に非常に印象的に受け取ったティーマイオスの語りは

〔またそれらのことどもの故に、さあそこで神々しいものを汚すことを恐れ畏みながら、それは万止むを得ざる場合を除きましたが、神的なものから切り離し身体の別の住いへと、その死すべきものを彼らは住まわせるのです、隘路で境界たるものを頭とそしてまた胸とのだとして仕切り壁に据えた上でです〕（69d6-e3）

という語りですが、これはまさしく私が右に言った〝神の目的論的な設計〟としての地図を語るものと言えるのではないでしょうか。そしてこの「住まわせる」とか「配置する」とか「区分を

する」とか「結ぶ」とか「入れ込む」とか「植える」だとかと言った、要するに私どもがおよそ〝地図を見る〟としたらそういうあり方をこそ見るのだというそういうヴォキャブラリーによりすべての語りが展開していることを恐らく私どもはいやという程にここでは読むことになるのではないでしょうか。最も典型的には「住まわせる」という語り方がそうですが、ティーマイオスのここでの語り方が本質的にはそれと同類の言葉でもって語り続けられるものであることを多分どなたも全く容易に見て取られることと思います。私は第二部・第三部の読み方に関してはただ特筆をすべきものそれだけを読むことにする方針であるわけですが、私は当面する第三部のここまでの範囲についてはただこの一点だけを特筆させて戴くことと致します。何故なら、ともかく「哲学」としてこそ『ティーマイオス』篇を読むというのなら、およそその「哲学的な語り」を導く本質は何かということこそが私どもにとっての関心事であるべきでしょうから。

こうして私どもにいよいよ大詰めの第三九章から第四四章までの語りが始まることになりますが、それは身体のそしてまた身体的な条件からする魂の病気の話し、そしてその裏返しとしての身体と諸々の思考との諸々の世話の話しともなって行きます。だが私どもはこれらの話しをどう読むべきでしょうか。率直に申して多大の正確を期しながら熱烈にと言うか必死にと言うかそういう読み方をするには及ばないように思います。恐らくは彼の医神ヒッポクラテースが到達していたような医学の水準に見合うようなそうした仕方でプラトーンもまた蘊蓄を傾けたのではないかとも思われますが、そういう知見を成程々と受け取りながらただ素直に読みさえすればそれで十分なのではないかと思います。ただしかし、そこからそこでこそ肝要だろう「均斉」と「動」の優劣の話し、またこうした話しが心身共同の生き物と身体部分とについての教導の話しでこそあれば先ずはそのまさに「教導をするもの」こその優秀と美とが一大事たるは必定だが今そこを限定的に語ることとしようとこう始められて行きますが、その語り方だけは幾らかの注意が必要でしょうか。ではそこはどう語られることにもなるか――

およそ「魂」というものには〝知性・気概・欲望〟の三つがあるのだと考えられたがそれらの「動」こそが鍛錬されるべきである時、「魂」において須く至上権を保持してこそあろう「知性」はどう考えられるべきなのか。それはこうだ。曰く、「知性」はこれぞ神こその贈与なのであり、されば「知性」はそれが我々の頭において存在するものたる限りは我々人間存在をその頭を天上へ下ろされる根としつつ身体全体を直立させているのだとこう。これはまさに哲学的にシュールな図柄だとでも言うべきでしょうか。それはともかくこの天上の植物である我々人間存在のあり方において我々の「愛智」の営みはあるのでありそこからの倒錯こそが欲情や野心の徒輩の思いの死すべきあり方ともなるのだと剔抉され、他方、「愛智者」がその魂の「知性」を世話するとはその固有の養分と動きとを与えるそのことでこそあれば、それは「万有」の思考と回転運動とでもって世話をされるのだと語られます。さあそこまでを語り終えたならば

〔そしてさあそこでこの今に我々にとって万有について人間的な生成に到るまで詳述するように告げられたことどもも、殆ど終極を持ったようです。何故なら、他の諸々の生物たちがどの道筋で

もってあらためて生じてあるかということは、手短なことどもを通じて言及をしなくてはならぬのであり、そのことを人が長々と遣るような必然はありはしないからです（90e1-4）〕と語られるのは、最早全く自然な成り行きでしょうか。「女・鳥・獣・水棲の生き物」などが「男」の持つ或る完璧からどのように落ちて行くかというその点で語られて行くのですが、「女」という性を人間存在の落ち込む或る罠のようにも考える考え方というのは、およそ古代人としての限りであれば尤もな考え方なのでしょうか。ただ一つプラトーンの名誉のために思い付言しておけば、彼の『饗宴』篇でアリストパネースの「エロース讃美」の議論においては人間存在の往にし方の完全の回復のためのシュムボラ（割符）としてのあり方の一つの場合として「男・女」なるものも考えられることをプラトーンもちゃんと語っていることを、無視してはならないことでしょう。

さて、全くの最後の最後として見るべきは『ティーマイオス』篇の掉尾を飾っている次の語り方でしょうか。曰く――

〔**そしてさあそこでまた終極をも万有について語りはこの今にすでに我々にとっては持ったのだと我々は言うことと致しましょう。何故なら、死すべき生き物どもと不死の生き物たちを得た上で、そしてこの宇宙はそのようにして満たされた上で、可視的な生き物として可視的なものどもを包括し、思惟されるものの似姿としては神として感覚され、最大で最善、最も美しくかつまた最も完璧なものとして、一つの天空のこのものが単一の種族でありつつ生じているのですから**〕（92c4-9）とこう。驚くべきは最初にティーマイオスは自らの語りもそれは要するに〝尤もらしい語り〟とこそなるだろうことを予告してしかもその自意識は何度も何度もその語りの途中においては意識されてこれまでは来ていたというのに、この掉尾の語り方からはその語りの〝尤もらしさ〟への如何なる彼の自意識をも私どもは感知しないようであることです。これは一体どういうことなのでしょうか。すでに触れていたようにこの『ティーマイオス』篇こそは伝統的に最も物議を醸したプラトーンの対話篇でありまた最もよく読まれたそれであったのだとされているわけですが、神の創造をこそ讃えるべきキリスト教の世界がこうした掉尾の語り方に励まされただろうことは何の不思議も無く理解されることでしょう。古代ギリシアがギリシア神話でもって世界の理解と受容とに恵まれたように、キリスト教世界も『ティーマイオス』篇がそのための神話であったのではないかということです。しかしながら、それでも私どもはこの結びの言葉そのものとしてはそこにあるのはただ「イデア」を語ることを決して放棄しない、否、放棄するどころかいよいよ守り抜く決意の中で敢えてこの感覚すべき所与としての「コスモス」の語りの可能性に腐心する哲学をも自らのこととした、そのプラトーンの全体としてのあり方だと言うべきでしょうか。

付記　学者的詮議の的の『ヘルモクラテース』篇のことは、ここでは触れないことにしました。

（平成二十五年二月二十五日午後二時四分擱筆）

『ティーマイオス』篇翻訳
――自然について――

登場人物

ソークラテース　その五〇歳の頃であったか。

ティーマイオス　本篇（二〇A）でのソークラテース自身の紹介に拠れば〝善き治世の都市のイタリアはロクリスの人、財産・生まれ・名誉ある支配とその職・学問の頂上を極めた人〟とされています。二七Aではその学問も「天文学」に通じた人だとも紹介されています。

ヘルモクラテース　シケリアー（シシリー）の政治家、アテーナイ系の植民地レオンティーノイとコリントス系植民地のシケリアーはペロポンネーソス戦争時に抗争したが、ヘルモクラテースはアテーナイの干渉に打ち勝ちました。けれども祖国は彼を独裁者として恐れ小アジアでの戦いから帰国しようとしたのを拒み殺しました。

クリティアース　クリティアースなる人物は沢山いますが私どもにはすでに『カルミデース』篇で後に〝三十人政権〟で力を揮ったクリティアースが知られておりました。そのクリティアースの祖父であろうと見るのが今日の定説だとか。

ティーマイオス

17　一

ソークラテース　一人、二人、三人――だがしかし四人目はさあそこで、ティーマイオス、私どもにとって何処にいらっしゃるのでしょうか、昨日は、一方、客人たちの中におられたけれど、他方、この今には接待方の役をする人々の中のお一人でいらっしゃる方は。[1]

ティーマイオス　何か或る病気が彼には降りかかったのです、ソークラテース、何故なら、意図してはこの交わりを欠席してなどありはしなかったことでしょうからな。

ソークラテース　さればあなたとそしてこの方々の仕事とは、御欠席の方のための分をも満たすことではないですか。

B

ティーマイオス　全くその通り、そしてともかくも出来る限りは私どもは遺漏なきを期しましょう、何故なら、正当ではありますまいからな、昨日はあなたにより客人たちにとって相応しくあるだけのことどもでもって接待をされてありながら、心を込めてあなたを我々のうち残った者たちがお返しのもてなしをしようとはしないなんぞとは。

ソークラテース　さればはたしてあなた方は覚えていらっしゃいましょうか、どの限りのことどもをあなた方に対してそれらにもついて申されるよう、私が課題とさせて戴いたかを。

ティーマイオス　或ることどもは、一方、私どもは覚えておりますが、覚えておりません限りは、他方、あなたが傍らにおられて思い出させなさることだろう。だがしかし、むしろもし何かそれが難しいことではなければ最初から手短にもう一度それらを要約して戴こう、それらが我々の許で親しくもっと確固としたものとされるために。

C **ソークラテース**　そう致しましょう。昨日に何処かこの私によって国制について言われた諸々の議論の(2)要点は、どのようなものとしてかつまたどんな人々からそれは最も優れたものとして生ずることだと私に見えたか、ということでした。

ティーマイオス　またとまれ大いに我々にとっては、ソークラテース、それは語られては全員にとって意を得るものでした。

ソークラテース　さればはたして農夫たちのそれにそして他の諸々の技術である限りは、第一にそれの中で我々は離して区別をしたのではなかったでしょうか、種族のポリスのために戦わんとする者たちの種族からは(3)。

ティーマイオス　ええ。

D **ソークラテース**　そして自然本性に即してさあそこで、各人にとって自らに即して適したただ一つだけの営みを与えた上で、つまり、各人にとって一つ技術をとこうして、すべての人々のために戦うことの必要があった者たちを我々は言ったのでした、彼らは、して見ると、
18 ただポリスの守護者としてあるだけでなくてはならぬ、よしまた外部から誰かが或いは内にある者たちの中でそこから悪事を働こうとして来るにもせよ。その際、裁くのには穏やかに、一方、彼らによって支配をされている人々でありかつ自然本性において親しくある人々に対しては、他方、諸々の戦場で諸々の敵どもの遭遇した者どもに対して厳しくあってとこう(4)。

ティーマイオス　全くもってその通りでした。
ソークラテース　何故なら、思うに、守護者たちの魂の或る自然本性を我々は語っていたからで、それは同時に一方で気概ある形のものであり、同時に他方では智慧に親しむものとして抜きん出た仕方であらねばならぬ、それは双方の者たちに向い全うな仕方で穏やかでありかつ厳しくなることが出来るために、とこう。(5)
ティーマイオス　ええ。
ソークラテース　他方、養育はどうだったでしょうか。はたして体育や音楽やでもって、かつ彼らに相応しい限りの諸々の学科でもってすべてのものどもにおいて養育されてあったのではないでしょうか。
ティーマイオス　全くその通りでした。
ソークラテース　だがしかし、そのようにして養育をされた者たちは語られたのでした、何処かしら金も銀も他の何一つの所有物も彼ら自身の私的なものと見なしてはならないのであるとこう。否、彼らは助け手たちとして守護の報酬を彼らにより保全されている人々から受け取るのだがそれは思慮ある人々にとって適度である限りのものなのであり、さあそこで共同で消費しかつまたともに暮らしながら相互とともに生きて行かなくてはならぬ、その際、徳に対する気遣いを終生持ち続け他の諸々の営みからは暇を取るのだと。(6)
ティーマイオス　語られました、それらのこともまたその仕方でもって。

B

C **ソークラテース** そして、一方、さあそこで女たちについてもまた、我々は言及をしたのでした、諸々の自然本性を男たちと接近したものとしてともに組み込むのでなくてはならぬ。そして諸々の営みのすべてを共通に戦争に即しても他の暮らしに即してもすべての彼女たちに与えなくてはならぬのだというように(7)。

ティーマイオス その道筋でそれらのことどももまた語られておりましたな。

ソークラテース 他方、どうだったでしょうか、さあそこ子作りのことは。それともそのことは、一方、語られたことどもの斬新の故によく記憶に残ることだったでしょうか。共通なものどもとして諸々の結婚のことどもにまた子供たちすべてのことどもをすべての人々に対して置いたのでしたから(8)。その際、彼らは工夫をしたのでした、誰一人何時か出生するに至った彼らのものであるのを私的に認めることはなく、他方、すべての者たちがすべての者たちをまさしく同族なのだとみなすように、すなわち、一方、姉妹たちにして兄弟たちだと適当する年齢に内に生じた限りの者たちを、他方、先立ちそして上から生じている者たちは父母にしてかつまた祖父母だと、他方、下方へと出生した者たちは子供たちにして子孫たちだと見なすようにとこう(9)。

D

ティーマイオス ええ、それらのことどももまたよく記憶されることどもでした、あなたのお語りの仕方で。

ソークラテース 他方、さあそこで可能な限りに彼らが直ちにその諸々の自然本性に鑑み

て最優秀の者たちとして生じて来るようにと、我々ははたして覚えてはいないでしょうか、
E 支配する男たちと支配する女たちが諸々の結婚の結びつけへと密かに或る諸々の籤でもって工夫しなくてはならないのだということを、どうとかして悪しき者どもとそして善き者たちとが別に相似た女たちとそれぞれに籤で結ばれてあるようにとこう。そして何か或る敵意が彼らにとってそれらの故に生じて来ないようにと。それは彼らが偶然が結びつきの原因だと考えてのことだけど[10]。

ティーマイオス　私どもは覚えています。

19 **ソークラテース**　また実際、とまれ、一方、善き者たちの子供らは養育しなくてはならぬが、他方、悪しき者どものそれらは別のポリスの中へと密かに手渡さなくてはならぬのだということもありました。けれども、彼らが成長して行くところを狙い見て行きながら、その都度に価値ある者たちはもう一度連れ戻さなくてはならず、他方、彼ら自身の許にある価値なき者どもは反対の者たちの場所へと移し変えなくてはならぬのでした。

ティーマイオス　その通りでした[11]。

ソークラテース　さればはたしてさあそこで、我々は今やちょうど昨日にそうしたように詳らかにするに至ったでしょうか。諸々の要点においてもう一度復唱をするにつけてです。それとも我々はまだ恨みましょうか語られたことどもの中の何かを、親しいティーマイオス、取り残されているものとして。

B **ティーマイオス** いいえ、決して、否、まさしくそれらのことどもでした、語られたことどもは、ソークラテース。

二

ソークラテース 今はもうお聞きになられることことでしょう、それらの後のことどもを、我々の詳らかにした国制についてはです、どういった或ることをそれに向って私が心に受けてしまってあるかとこう。だがしかし、さあそこで似ているのです、私にとっては何かこのようなことにその情態は。例えば、もし誰かが立派な動物たちを何処かで見た上で、それは描きによって作られたものであれ、或いは実際に生きていていているが他方静かにしているのであれですが、見てみようという欲望に至ったとすればといったものです、それらとして動いているところをそしてまたそれら身体にとって相応しいと思われるものどもの何かが競いに即し取り組んでいるところを。同じことをこの私もまたこの身に受けてしまってあるのです、C 我々の詳らかにしたポリスに向っては。何故なら、喜んで或る人から議論により彼が詳しく述べて行くところを聞きたいのですから、ポリスが競う諸々の競技を、それら競技をポリスが他の諸々のポリスに向って競技するところを、そして相応しい仕方で戦争へと到り、かつまた戦うことの中で諸々の相応しきことどもを教育と養育とに対して諸々の実際においての諸々の行為に即してかつまた諸々の言論においての諸々のポリスの各々に向ってする諸々の談判に即しても与え返すところを。

D されば、それらのことどもは、クリティアースにヘルモクラテース、私は先ず私自身のことは喝破済みなのです、何時かしら男たちとポリスを十分に誉め讃えるべく能力ある者となりはすまいと。また、一方、この私のことは何の怪しむべきことでもありませんが、とは言え、同じ思惑を私は昔に生じた詩人たちについてもこの今に存在をしている詩人たちについても早掴んでいるのです、但し、その際、私は詩作を事とする種族を何かしら軽んじているのではなく、否、万人にとって明らかなのです、模倣的な一党はそれがその中で育ったそれらは
E 最も容易にまた最も優れて模倣はするが、他方、各々の者らにとってその育ちの外に生じてあるものは、一方、困難なのです、実際において、他方、一層困難なのです、言論でもってよく模倣することは。他方、ソピストたちの種族はあらためて、一方、多くの議論と見事な他のそれらにはそれは大いに経験ありと私は考えますが、他方、私は恐れるのです、何処かこう、諸々のポリスにかけてそれは彷徨ってありそして私的な諸々の住まいを構えたことがないからして、智慧に親しみまた国事に関わる人々のことは的外れではないのかと。彼らがどれだけのことどもをそしてどんなことどもを戦争と諸々の戦闘において行為しながら実際においてまた言論において各々の者たちと交わりつつ行為をしかつ言論するものなのかには[12]。残されてあるわけですよ、さあそこで、あなた方の持ち前に属する種族こそが。すなわち、同時に両者に自然本性においてそして養育において与るそれが。何故なら、ティーマイオス

なることの御方はよく治められているポリスの、イタリアーはロクリス[13]に属する御方であり、財産においてまた種族において彼処の人々の中の誰一人にも遅れを取ることはないあり方で、諸々の最大の支配を、一方、かつまた諸々の名誉職をそのポリスにおいてのことどもの中で手掛けて来られているのであり、他方、智慧に対する親しみのことではあらためてこの私の思惑に即すればその一切の頂上へと進みなさってておられるのです。他方、クリティアースを何処かしらすべてこの地の者の我々は承知しています、我々の語っていることどもの何一つのことも素人にはあらざることを。他方、更にまたヘルモクラテースの自然本性と養育とのことではすべてそれらのことどもに向ってそれが十分であることは多くの人々が証人として B あれば、信じなくてはなりません。

それ故、昨日もまたこの私は心中に思って、あなた方が国制についてのことどもを詳らかにするように要求をなさっておられた時に積極的に私は喜んだのでした。知っておりましたからね、続くその議論は誰一人の者たちもあなた方のその気になっておられるのに比べたら、より十分に返し与えることはあるまいということを——相応しい戦争の中へとポリスを引き据えた上で、それに対して相応しいすべてのことどもを返し与えることでしょうからねえ、今の人々の中ではただあなた方だけが——さあそこで課せられたことどもを申した上で、私 C はあなた方に反対に課題とさせて戴いたわけなのです、この今にもまた私の語っていることどもを。されればあなた方は同意をして下さいました、共同してあなた方自身に向って考察を

した上で今へと私に対し諸々の言論の諸々のもてなしを代りに返し与えることを。私はまた
されればさあそこでここにいる次第です、さあそこですっかりめかし込んでそれらのことども
の方へと。かつすべての人々の中で受け取るのに最も用意のある者でありながら。
ヘルモクラテース　そして、先ずはさあそこでちょうどティーマイオスこの御方も言った
如く、ソークラテース、我々は熱意の何一つも事欠きはしないだろうし、何一つの言い訳も
我々にとってはありません、それらのことどもをせぬようにとは。そこでまた昨日もまた、
D ここからしてクリティアースの許、我々がそこで旅装を解いている客間へと到着をするや、
そしてなおその以前に道々まさしくそれらのことどもを我々は狙い見たことでした。されば
この方クリティアースが、我々に対して語りを導き入れられたのです、昔の仄聞からして。
それをこの今にもまたお語り下さい、クリティアース、このお人へと。彼が課題へと向って
好都合であるか不都合であるか一緒に調べて見るために。
クリティアース　それらのことどもをなすべきだ、もし三番目の共同者ティーマイオスに
とってもまたともにそうするがよしと思われるのなら。
ティーマイオス　そうするがよしと思われるさ、確かに。
クリティアース　聞いてくれ給えよ、さあそこで、ソークラテース、語りの大いに先ずは
E 奇妙なそれから。とは言え、とにかく全くもって真実なのだから。七賢人たちの中で最高に
智慧のあったソローン[14]が何時か言っていたそのように。彼は先ずはされば身内にしてそして

21 我々にとって曾祖父であるドロピデースの非常に親しい人であった。ちょうどまさしく到るところで自らがまた詩作の中で語っているように。然るに、クリティアース、我々の祖父、に向って彼は言ったとか。ところ、あらためて我々に向っては老人が思い出話しをしたことでしたが、諸々の大なるそして驚嘆すべき往にし方の勲しのこのポリスのであるものどもが時間と人々の滅亡によって消されてしまってあるのだが、他方、一つのそれが最大であったということです。そしてそれをこの今に我々は思い出した上であなたに感謝を返し与えて、そしてまた同時に女神アテーナーに対して祭礼において正しくかつまた真実な仕方でまさにそのような御方として讃歌を捧げながら賞讃することが相応しいことでしょう[15]。

ソークラテース　よくぞあなたはお語りだ。いやしかし、さあそこはどんな勲しのそれを先のクリティアースさんは、一方、語られてはいないが、他方、まさしくあった仕方でこのポリスによって行為された往にし方のことだとしてお語りになられたことか、ソローンからの聞いたことに沿って。

三

クリティアース　この私がお話し致しましょう。往にし方の語りをそれも若くはないお人
B から聞いているのです。何故なら、一方、さあそこでその時にクリティアースは、その言うところ殆ど九十歳に近かったし、他方、この私は精々取り分けても十歳というところでした。

けれども、我々にとってはアパトゥーリアー祭のクーレオーティスで[16]たままあった。さあ
そこで祭りの折々にしきたりであるものがその時にも子供たちには伴っていた。何故なら、
諸々の賞品を我々に対し父親たちが置いたのだから、吟誦に対してのを。さればさあそこで
一方多くの詩人らの多くの詩が語られたが、他方、その時はソローンの諸作品が新しかった
から子供たちの多くが歌ったのだった。されば同族の人々の中の或る人が言った、さあそこ
C で彼にとってその時そう思われたにせよクリティアースに対して何がしかの好意をもたらし
ながらにせよ、彼その人にとっては思われるのだ、かつは他のことどもでも最も智慧ある者
として生じているがまた詩作に即してもあらためて詩人たちすべての中で最高に自由のあり
方をしているのだとこう。さあそこで老人が――何故なら、されば私は非常に記憶している
からだが――大いに気をよくもし、そしてまた微笑をした上で言った。「もしもともかくも、
アミュナンドロス、余技として詩作に携わったのではなくて、否、ちょうどまさしく他の者
たちがそうしたように真剣になったことだったら、またエジプトからこちらへと彼が運んだ
語りを完成させ、かつ諸々の内乱の故にそして諸々の悪にそしてここに来つつ彼の見出した
D 限りの他のことどもによってお構いなしにすることを強いられることもなかったとしたなら、
とにかくこの私の思惑に即すればヘーシオドスもホメーロスもその他誰一人の詩人も何時か
彼に比べてより名声を博することなどなかったことだろう」とこう。「だかしかし、何だった
のですか、その語りとは」と、彼は言いました「クリティアース」「そもそも最大であり」と、

クリティアースは言いました「そして最も名高いものとしてすべての行為の中にあってある
ものに属するのだと最も正当に言えるのだが、それをこのポリスが、一方、行為したのだが、
他方、時と成し遂げた人々の消滅との故に、こちらへ十分には届かなかったのだよ」「お語り
下さい、最初から」と、アミュナンドロスは言いました「何をそしてまた如何にしてそして
誰たちから真実なことどもとして聞き通していて語っていたのですか、ソローンは」
E 「実にあるのだよ、エジプトに即してなら」と、老人は言った「三角州《デルタ》において、それを
めぐって頭の辺りでナイルの流れが分岐しているのだが、サイス州と呼び名されている或る
州が。他方、その州の最大のポリスがサイス[17]なのだ――さあそこで、そこの出でアマシスも
また王であった――彼らにとってはポリスの或る創設した神がいるのだが、エジプトの言葉
では、一方、名前はネーイトであり、他方、ギリシアの言葉では、彼らの語りだとしては、
アテーナーだとか。他方、彼らは大いにアテーナイ好きでありそして或る仕方でこの人々の
22 身内なのだと言っているのだ。そこへと、さあそこでソローンは言っていた、渡って行った
上で彼らの許で非常に名誉ある者となったが、かつはさあまたそこで往にし方のことどもを
何時か取り分けてそれらのことどもをめぐり諸々の神官たちの中で通じている者たちに尋ね
て見て、殆ど彼自身も他のギリシア人の誰一人も何一つ、言って見れば、そうしたことども
については知ってはいないことを見出したのだとこう。そして何時かは彼らを古いことども
について諸々の語りへと誘うことを望んで、この地のことどもの中の最古のことどもを語る

B ことを試みたとか。すなわち、ポローネエウスなる最初の者として語られている者にそしてまたニオベーについて、かつ大洪水の後にあらためてデウカリオーンとピュルラとについて[18]彼らが如何に生き延びたかを物語りしかつ彼らからした人々を系譜語りし、それらでもって彼が語った諸々の年のことどもがどの限りであったかを諸々の時代を明確に思い出しながら数えることを試みたのだとか。

して神官たちの中のよくぞ大いに年を取った或る者が言ったとか、『ソローンよ、ソローン、ギリシア人の君たちは常に子供たちであり、老人のギリシア人はいないのだ』と[19]。されば、それを聞いた上で『どのようにして、何をそのこととしてあなたはお語りなのですか』と、ソローンは言った。『若いのだ君たちは』と、神官は言った『諸々の魂が皆して。何故なら、何一つとしてそれらの魂の中にあなた方は保ってはいないのであるから、古き聴聞からして往にし方の思惑も時をもって蒼古とした学問の何一つをも。けれども、それらのことどもの

C 原因はこのことだ。多大の消滅が多大のことどもに即し人間たちに属して生じたことであるしまた存在するであろう、一方、火でもってと水でもってとが最大であるが、他方、無数の他のことどもにとっての異なったそれら消滅はより小さいのだ。何故なら、さればあなた方の許でもまた語られていること、すなわち、太陽（ヘーリオス）の子供パエトーンが父親の戦車を繋いだ上で父親の軌道に沿って駆ることが出来ないことの故に大地の上の諸々を焼き

D 尽し、また自らも雷に打たれて滅びたのだとかといったようなことは[20]、これは、一方、物語

の形態を持ちながら語られているが、他方、その真実なることは大地をめぐって天に沿って
進み行くものどもの逸脱で[21]ありかつ諸々の長き時間を通って生じて来る地上の諸々の物ども
の多くの火をもってしての消滅なのだ。さればその時には山々に沿いまた高い地域にそして
乾燥したそこに住む限りの人々が一層破壊されるのである、諸々の河や海に向い住まいする
人々よりは。我々には、他方、ナイル河がまた他のことどもにかけても救い手なのであるが、
その時にもまたその困難から自らを解き放ちつつ救うのだ。他方、あらためて神々が大地を
諸々の水でもって浄めながら水浸しにする場合には、一方、諸々の山地にある者たちは身を
救い通すのだ、牛飼いたちにまた羊飼いたちとして。他方、あなた方の許の諸々のポリスに
ある人々は、海へと諸々の河によって運ばれるのだ。けれども、この土地に即しては、その
時にも他の時にも上方から諸々の耕地へと向って水は流れ寄せなどしないのであり、反対に
すべては本性的に遡って行くこととなっているのだ。そこからしてまたそれらの原因の故に、
23 この地に保存されているものどもが語られているのである、最古のものであると。しかし、
真実は、すべての地域の、そこで途方もない冬や或いは炎暑が妨げぬところでは、より多く、
他方、より少なく、常に人間たちの種族は存在しているのだ。他方、或いはあなた方の許で
或いはこの地で或いは聞き伝えにより我々が知っていることどもの中の別の地域に即しても、
もしも何処かしら何か美しいこととして、或いは大きなこととして、或いは何か別の相違を
持ったものとしてまた生じた限りのことどもはすべてのことどもが古来のものから書き留め

られてこの地ではあるのだ、諸々の神殿において、そして保存されているのだ。だがしかし、
あなた方にまた他の人々の許でのことどもはちょうど今その時々に諸々の文字でまた諸々の
ポリスが必要とする限りのすべてのことどもでもってたまたま調えられてあるのではあるが、
B また再び恒例となった年々を通して、さながら病いといった如く彼らにとって運ばれて天の
流れが遣って来、そして諸々の文字を欠く者どもとかつまたムーサを欠く者どもとをあなた
方の中で残すこととなり、そこでまたもう一度最初から、例えば若い人々としてあなた方は
生じて来るのであり、その際、あなた方は何一つ知りはしないのである、この地のことども
の中のもあなた方の許にあることどもの中のも、どれだけの限りが諸々の往にし方の時代に
おいてあったことかを。ともかく、されば今し方に系譜語りをされたことどもは、ソローン、
それらはあなた方の許にある人々についてでありそれらをあなたは語ったのだったが、子供
たちの諸々の物語りから何か本の少し隔たってあるだけだ。そして子供らとして第一に先ず
大地の一つの洪水をあなた方は記憶しているが、それは沢山の以前に生じたのに属するのだ。
他方、なお最も見事でまた最も優れた種族が人々に向って国土においてあなた方の許で生じ
C てあったのを、あなた方は知らないのだ。そして彼らからしてあなたとそしてまたすべての
ポリスとはこの今にあなた方に所属して実にあるのだ、それは何時か僅かの種が生き残った
ことでもって。しかしながら、あなた方にはそれと気づかれずにあることとなっているのだ、
生き残った者たちが多くの出生の間に諸々の文字でもってして声なき者たちとして終わった

ことの故に。何故なら、さあそこで何時かはあったからである、ソローン、最大の崩壊の諸々の水でもってしたものの以前には、この今にアテーナイ人たちのポリスは戦争に向って最も優れてありかつまたすべてのことどもに即して抜きん出た仕方でよく掟られてこそ。そしてそのポリスにとって最も見事な諸々の業績とまた諸々の国制の最も美しいものどもが生じたのだと語られているのだ、天の下へとこの我々が伝聞を受け取った限りのすべての国制の中 D にあって』

されればそれらを聞いてソローンは言ったのだ、驚嘆しそしてあらゆる熱意を持ったのだと、神官たちに対して昔の市民たちについての一切のことどもを正確に彼自らに順を追って詳述するように頼みながら。

されば神官は言ったとか『物惜しみは何一つもない、ソローン、否、あなたのためにかつまたあなた方のポリスのために私は語ろう。けれども、取り分けて女神のためにこそ。その彼女はあなた方のとかつまたこのポリスとを引き当てなさり、養育をし、教育をなされたが、E 一方、より先のだとあなた方の許にあるポリスを千年でもってそうなさり、その際、大地の女神ゲーにかつまたヘーパイストスからあなた方の種を受け取りなされた[22]のだ。他方、このポリスはより後のだとしてそうなされた。然るに、この地の秩序づけのだとして我々の許で諸々の神聖な書き物においては八千年の数字が書かれてあるのだ。さあそこで年々に関しては九千年前に生じてあった市民たちについてあなたに対し手短かに諸々の法を私は語ること

24 としよう。そして彼らにとっての諸々の業績のうち最も見事なものとして行為されたのを。だがしかし、すべてのことどもについてその正確なものはまたあらためて暇な折りに諸々の書き物そのものを手にした上で次々に委細を尽すことにする。

B されば先ずは諸々の法を君は狙い見給え、この地のそれらに向って。何故なら、その時にあなた方の許にあった諸々の法の沢山の見本をこの地でこの今に君は見出すことだろうから[23]。第一に先ずは神職の人々の種族が他のそれらから区別をされてあり、他方、その後では職人たちの種族を自らに即して各々が、だがしかし、他の者には混ざることなく職人仕事をしているということを、すなわち、牧人たちの種族がかつまた狩人たちのそれがまた農民たちのそれがとこう。またさあそこで戦士の種族をまた君はもう気がついているのだ、何処かしらここではすべての種族から区別済みであることに。そして彼らにとっては何一つ他のことは戦争をめぐったことどもを除いては法によって課せられることはなかった、関心とすべくも。他方、なお彼らの武装の流儀は諸々の楯と槍とのということであり、それらでもってこの我々が最初の者たちとしてアジアをめぐった人々の中では[24]武装するに到ったのだ。それは女神がまさにちょうど彼の地域においてはあなた方を最初としてその許でそうした如く、その内に示されたからだ。

C 他方、あらためて思慮についてのことでは君は見ているのだ、何処かしら、法律がこの地でどれだけの限りの顧慮を直ちに諸々の最初に即してなしたことだったかを。かつは宇宙をめぐりすべてのことどもを占いの技術や医術へと到るまで健康へと向いそれら

の神的であるものどもから人間的なことどもへと見つけ出して行った上で、かつは他のこと
どもとしてそれらに従う限りの諸々の学問すべてを獲得したその上で。
　さればさあそこで、その時にその一切の秩序づけと組織を、女神は[25]より先の者たちとして
あなた方を秩序づけたその上で、打ち立てなされたのだった、その際、その中にあなた方の
D 生じておった場所を取り出されたが四季の温和をその中に見て取った上だった、それは最も
思慮深い人々をもたらすことだろうと。されば戦を好みそしてまた智慧に親しむ方で女神は
あられるからして、彼女に最も似つかわしくある人々をまさにもたらさんとする場所これを
取り出しなさり最初に定住させられた。さあそこでされればあなた方は住まいしたのであった、
かつは諸々の法律のそれらを用いそしてなお一層よく秩序をつけられてありながら、かつは
すべての徳でもってあらゆる人間どもに対して凌駕してあって。それはまさに神々の生みし
ものどもにして教育をせしものどもでありつつあれば、当然の如く。
　あなた方の多くのまた偉大な諸々の業績が、先ずはさればそのポリスのこととしてこの地
で書かれてあり驚かれるのである[26]。とは言うものの、すべてのことどもの中で一つのものが
E 立ち勝ってあるのだ、大きさでもってまた徳でもってして。何故なら、書かれたことどもは
語っているからだ、どんな限りの勢力をあなた方のポリスが何時か止めたことかを[27]。傲慢を
もって同時に全ヨーロッパとアジアへと向ってそれが進んで来るのを。それは外側からして、
アトラース[28]の太洋（大西洋）から突き進んで来るのだったが。何故なら、その時にあっては

彼処の大洋は渡航が可能であったから。何故なら、島を入り口のそれをあなた方の言うには
ヘーラクレースの柱と呼んでいるものの前にそれは持っていたからです。他方、島は同時に
リュビエーとアジアよりもより大きかったし、そしてその島からは他の諸々の島へと向った
25 通路がその時に進んで行く者たちにとって生じていたが、他方、それら島々からは真向かい
のすべての大陸の真実の彼の外洋をめぐってあったのへと向ってそうであった。何故なら、
一方、これらの我々の語っている入り口のその内側にある限りのものどもは見えるからだ、
何か狭い入り口を持った港だと。他方、彼のものは真実の仕方で外洋であり、そしてそれを
取り囲んでいる大地は真実もって最も全うに大陸として語られ得ることだろう。
　だがしかし、さあそこでアトランティスの島のそれなるものにおいて大にして驚くべき王
たちの力が結束したのだった、一方では全島を抑え他方では多くの他の島々と大陸の諸部分
B とを抑えて。他方、それらに加えてなお内側のことどもの中ではこの地リュビエーを[29]、一方、
エジプトに向ってまで支配し、他方、ヨーロッパをテュレニアに到るまで支配したのだった。
さあそこで、そのすべての一つへと集積した力があなた方の許でのそしてまた我々の許での
そして入り口の内部のすべての場所を、一撃でもって隷属させんものと何時か試みたのだ。
さればその時あなた方の、ソローン、ポリスの力はすべての人々の中へと徳でもってそして
力強さでもって歴然たるものとなった。何故なら、それはすべてのポリスのその先に盛んな
C 意気と戦争に即した限りの諸々の技術とでもって立っては、或ることどもでは、一方では、

ギリシア人たちを指導し、他方では、或ることどもではそれ自身孤独に他の諸々のポリスが離反したもので必然からさせられて諸々の極度の危機に到ったが、一方、侵入する者どもを抑えては勝利の記念碑を建て、他方、未だ隷属するには到っていないものたちは奴隷化させられることを妨げ、他方、他の者たちの我々ヘーラクレースの境界の内側に住まいする[30]限りの者たちは、惜しみなくそれはすべてを自由にしたのだった。

D とは言え、後の時に諸々の異常な地震と洪水とが生じては、一昼夜の苛酷なそれが襲って来てあなた方の許の軍隊なるものすべては一塊りに大地の下に沈み、そしてアトランティスの島が同様にして海の下に沈んで行っては消されてしまったのだ。それ故に、この今もまた渡る術なくそして訪ね得ぬものに彼処の外洋はなってしまっているのだ、粘土が大変にすぐ近くにあるものだからそこは妨げで。その粘土を島が陥没しながらに提供したのだった。

四

E 先ずはさあそこで、往にし方のクリティアースによって言われたことどもでソローンからからの聞き取りに即してのものを、ソークラテース、手短に言ってあなたはかくてお聞きになった。だがさあそこで昨日君が国制とかつまた君の語っていた人々とについて語っていた時に私は驚いていたのだ、この今に私の語っているそれらのことどもを思い出しながらにね、

26 感知をしたのだ、何とも不思議に或る偶然から的外れなどではなく君は多くのことに関して

ソローンの言ったことどもに一致したことかと。だが私はその場で言うことは望まなかった
のです。何故なら、時間が経って十分には記憶してはいなかったからだ。されば、私は心に
思った、私は私自身に向って第一に十分にすべてのことどもを再把握しそのようにして語る
べきであると。そこからして早速にも私はあなたに同意したのです、昨日に課せられたこと
どもを。考えながらですよ、これぞまさしくすべてのそうしたことどもにおいて最大の仕事
であるもの、語りを或る適切なものとして諸々の意向に対して提出をすること、このことに
程よくも我々は道を見つけることだろうと。そのようにして、さあそこで、さながらにこの
B 男ヘルモクラテースが言った如く、かつは昨日にすぐとここから退出しながらこの人たちに
向って私はそれらのことどもを思い出しながら反復してみましたし、かつは立ち帰った上で
殆ど何かしらすべてのことどもを夜のうちに熟慮しながら私は再把握をしたのです。何とも
さあそこで、君、言い種だけれども、子供たちの学んだ諸々は驚嘆すべき何かの記憶として
残るものだね。何故なら、この私は、一方、昨日に私が聞いたことは、私は分かりませんな、
すべてを記憶の中でもう一度取り戻すことが出来るかどうかは。しかしながら、大変多大の
C 時間に渡って終りまで聞き通したことどもは全く驚きとすることでしょう、もしもそれらの
内の何かが私を逃れ去ってしまうとでもすれば。されば先ずは多大の心地よさと遊びととも
にその時にそれらは聞かれたものどもであり、そしてその時に老人は熱心に私を教えてくれ
たのでした、この私が何度も何度も繰り返して尋ねたものですから。そこでまた例えば消す

ことの出来ぬ絵の焼き付けられたものどもといった態で、(31) 私にとり確固としたものとなってしまっているのです。そしてさあそこでこの人々に対しても直ぐさま私は朝早くからまさにそれらを私は語っていたことでした、彼らがそれらの語りに対してよく道がこの私とともにつくようにとです。

D されば、この今にまさしくそれのためにすべてそれらのことどもをかく私が語るに到ったことを語るべく私は用意が整っています、ソークラテース、ただ単に要約においてのみではありません、否、ちょうど私が聞きましたようにそれぞれに即してですよ。しかしながら、市民たちにまた昨日我々に対し物語りにおいてという如く他ならぬ君が詳らかにし来たったポリスをこの今には真実へと向ってこちらへ移してしまって彼のポリスとしてこのポリスがあることと置こう。そしてまた君が思考した市民たちとは、彼の真実の我々の祖先たちなのだと言うこととしよう。彼らをこそ神官が語ったのであったが。あらゆる仕方で彼らは当て嵌まってあることだろうし、また我々が調子外れに歌うこともないことだろう、語って彼らはその時の時代においてあった人々なのだとしても。だがしかし、共同して分担しつつ我々全員が適したことを力の限りに君が課題としたことどもに対しては返し与えることを試みることとしよう。されぱさあそこで狙い見るべきなのだ、ソークラテース、意に即して語りの

E 我々にとってのそれがあるのかどうか、それとも何か別のそれをなおそれの代りに探さなくてはならぬのかどうか。

ソークラテース　またどんなのを、クリティアース、むしろそれの代りに我々は取り上げ
たものでしょうか。それこそが女神に対する現在の祭りにとってはその縁《ゆかり》の故に取り分けて
相応しいことでしょうし、また拵えられた物語りではなく真実の語りであることは、とても
大きいことです、何処かしら。何故なら、如何にしてまた何処からして他の諸々の語りを我々
は見出すことでしょうか、それらを手放しては。それはあり得ません、否、よき巡り合わせ
27 でもって先ずは語るべきです、あなた方は。他方、この私は昨日の諸々の語りの代りにこの
今は黙ってその順番、聞くべきでありましょう。

クリティアース　狙い見てくれ給え、さあそこであなたに対する諸々のもてなしの塩梅《あんばい》を、
ソークラテース、どの道筋で我々が塩梅したかを。何故なら、我々にはこう思われたからだ、
ティーマイオスが先ず、我々の中にあっては最も天文学に通じてあればまた万有の自然本性
について知ることを取り分けて仕事として来たのであるから、第一に語って宇宙の生成から
始めながら、他方、人間どもの自然本性へ終わるがよしと。然るに、この私はこの人の後で、
B 一方、この方からは人間たちの、議論でもって生じてある者たちを受け取り、他方、君から
は彼らの中で抜きん出た仕方で教育されてしまっている或る人々をそうしているとのつもり
で、他方、ソローンの言論とかつまた法に即して彼らを我々裁判官たちの中へと言うように
導き入れポリスのこれなるものの市民たちとするがよし、彼らは彼の時のアテーナイ人たち
なのだという考えで。その彼らをこそ消え去りし者たちとして諸々の聖なる書きものの伝承

は明らかしたのだった。他方、その後のことどもに関しては、市民たちにしてアテーナイ人たちである者についてのつもりで今や諸々の語りをものして行くことがよしとね。

ソークラテース　完璧にかつまた輝かしく、私はどうやら諸々の語りのもてなしを代りに受け取ることとなるようだ。さればあなたの仕事は語ることで、ティーマイオス、どうやらあるようです、その後に、しきたりに即して神々を呼びながら。

五

C

ティーマイオス　いやしかし、ソークラテース、とにかくそのことならさあそこで、本の僅かでさえ思慮の健全に与ってある限りのすべての者は、大小の事柄のすべての企てに際し、神様を常に何処か呼ぶのです。とは言え、この我々は万有に関した諸々の言論を或る道筋でもってものせんとまさにしていながらにあれば、すなわち、それが生じたことだったかそれとも生成なきものでもあるのかとだが、もし全くもって正気を失っているのでないとすれば、必然ですな、神々にかつまた女神たちに対して呼びかけながら祈ることは、曰く「すべてのことどもが、一方、彼の方々にとって取り分けて意に満ちて語るべくもあり、他方、それに続く仕方でもっては我々にとってそうでありますことを」と。また神々についてのことどもは、一方、その道筋でもって祈願されたのだとし、他方、我々の事は祈願をしなくてはなりませんな、その道筋をもって最も容易く他でもないあなた方は、一方、学びまさんことを、

D

他方、この私はその思考致します道筋でもって取り分けて前に置かれた諸々の課題についてお示し致さんことを。

されば実にあるのです、この私の思惑に即すれば第一にこのことを区別せねばならないと。[32]
28 すなわち、何が常にあるものであり、他方、生成を持たないものであるか、そして何が生じ行くもので一方では常にあり、他方、如何なる時にもあらぬものであるのか。一方のものは、さあそこで知性でもって言論とともに把握されるものであり、常に同一のものどもに即してあるものだが、他方のものはあらためて思惑でもって言論を欠いた感覚とともに思惑をされ、生成消滅をし、他方、ありてある仕方では如何なる時にもあらぬものなのです。けれども、更にまた[33]、生成して来るものは或る原因の下で生成すべき必然からするものです。何故なら、一切にとっては不可能ですから、原因から離れて生成を持たんとすることは。されば何でもあれそのものの制作者が同一のものどもに即してそのあり方を持つものに向って常に眼差しをしながらそのような或るものを模範として用いてそのものの姿と力とを成就するものは、
B 見事なものとして必然からしてそのようにすべては完成させられるのです。他方、そのもののとして生成するものへとそうしたものは生成消滅をする模範を用いてありながら、見事なものではありません[34]。

さあそこで、全天空は——或いは宇宙は[35]或いは他のものもまた何として何時か名づけられながらに取り分け受け入れられようともそれが名づけられてあることとせよですが——狙い

見るのでなければなりません、他方、さればそのものについては第一に、まさにそれこそは万事につけ最初において狙い見るべくも置かれてあることですがはたしてそれは常にあったのか、生成の始めを何一つも持つことなく、それとも生成をしたのか、或る最初から始めて
C いった上で、とこう。生成したのだった！ 何故なら、それは見られそしてまた触れられ、かつ身体をもってあり、他方、すべてそのようなことどもは感覚をされるものどもであり、然るに、感覚されるものども、つまり、思惑でもって感覚とともに把握されるものどもは、生じ来たりかつ生まれるものどもとしてこそ現われたのですから。だがしかし、更にまた、生じたものにとっては、我々は主張するのです、或る原因の下でこそそれが生ずべくも必然が存在するのであると。されば先ずこの万有の制作者と父を見出すことはかつは一仕事なのであり、また見出した上ですべての人々へと語ることは不可能なことなのです。だがしかし、
29 さればこのことをもう一度それについて重ねて狙い見るのでなくてはなりません。すなわち、諸々の模範の中のどちらに向って工作者はそれを成就しようとしたのかを、同一のものどもに即して同じ様なあり方を持つものに向ってであったか、それとも生じてあるものに向ってであったのか。もしさあそこで、一方、見事なものでこの宇宙がありかつ制作者が善きものであれば明らかです、永遠のものへ向い彼が眼差ししたのだという如く。他方、もしそれを言うのさえ人には掟ではないとすれば、生成してあるものに向ってそうしたのです。万人にとって、さあそこで明白なことです、永遠なものに向ってそうしたのだということは。何故

B

なら、一方のものは生じてあることどもの中で最も美しくあり、他方のものは諸々の原因の中にあって最善なのですから。そのようにしてこそさあそこでそのようにして生じ来たってあっては言論と思慮でもって把握されるものにと同一のことどもに即してそのあり方を持つものに向ってこそ制作されるに到っているのです。けれども、これらのことが土台を占めてあるのであれば、更にはまたあらゆる必然は、この宇宙が或るものの似姿であるということです(36)。

C

最大のことは、さあそこで、万事につけ始めることです、自然本性に即してその始めを。されればこのようにして似姿についてかつまたそれの模範については区別をせねばなりません(37)、して見ると、諸々の言論とはそれらがそれらこその取り次ぎ手であるところのもの、まさにそれらのものどものまた同族なのであればとこう考えて。されば、一方、永続的で確固としかつ知性に即して明白となるものこそのだとそれらは永続的でありかつ変ることのないものですが——諸々の言論にとり反駁され得ぬものどもでありまた打倒され得ぬものであることが出来るだけ相応しい限りで、そのことからそれらは欠いてはならぬのだけれども——他方、それらの言論が、一方、彼のものに向って似せられたもののではあるが、他方、似姿であるもののであっては類比的に似姿でありかつ彼のものどものであるのです(38)。すなわち、なりに向ってありがあるところのまさにそのものは、信念に向っての真実のあるところなのです。されば、ソークラテース、もしも多くのことどもを多くのことどもについて、神々について

D

また万有の生成について、我々がすべての道筋でもってあらゆる仕方でそれら自らがそれら自らにとって一致したそして高度に作り上げられた諸々の言論を例え与えることが出来なくなったとしても、あなたは驚かないで下さい。否、もしひょっとして何一つに劣らず諸々の似姿を我々が提出するとしても歓迎すべきなのです。覚えていて下さって、語っているこの私にまたあなた方判定者は、我々としては人間的な本性を持ってこそあるのだということを。そこでまたそれらについては似姿である物語(39)を受け入れながら、そのことよりも何一つなお越えては探求をせぬことが相応しいのです。

ソークラテース　最高ですよ、ティーマイオス、そして全くもってまたあなたのお命じのように受け入れなくてはなりません。されば先ず序曲の方はこれを驚嘆すべく我々はあなたから受け取りますが、他方、本曲の方を(40)我々のために引き続きやり遂げて下さい。

六

E

ティーマイオス　さあそこで我々は語ることと致しましょう、如何なる原因の故に生成と万有のこのものを、組織者は組織したのであったかを。彼は善き者でした、然るに、善き者にとっては、何一つとして何一つのものについても如何なる時にもその内には生ずることはないのです、物惜しみの心は(41)。けれども、そのものから無縁で彼はありましたから、すべてのことどもを出来るだけ彼は望んだのでした、自らに近いものとなることを。このことこそ

30 さあそこで生成と宇宙の取り分けて人が決定的な始めなのだと思慮ある人々から受け入れて
あれば、まあ最も全うに彼は受け入れてありましょうか。何故なら、神は、一方、善きもの
どもとしてすべてのものどもがあり、他方、詰まらぬものとしては何一つ出来るだけあらぬ
ことを望まれて、そのようにして、さあそこで可視的である限りの万有を静粛にはしていず、
否、調子外れにかつ何処と決まった位置にはない仕方で動いてあるのを[42]受け取っては整いの
様へとそれを整いを欠いた有様から導いたのでした、その際に、考えたのです、それの方が
B このものよりもより優れてあるのだと。然るに、掟はありはしなかったしそしてあることも
ないのです、最善の者にとっては最美なることを除いて他のことをなすことは。されば思量
なされた上で神は見出されました、自然本性に即して可視的なものどもからしては何一つも
知性を欠くものは知性を持つものに比較し全体としての作品が全体としての作品と比較して
ということではより美しくはないだろう、他方、更にまた知性は魂を離れては何かに備わる
ことは不可能なのだとこう。さあそこで、その思量の故にその知性を先ずは魂の中に、他方、
魂を身体の中に組織され万有を構成なさいました、出来るだけ最も美しく自然本性に即して
C 最善の作品を成就してあろうがためでした。さればそのようにしてさあそこで、語りの似姿
なるそれに即しては語らねばなりません、この宇宙は魂を持ちまた真実に知性を持ってある
生き物としてこそ、神の先慮の故に生じてあるのだと[43]。

他方、このことが土台を占めてあるにおいては、更にまたそれらに続くことどもを我々は

語らなければなりません[44]、生き物たちの中の何に対してその宇宙を類似性へと組織した者は
組織したのであったかと。されば先ず部分の形において本来的に生じてあるものどもの中の
何一つに対しても似ているのだとして面目を失わせることを我々はせぬことと致しましょう
――何故なら、完結を欠くものに似ているものは、何一つ何時かしら美しくなることはあり
ますまいから――他方、そのもののだとして諸々の他の生き物たちが個々にまた諸々の類に
即して諸部分で実にあるもの、そのものにこそすべてのものどもの中で最も似ているものと
してそれはあることをおくこととしましょう。何故なら、さあそこで知性の対象となる生き
D 物たちすべてを、彼のものは自らのうちに包括して持っているからです、ちょうどこの宇宙
が我々をまたその他の生物の可視的なものどもとして組織されてある限りのものどもをそう
しているように。何故なら、知性により把握されるものどもの中で最も美しくそしてすべて
31 に即して完璧なものに対し取り分け宇宙を似せることを望まれて、生き物の一つの可視的な
ものを、彼の自然本性に即し同族の生き物たちである限りのすべてを自らの内に持っている
者として組織されたからです。

されば全うに我々は一つとして天空を呼ぶに到ったことでしょうか、それとも多くの無限
のものだと語ることがより全うであったか。一つとしてこそです[45]、苟もそれが模範に即して
工作をされてあらんとすれば。何故なら、知性把握される生き物たる限りのものどもすべて
を包括するものはそれと異なる第二のものとともに何時かあることはなかったことでしょう

から。何故なら、もう一度異なったものとしてそれら二つをめぐる生き物がある必要があることでしょうから。そしてそのものこその部分としてこそそれら二つはあったことでしょう。そして最早それら二つにとってではなくて、否、彼の包括するものにとってこそこの宇宙であるものは似せられてあったのだと、より全うに語られることでしょう。さればこのものが単一性に即して完璧を尽した生き物にこそ似てあるために、それらの故に二つとしても無限としても諸々の宇宙を制作した者は制作をすることはしなかったのであり、否、一なるこの単一の種族の天空として生ずるに到って実にあるのでありまたなおあることでありましょう。

B

七

とは言え、さあそこで物体的で可視的かつ可触的なものとしてこそ生じたものはあらねばならないが、他方、火から切り離されては何一つのものも何時か可視的となりはしないことでしょうし、更には可触的なものにと何かの固体なるものを欠いていてはなりはしませんし、固体的なものとは土無しにはならぬことでしょう。ここからして火と土からして組織すべく万有の物体に着手しつつ神は制作して行かれたのです。然るに、ただ二つのものだけなのを立派に組織することは第三のものから離れては不可能なのです。何故なら、結合させるものが中間において何がしかのものとして両者のともに導き手だとして生じなくてはならぬからです。けれども、諸々の結合させるものどもの中で最も美しいものとは何であれ自らとまた

C

32 ともに結合されるものとを出来る限り一つにするものなのであり、他方、そのことは、本性、比例こそが最も見事に果たすべくあるのです。何故なら、三つ数の、それらがよし立法数であれ平方数であれその中項があるならば、初項がそのもの（中項）に対してあるそれがそのものが末項に対してあるところであり、逆にあらためて末項対中項が中項対初項である時には、その時には、一方、中項は初項でかつ末項として生ずるものであり、他方、末項と初項とはあらためて中項として両者があって、すべてのものどもはそのようにして必然からして同一なものどもとしてあるべく帰結することでしょうし、他方、相互に対し同一なものどもとして生ずるものどもは一つとしてすべてのものどもがあることでしょう[46]。

　されば、先ずもしも、一方、平面はさもあれ、他方、深さは何一つ持たずにあって万有の
B 身体が生ずるべき必要があったのだったら、一つの中項としてのあり方が満足をさせたことでしょう、自らとともにあるものどもとそしてまた自らとを結合することを。だがしかし、実際には、立体的な形としてこそ、とにかくして見ると、宇宙があることが相応しくあり、他方、立体的なものどもはこれらを、一方、一つの中項のあり方は決してともに結合をすることはなく、他方、二つの中項のあり方をするものこそが[47]、ともに結合をしているのです。そのようにして、さあそこで、火とかつまた土のだとして水と空気とを神は中間に置いて、そして相互に向ってそのことが可能な限りに同じ比例で成就をしながら、火の空気に対するは空気の水に対するところであり、空気の水に対するは水の土に対するところなのだとして

C ともに結合しまた天空を組織したのでした、可視的そして可触的なものと。そしてそれらのことどもの故に、そしてさあそこで、それらのそのようなものどもとそしてまた数において四つのものどもから、宇宙の身体は生まれたのでした、比例を通じて同意をした上で。また親和を[48]それはそれらから持ったのでした。そこでまた自己自身との同一へとともに至って、結合をなした者によってを除き他のものによっては解き得ぬものとなったのです。

　然るに、さあそこで四つのものどもの一つを全体として各々を、宇宙の組織は掴むに至りました。何故なら、火のすべてと水とかつまた空気と土から組織した者は宇宙を組織を致しましたが、その際、彼は何一つのものの何一つの部分をも更には能力をも外側に残しておく
D ことはしなかったのですが、それはこれらのことどもを思考したその上でです。すなわち、先ず第一には全体として取り分けて完璧な生き物として完璧な諸部分からしてあるようにし、
33 他方、それらに加えて一つとしてあるようにと。それはそれらからして別のそうしたものが生じもしようものどもがそこに残されてはいないからだけど、なお、他方、老いることなく病むことのないものとしてあるようにと。[49]その際、彼は看取するのでした、組織された身体にとって熱いものどもや冷たいものどもやそれに諸々の強力な力を持つ限りのすべてのものどもが回りに立ちながらまた落ち掛って来ては時ならず解体させ、また諸々の病気と老齢とをもたらして来て崩壊することをさせるのだというように。さあそこで、その原因と思量の故にこの一つの全体を、全体としてのすべてのものどもから完璧で不老・無病のものとして、

B まさにそのものとして彼は工作されたのでした。

他方、形態を彼はお与えでした、そのものに対して、相応しくまた同族的なものをこそ。けれども、すべての生き物どもを自らの内にまさに包括してあらんとする生き物にとっては相応しくあり得ましょう、形態は自らの中にすべての形態である限りのものどもを包括してあるものこそが。それ故、球形、すなわち中心から到るところで諸々の端へと向って等しく離れてあるものとしても丸くそれを彼は旋盤回し仕事でなさったのですが、つまり、それはすべての諸形態の中で最も完璧でありまた自らが自らに対して最も相似てあるものとしてであるのですが、その際、神は見なされたのでした、無限により美しいのである、似たものは
C 似ざるものよりもとこう。[50] 他方、さあそこで滑らかに円でもって万有は外側からそれとして高度に仕上げられました[51]、多くのことどものために。何故なら、万有は両眼を何ものも必要とはしませんでした、何故なら、可視的なものとしては何一つのものも外側には残し置かれてはありませんでしたから。更に聴覚もそうでした、何故なら、聞かれるものもそうでしたから。また呼気も回りに立ってありませんでした、呼吸を必要としつつ。更にはあらためて、それでもって、一方、養分はこれを自らへと受け入れ、他方、先だって消化をされたそれは再び送り返すところの、持つべき或る器官を必要としてあることもありませんでした。何故なら、離れ去っては何ものも行かなかったし更にそのものにとって何処からか向って来るということもなかったからです——何故なら、何一つありもしなかったからです——何故なら、

D それ自身がそれ自身に対して養分として自らの消耗を提供し、すべてのことどもを自己自身により受動しつつ、技術から行動しつつ生じて来たのですから。何故なら、考えたからです、組織した者はそれが自足的でありながらでこそ他のものどもを必要としてあるよりよりよく一層あることだろうと。他方、両手は、それでもって掴むこともまたあらためて何かを防御することも何がしかの必要もなかったのですから無駄にそのものにくっつけるべきにあらず
34 と彼は思ったことでしたし、更には両足も更には総じて歩みをめぐっての奉仕もそうでした。何故なら、動としては宇宙に対し彼は配したのですから、身体のだとして固有なものをこそ。すなわち、七つのそれらの中で知性と思慮とをめぐり取り分けてあるそれをこそです[52]。その故に、さあそこで同じことどもに即して同一のものにおいてあり、そして自らにおいて引き回しながらそのものを円を描いて回転しながら動くようにとしたのでしたし、他方、六つのすべての動は取り去りそしてそれらから動揺させられることのないものに成就したのでした。然るに、周行のそのものに向っては両足の何一つも必要はないからして脚なく足なきものにそれを生んだのでした。

八

B さあそこでこのすべての常にあるところの神の思慮こそは何時かあらんとする神をめぐり思量したその上で到るところで滑らかで均質なそしてして中心から等しく全体でありまた完璧な

身体を完璧な諸々の身体から制作したのです。[53] 他方、魂をそれの中心へと置いてははたまた
すべてを通じて引き伸ばし、そしなお外側から身体を魂でもってぐるりと覆い、そしてさあ
円形で円形を回転する天空をただ一つのものとして孤独に引き据えたのでした。だがしかし、
優秀の故に自らが自らに対して交わる能力がありそして何一つ異なるものを必要とはしない
ものであり、他方、知己にして友で十分に自らが自らに対してあるものなのです。すべての
それらのことどもの故に、さあそこで、幸福なる神としてそれをお産みなされたのでした。
C 然るに、さあそこで魂を今に我々が後回しで語ることを試みているようにそのように神も
また工夫をなされたのではありません、より新しいものとして[54]——何故なら、より一層年長
のものがより年若いものによって支配されることは、一緒に結びつけた上で放って置くこと
はなさらなかったから。否、何だかこの我々は大いに偶然のものにそしてまた出鱈目に与り
つつ何だかその仕方で語りもしておりますが、他方、神は出生でもっても徳でもってもより
35 先にしてまたより年長の者だと身体に比べて魂を、支配をされるものの主人で支配するもの
というように、組織をしたのでした、これらのものどもからかつまたこうした仕方でもって。
部分なくそして常に同じものどもに即してそのあり方があるありとまたあらためて諸々の
身体をめぐって生じて来る部分のあるありとの両者からの第三のものを中間に混合をなさい
ました、ありの形として。そして「同」の自然本性とまた「異」のそれについて[55]、また同じ
ことどもに即して、それらの部分なきものと諸々の身体に即しての部分のあるものとの中間

に、組織されました。そして三つとしてそれらであるものどもを取った上で、一つの姿へと
すべてのものどもをともに混合することをなさいました、その際、「異」の自然本性は混ざり
B にくくありましたが、「同」の中へと力づくで嵌め込んで行かれたのです[56]。他方、「あり」と
ともに混ぜ、そして三つのものどもから一つのものを制作した上で、もう一度全体としての
そのものを、相応しい限りの諸部分として分配なさいました。他方、その際、各々の部分は
「同」とそしてまた「異」とそして「あり」からして混ぜられてありました[57]。だがしかし、
分割することをこのように神は始められました。
一つを第一には彼は切り離されました、全部から。部分としてです。
他方、その部分の後で切り離されました、それの二倍の部分を。
他方、あらためて第三の部分は、一方、第二の部分の一倍半であるが、他方、第一の部分
の三倍の部分を
他方、第四の部分は第二の部分の二倍の部分を
C 他方、第五の部分は第三の部分の三倍の部分を
他方、第六の部分は第一の部分の八倍の部分を
他方、第七の部分は第一の部分の二十七倍の部分を、と、このように。
36 だがしかし、それらの後で彼は満たして行かれました、二倍の間隔と三倍の間隔を、諸々
の部分をなおも彼処から切り離して来つつそれらの中間に置いて行って。そこでまた各々の

間隔においては、二つの中項が存在するようにとです。すなわち、一つは同じ部分でもって両端（初項と末項）から超過し超過されるもの（調和中項）であり、他方は、一方、等しいだけ数に即して超過をし、他方、等しいだけ超過をされるもの（算術中項）です。

他方、三対二の諸々の間隔と四対三のまた九対八のそれらとがそれらの結合から先の諸々
B の間隔の中に生じた時、九対八の間隔でもって四対三の間隔どものすべてを埋められましたが、その際、それらの各々の分数を残されました。すなわち、その分数の間隔の数に向っての数として残されたものは持ってあったのでした、諸々の項を二五六に対し二四三として。(58)

そして、さあそこでまたその混ぜられたものはそれからしてそれらのものどもを彼が切り取られたのでしたが、そのようにして今や既にすべては惜しむことなしに使われてしまっていました。

さればその組織をすべて二つに長さに即して切断した上で、その真ん中を真ん中に向って
C 各々を相互にとって例えばX（ケイ）といったようにあてがった上で一つへと丸く押し曲げ、その際、自らに対してもかつまた相互に対してもあてがいの真向かいで結びつけて、そして同じものどもに即した同じものにおいて引き回される動でもってぐるりとそれらを彼は掴み取られました。そして諸々の円の一方は外側に、他方は内側に制作なさいました。

されば、一方、外側の運動は「同」の自然本性のだと名づけられ、他方、内側のは「異」のそれだとなさいました。一方、さあそこで「同」の運動はこれを辺に沿って右手へと回し

D て導き、他方、「異」の運動は対角線に沿って左手へとそうされましたが、だがしかし、力をお与えになられました、「同」と「似たもの」の回転運動に対してこそは。何故なら、一つのものとしてそれを切断されてはいないもののあり方で許して置かれたのですが、他方、内側の運動は六つの部分において七つの等しからざる円を二倍のまた三倍の間隔の各々に即して切断した上で、その場合各々の間隔どもは三つあったのでしたが、一方、反対のものどもに即して相互に対して諸々の円が行くようにと課しつけられ、他方、速さでもっては、一方、三つの円は似た仕方で、他方、四つの円は相互に対してまた三つのものに対し相似ぬ仕方で、だがしかし、比例において運ばれるものどもとしてそうなさいました[59]。

九

然るに、その意に添い、組織された御方にとり魂の組織のすべてが生じてより、その後は
E 身体の形のもののすべてを魂の内側に組み立て[60]また両者の中心を中心へとともに導いた上で、ぴったりとくっつけなさいました。他方、魂は真ん中からして端の天空向って至るところで織り込まれかつ円形でもってそれを外からぐるっと覆い自らは自らにおいて回転しながら、神々しい始めを始めて行きました、終わりなく思慮ある生のすべて一切の時に向ったのを[61]。

そして、一方、さあそこで身体は可視的なもので天空に属し生じましたが、他方、魂自身
37 は一方では不可視的だが他方では計算と調和に与った魂であり、そして諸々の常に思惟的な

あり方のものどもがある時に[62]最も優秀なものにより最も優秀なものとして産み出されて諸々の産み出されたものどもに属してあるのです。

B されば「同」の自然本性と「異」の自然本性とそして「あり」の三つのそれらの部分からして魂は混ぜ合わせられてありかつ比例に沿って分割されまた結合され、また自らは自らに向って円をなして回帰してあれば、分散が可能な「あり」を持ってある何かのものにそれが触れる場合もまた部分化しないものをそうした場合もそれは語るのです、一切の自己自身を通って動きつつ。すなわち、まあ何ものに対して何かが同じでありかつ何からして異なってあるのにもせよ、[63]またどんなものに向って取り分けて、またどの道筋で、またどのように、また何時、生成するものどもに即して各々のものに向って各々のものどもはありかつ受動をすることが伴うのか、また同一のものどもに即して常にそのあり方があるものどもに向ってそうなのかを。言論としては同一なものに即したものが「異なってあるもの」をめぐっても

C また「同一のもの」をめぐっても真実であるとして生じて来るのですが、自らによって動かされるものにおいて声や響きなしに運ばれてあっては、一方、感覚されるものをめぐりそれが生じまた「異」の円が全うなものとして進行しながらそのものの魂すべてに伝達する場合には諸々の思惑と信念とが確固としてまた真実なものに生じ、他方、あらためてそれが計算されるものをめぐってありまた「同」の円がよく走りそれらのことどもを明らかに示す場合には、知性と知識が必然からして完成されて来るのです。だがしかし、これらの二つが存在

してあるものども中の何処に生ずるのであるかを、もし何時か人がそれを魂よりは別のものだというとすれば、彼はむしろ真実以外のすべてを語っていることでしょう。

一〇

他方、そのものが動いて生きてあり永遠の神々の似像と[64]なっているのを産みなした父親は
D 見たものだから、お讃えになられそしてまた喜ばれては、なおさあそこで一層模範に向って
似たものとして成就することを意図なされました。さればちょうどまさにそのものは生き物
として永遠なものであるように、またこの万有をもまたそのようにして力の及ぶ限りはそう
したものとして完成させることを手掛けられました。されば、一方、その生き物の自然本性
はまさに永遠的なものであり、そしてそのものは先ずさあそこで生まれて来るものに対して
付与することは不可能なことでありました。だがしかし、彼は似姿の何か動くものを永遠の
だとして制作をすることを意図なさいました[65]。そして天空を一貫して秩序づけながら同時に
E 一の中に留まってある永遠の数に即して進み行く永遠的な似姿を制作なさいます。それこそ
はこれをさあそこで時間だと我々が名づけるに至っているそのものです。何故なら、日々に
夜々に月々に年々は天空が生ずる以前にはなかったのですが、その時にこそ彼の組織された
ものとともにそれらの生成を工夫なされるのですから[66]。だがしかし、それらすべては時間の
部分であり、かつ「あった」ことにまた「あるだろう」ことは時間の諸々の形として生ずる

に至ってあるのです[67]。そしてそれらを、さあそこで、我々はそれと気付くことなく永遠的な
ありへ向けてもたらしておりますが全うな仕方でもってではありません[68]。何故なら、我々は
さあそこでそれが「あった」「ある」「あるだろう」というように語っておりますが、しかし、
38 それには「ある」ことだけが真実の語りに即してなら相応しいのであり、他方「あった」に
また「あるだろう」は時間の中で生成して行くものをめぐってこそ語られるべくも相応しい
のです——何故なら、動としてこそそれらの二つはあるのですが、他方、同一のことどもに
即して常に不動の仕方でそのあり方があるものはより年長ともより年若くとも時間を通して
なって行くことも、更には何時かになることも、更にはこの今になってしまったことも、更
にはあらためてあるだろうことも、相応しくはないのであり、そして、全然、生成が感覚の
中で運ばれてあるものどもに対してくっつけた限りのものどもは何一つそうなのであって、
B 否、それらのものどもは時間なる永遠を模倣するものこそに属するのであって、そして時間
に即して円を描くものの諸々の形として生じてこそあるのです[69]——またそれらに加えてなお
このようなことどもを、すなわち、「生じてあるものは生じてある」とか「生じつつあるもの
は生じつつある」とか更にはまた「生じて来るだろうものは生じ来るだろうものである」と
か「あらぬものはあらぬものである」とか致しておりますが、それらの何一つも正確なことと
しては我々は語ってはいないのです。先ずされればそれらのことどものについては、きっと
時機として適切ではないことでしょう、現在において首尾を厳密に論ずることは[70]。

一一

だがしかし、されば時間は天空とともに生じてあるのです、それはそれらが同時に産み出
された上では同時にまたそれらが解体されもするためでした、もし何時かそれらの何らかの
解体が生ずるのであれば。また永遠なものの自然本性の模範に即してその模範に能う限りに
C 天空が出来るだけ似たものであらんがためでした。何故なら、一方、さあそこで模範たるは
すべての永遠的なものとしてあってあるのですが、他方、あらためて天空は、終始全時間に
渡って生じてありかつまたありつつそしてあらんとしてあるのですから。

されば神の言論と思考のそのようなものとの、時間の生成に向ったものから、それは時間
が生み出されるためだが、太陽と月と五つの他の星々、すなわち異名として惑星を持つもの
どもが、時間の諸々の数の区切りにして見張りとして生ずるに至りました。他方、それらの
D ものども各々の諸々の身体を制作なさって神はお置きなさいました、「異」の周転がそれらを
行っておった諸々の周回の中へと。すなわち、七つの周回へと七つの身体であるものどもを。
月は、一方、大地をめぐっての第一のそれへ。他方、太陽は大地の彼方第二のそれへ。他方、
暁の明星とヘルメースの神聖なものと語られているものとは、一方、速さでもっては太陽と
等しい走りをする円の中へと進み行くものどもとして、他方、それに対しては反対の能力を[71]
定めとして得たものどもとして。そこからして、追いつきそしてまた追いつかれるのです、

同じことどもに即してお互いによって、太陽とそしてまたヘルメースの星と暁の明星とは。
しかしながら、他のものどもを何処にさあそこでまたどんな諸々の原因の故に神が位置づけ
E なされたか、もし人が原因すべてを詳述するならば、議論は序での仕事でありながらそれが
そのために語られていることどもよりもより多い仕事を提供することともなりましょう。
　それらのことどもは先ずは、されば多分、きっとまあ暇な折りに後で至当な叙述に当たる
ことでしょう。[72]他方、されば自らにとって相応しい運ばれの中へと、時間をともに作り上げ
なければならなかった限りのものどもの各々が到着しかつ魂ある諸々の縛りでもって諸々の
39 身体が縛られて生き物どもとして生まれかつ課されたことを学ぶに及ぶや、さあそこで「異」
の運ばれの斜めであるものに沿い、「同」の運ばれの進み行きかつまた抑制するものを通って、[73]
一方、それらの或るものはより大きな、他方、或るものはより小さな円を行きながら、一方、
より速くより小さな円を行くものどもは、他方、より大きな円を行くものどもは、より遅く
周回するのでした。さあそこで「同」の運ばれにより最も速く周回するものどもがより遅く
B 行くものどもによって、追いつきつつも追いつかれるように見えました。[74]何故なら、それら
のすべての円をそれは捩《よじ》っては螺旋形となして――二つの道で反対のことどもに即して同時
に前進することの故にですが――最も遅く運ばれ自らのあるのから離れて行くものを、最も
速くあるものに最も近く現わしたからです。[75]
　他方、尺度が相互のものどもに向って明々白々な何かだとして遅さと速さにとってであり、

また八つの運ばれをめぐるものどもが進行するようにと、こう光を神は点しました、大地に向って諸々の周回の第二のものにおいて。そしてさあそこでこのものをこの今に我々は呼ぶに至っております、太陽として。それは取り分けて最大にすべてのものどもの中へと天空を現わし、かつ数に与ってあらんがためでした、生き物どもの相応しくある限りのものどもがです。「同」と「相似たもの」の回転運動から学んだ上で。

C

先ずはされば夜と昼とはそのようにしてまたそれらのことどもの故に生ずるに至りました。すなわち、一なる最も思慮ある回転の巡行は。他方、一月は月が自らの円を回り行き太陽に追いついた場合に、他方、一年は太陽が自らの円を回り行った場合に。しかしながら、諸々の他のものどもの諸々の巡行を人々は思い浮かべるに至っておらず、それは多くの人々らの僅かな者たちを除いてのことだが名づけることもなく相互に向って諸々の数を狙い見ながらにともに測定することもしてはいないのです。そこでまた、言ってみれば、人々は知ってはいないのです、時間として、それらのものの諸々の彷徨があることを、一方、多さでもって途方もないものをそれらが用い、他方、驚嘆すべくも複雑になってしまってありながらにも。

D

だがしかし、それにも拘らず、何一つ劣らず看取することは可能なのです[76]、ともかくも時間の完全な数なら完全な年を次の時に満たすのだと言うようには。すなわち、すべての八つの巡行の相互に向って同時に達成される諸々の速さが頭を持つ場合に。その際、「同」のそして「似た仕方で進行するもの」の円でもってそれらは測定されるのですが。

それらのことどもに即してさあそこで、またそれらのことどものために、産み出されたの
E でした、星々の中にあり天空を通って進み行きつつ諸々の回帰を持った限りのものどもが。
それはこのもの（万有）が来る限りに相似たものとして完全でかつ知性的な生き物に対して
あるようにとでした、永遠的な自然本性に対する模倣に向ってということで。

一一

そして、一方、他のものどもは今や時間の生成へと至るまでまさにそのものでもって万有
が成就される類似したあり方へとすでに成就をしておりましたが、他方、未だすべての生き
物どもの自らの内部に生じてあるのを包括していないというその道筋によっては、なお宇宙
は相似ぬ仕方でそのあり方がありました[77]。さあそこでそれの残されたものを神は成就せんと
しました、まさに模範たるものの自然本性へと向って象りをしながらに。さればその道筋で
もって知性がまさに生き物であるところのものにとり内在してある諸々の姿を[78]、どのような
姿があるかどれだけの姿があるかと見て取る仕方で、そうした姿たちをそしてそれだけの姿
たちをこのもの（万有）もまた持たねばならぬと思考をされました。さあそこで四つの姿が
40 あります。一つの姿は、一方、神々の天空の種族であり、他方、別の姿は有翼の空中を行く
ものであり、他方、第三の姿は水の中にある形であり、他方、有足かつ陸棲の形が第四の形
でした。一方、されば神的なものの最多の姿を火からして神は成就なさいましたが、それは

出来るだけ見るに最も輝かしくまた最も美しくあるように、他方、万有に似せて行きながらまん丸く制作し、かつ最も力ある者の思慮の中へと置かれましたがそれをそのものにとって同伴をするものとしてでした。その際、配分をなさいました、円でもって全天空をめぐって。それは天空にとっての真実の飾り(コスモス)として全体に即して鏤《ちりば》められてあるべくです。

B

他方、諸々の動を二つ彼は各々に結びつけられました。すなわち、一方の動は同一のものにおいて同じことどもに即して。すなわち、同じことどもについて自らと同じことどもを思考するものにとって。他方の動は前方へのそれであり、すなわち「同」と「相似たもの」との回転運動によって抑制されるものにとって。他方、五つの動[80]は不動で静止したものとして。それは出来るだけ最大にそれらの各々が最も優れたものとなるために。

その原因からさあそこで星々の中の彷徨することなき生き物どもであり、神的で永遠的にして同じものどもに即して同じものにおいて回転をしながら常に留まる限りのものどもが、生じてあるのです。他方、向きを変えるものどもとそうした彷徨を持つものどもは、まさにちょうど先の議論において語られたように、それらのことどもに即して生じてあるのです。

C

他方、大地を、一方、我々の養い手であり、他方、旋回してあるに万有を通して張られた地軸をめぐってのものとして、見張り手で工作者として夜とかつまた昼のものだと神は工夫されたのです[81]。すなわち、天空の内に生じてある限りの神々の中でも最初のもので最年長のものとして。

D

他方、まさにそれらのものどもの諸々の舞踏と相互に対しての諸々の並列、そして諸々の円の自らに向っての諸々の回帰と諸々の前進、また諸々の結合[82]の中で神々の中のどんな方々が相互に直線で生じそしてどれだけの限りの方々が対蹠点に生じ、そしてどんな方々の後で相互にとってまた我々にとっての面前に諸々の時間に即してどんな方々を各々のものどもが隠すのか、またもう一度現わしながら諸々の恐怖やそれらの後で生じようとするものどもの諸々の印を推理することとの出来ぬ人々に対して送るのか、あらためてそれらの模倣物の光景なしに語ることは無駄な骨折りであることでしょう。否、それらのことどもは十分な仕方で我々にとってその道筋でもってあるのであり、そしてまた可視的で生成をさせられた神々の自然本性について語られたことどもも終りを持ったとして下さい。

一三

E

とは言え、その他諸々のダイモーン（神霊）たちについて語りそして認識することは我々並み以上のことであり、他方、信じなくてはなりません、先にもう語っている人々を。彼らは、一方、神々の子孫であり、と彼らは言っていたのでしたが、明確に、他方、何処かしらとにかく彼ら自身の先祖たちを知っているのです。されば、神々の子供たちに対して不信であることは不可能です。よしまたあり得てそしてまた必然的な諸々の証明を伴わずに彼らが語っているとしても。否、身内のことどもを報告しているのだと彼らが主張をしているのだ

として我々は着いて行き、しきたりに従い信じなくてはなりません。そのようにしてされば
彼らに即してこそ我々にとり出生はそれらの神々についてあり方はあり、また語られるので
あるとして下さい。大地《ゲー》にかつまた天《ウーラノス》の子供らとして大洋《オーケアノス》にかつまたテーテュスが生まれ
たのでした。他方、この方々のだとしてポルキュス・クロノスにそしてまたレアーに彼らと
41 ともにある限りの方々が、他方、クロノスとレアーからはゼウス・ヘーラーにかつまた我々
が彼らの兄弟だと語られているのを知っている限りのすべての方々が。そしてなおこれらの
方々のその他の子孫の方々が。だがしかし、さればすべての歴然とした仕方で周行する限り
のかつまたその欲するままに現われる限りの方々も神々として出生を持ってから、お語りに
なられました彼らに向って、この万有をお産みになられた方がこれらのことどもを――
「神々の中にあっての神々よ[83]、その方々のだとしてこの私こそが工作者なのであり、また
それら作品の父親でこそあるのだが、この私を通して生まれたものどもはとにかくこの私が
B 欲せずにあれば解かれることはないものだ。先ずは、さればさあそこで結ばれてあるものは
すべて解かれ得る。とは言え、とにかく見事に調和されそしてよくそのあり方のあるものを
解くことは悪しき者の欲することである。それらの故に、そなたたちは生まれ来てあるから
にはまた、一方、あなた方は不死にあらず更には全く解かれ得ないというのでもない。先ず
さあそこであなた方は解かれることはとにかくないだろうし、更には死の運命に遭うことも
ないだろう。この私の意志というなおより大きくまた決定的な絆をあなた方は得てあれば、

あなた方が生まれた時にそれでもってあなた方が縛られたそれらの絆よりも。さればこの今に私があなた方に向って明らかに示しながら語るところをあなた方は学びなさい。死すべき種族どもがなお三つ残されてある、生まれずにあって。しかし、それらが生じずにあっては
C 天空は未完成であることだろう。何故なら、それは自らの内に生き物どものすべての種族を持たないことだろうから。だがしかし、持たなくてはならないのだ、もしそれがまさに十分に完全であらんとすれば。他方、この私を通じそれらのものどもが生じ来たり生命に与った上ではそれらは神々に自らを等しくすることだろう。されば死すべきものどもが存在しまた万有のこれなるものがありてある仕方で一切であるためには向いなさい、自然本性に即してあなたたちこそ生き物たちの工作へ。その際、真似るのです、あなた方の出生をめぐってのこの私の能力を。そして、一方、彼らの中の不死なるものたちに名が同じであることが相応しくある限りは、そして神的だと語られつつ常に正義とあなた方に対して着いて行くことを
D 欲するものどもの中を彼らの中で指導をすることが相応しい限りは、種を播き先鞭を付けたその上でこの私が手渡すことだろう。他方、残りのものは、他ならぬあなた方が、不死なるものに死すべきものを織り合わせつつ、あなた方が生き物どもとして成就をし、そして産み、また養いを与えながら成長させ、また衰えたなら再び受け取りなさい」

一四

それらのことを神は語られ、そしてもう一度先の混ぜ器《クラテール》、その中で万有の魂を調合をして
お混ぜになられたものへ向われ、以前のものどもの残されてあったものどもを注がれました、
一方、混合をなされるのに仕方は何か同じそれでしたが、他方、混じり気なきものどもでは
最早同じものどもに即して同じようにはなくて、否、二番煎じ・三番煎じのものどもでした。
　だがしかし、一切を組織なさった上では神は諸々の魂を星々と同数のものどもとして[84]区分
E をなさいました。そして各々の魂を各々の星に向って配分をなさり、また馬車の中へという
ようにそれを乗せた上で万有の自然本性をお示しなさり、また諸々の掟の運命とされたもの
どもを、魂たちに仰有られました[85]。すなわち、出生の最初のものは、一方、課せられてある
ことだろう、一つがすべてのものどもに。それは如何なる魂も彼によって軽視されぬように
であった。しかしながら、それらの魂たちは、その各々にとって相応しい諸々の時間の各々
42 の器官であるものの中へと播かれたその上で、諸々の生き物どもの中の最も神に敬虔なもの
（人間）として生い育たねばならぬ。だが、二重の者として人間的な自然本性はありつつも
より力のあるものは引いてはまた男子と呼ばれるに至るだろうところのそうした種族である
ことだろう。さあそこで諸々の身体に対し魂たちが必然から植えつけられ、かつ或るものは、
一方、接近して来、或るものは彼らの身体から離れて行くその時に、第一には、一方、感覚
がすべての身体にとり一つとして強いられた諸々の受動からともに生い育つものとして生じ
B て来ることが必然的であり、他方、第二には快楽と苦痛とに混じった恋が、他方、それらに

加えて恐怖と憤りとそれらに続く限りのものどもや反対の仕方で本来的に離れて立ってあるだけのものどもがそうであることだろう。それらのものどもをもし、一方、彼らが抑制するとすれば彼らは正義でもって生きることだろう、他方、抑制された上では不正でもってそうすることであろう。そして相応しい時間に渡ってよく生きた者はもう一度伴侶たる星の住処
C へ進んで行った上で、幸福で馴れ親しんだ生を持つことだろうが、他方、それらに蹉跌した上では女の自然本性の中へと第二の出生においては[86]移ることであろう。またそれらにおいてなお悪から止むことをせずにある者は、彼が悪くなるその仕方に関して、その仕方の出現の類似性に即して何かそのような獣的な自然本性へと常に移るのであり、そして変化しつつもこれ以前には諸々の労苦から彼は止みはしないだろう。すなわち、「同と相似たもの」の巡行
D の自らの内にあるものに対して多くの群れとまた後で火・水・空気・土からしてくっついて育ったもの、騒がしくかつことわりなきものであるものを、ともに引き付けながら、言論でもって抑制した上で最初のかつ最も優れたあり方の形へと彼が至りつく以前には、とこう。

然るに、神はすべてそれらのことどもを彼らに対して掟なさいますと、それは各々のものどもの後になっての悪について彼が責めを負わないためでしたが[87]、お播きになられました、或る者たちは、一方、大地へと、他方、或る者たちは月へと、他方、或る者たちは時間の諸々の道具である限りの他のものどもの中へと。[88]他方、播種の後、若い神々に対して委ねなさいました、諸々の身体の死すべきものどもを形作ることは。また残ったところのなお人間的な

E 魂の中の付け加わる必要のある限りのものとそれらに対し付随する限りのすべてのものども
とを彼らが成就した上で支配することを。かつ能う限りに出来るだけ美しくまた最も優れた
仕方で死すべき生き物を舵取りすること、諸々の悪しきことどもにそのものがそのもの自身
にとって責めのあるものとなるという場合を除いては。

一五

そして先ずはさあそこで神はすべてのそれらのことどもをずっと課しつけ通された上で、
自らの向きに即した習いの中に留まっておられました(89)。とは言え、彼はかく留まっておられ
ましたが、お子たちは父親の課しつけを理解した上で、それに従って行かれました。そして
43 死すべき生き物の不死の「始源」を取った上で彼ら自身の工作者を模倣しつつ、火・土・水
そしてまた空気の諸々の部分を宇宙からもう一度返し与えられるものどもなのだとして借り
受けつつ同一のものの中へと取られたものどもをくっつけて行かれました。その際、彼らは
自らがそれでもって包括をされた解かれることなき諸々の絆でもってではなく、否、小ささ
の故に見られ得ぬびっしりと厚い諸々の釘でもって密着させながら一つとしてすべての部分
どもから身体の各々を成就しながら、不死の魂の諸々の巡行を流れ入り流れ去る身体の中へ
と結び込みなさいました(90)。

他方、それら魂の巡行は多くの河の中へと結び込まれては抑制することもなく抑制される

B こともなく、他方、力尽くで運ばれそして運びましたからには、そこでまた、一方、生き物全体は動きましたが、しかし、どの道筋でもってたまたまそうしてあろうとも秩序なく言論なき仕方で進むこととなりました、六つすべての動をそれがもってありながら。何故なら、前方へ後方へ、そしてもう一度右手へ左手へ、また下方へそしてまた上方へそしてすべての道筋で六つの場所に沿って、それらは彷徨しながら前進していたのでしたから。[91]

何故なら、[92] 養分を提供するところの沢山に氾濫し引いて行く波はありましたが、なおより
C 大きな騒ぎを各々のものどもに対してぶつかって来る諸々の受動が作り出していたからです、火に対して或るものの身体が外からする余所のものとしてのそれに邂逅した上で衝突するとか、或いは土の硬い固まりにそして諸々の水の湿った諸々の滑りに対してそうしたり、よしまた空気によって運ばれる諸々の呼気の嵐に襲われたり、またすべてのそれらのことどもによって身体を通って諸々の動が魂の方へと運ばれて衝突したりする、その時にです。そしてさあそこで、それらの動は後にもまたそれらのことどもの故に呼ばれたしそしてまたこの今にもなお諸々の感覚として一切が呼ばれるに至ったのです。

そしてさあそこでその時にもまたその現在において最多で最大の動をそれらの動は提供し
D つつ、絶え間無く流れる水路とともに魂の諸々の軌道を動かしそして強く振りながら、一方、「同」の軌道を全くもってそれに反対にそれらは流れながら縛り上げまたそれが支配し進行するのを拘束し、他方、あらためて「異」の軌道を乱暴に揺すぶったのです。そこでまた、

E

二倍のまた三倍の三つのそれぞれの間隔を、そして諸々の二分の三の、三分の四の、八分の九の中項と結合をもそれらは結合をされた御方によってでなくてはあらゆる仕方で解かれるものではなかったものだったから、一方、すべてのねじ曲げをねじ曲げ、他方、諸々の円のすべての破損と破壊とを植え込みました、まさにそれだけの仕方で可能だった仕方でもって。そこでまたそれら軌道は相互とともに辛うじて絡み合いながら、一方、運ばれていましたが、他方、言論を欠く仕方でこそ運ばれるのでありました[93]。すなわち、或る時には、一方、反対向きの軌道を、或る時には、他方、逸れたそれらを、或る時には、他方、逆さまにとこう。それは例えば、人が逆立ちしていて頭は、一方、地面で支えて、両足は上方に何かにもたせかけて持っている場合には、その時はその身のあり方をしてある者と見ている人たちのその身のあり方においては、右手のものどもは左手のものどもとして、左手のものどもは右手のそれとして、それぞれの者たちにとりそれぞれの者たちのものどもは現われるといったことです。

44

さあそこで同じそのことをまたそんな異なったことどもを諸々の回転運動は強く蒙ってありながら、また外からのものどもの中の「同」の種族のである或いは「異」のそれである何かのものに邂逅する場合には、その時には或る何かに同じものをまた或る何かから異なるものを諸々の真実なものどもの反対のものどもとして公言をしながら、それらは虚偽で知性なき者となってしまってあるのであり、そして何一つとしてそれらの中ではその時に回転は

支配しておらず、更には指導者でもないのです[94]。しかし、それらに対し外部から或る諸々の
感覚が運ばれて来てそして落ちかかって来ながら魂の全部の容器を一緒に引きずって行くと
するなら、その時は諸々の軌道は抑制をされてありながらにも抑制しているのだと思われる
B のです。そしてさあそこで、それらすべての受動したことどもの故にこの今に、諸々の最初
に即してまた知性を欠いたものと魂は第一になるのです。すなわち、それが身体の死すべき
ものの中へと縛り込まれた場合にはです。

だが、成長と養育のとしては[95]より僅かなものに流れが到り来、他方、再び諸々の巡行が凪
を掴みながら自らの行路を進み行き、時の進み行く中で一層しっかりと立ってある場合には、
その時には今や自然本性に即して進み行く諸々の各円の形態に向って諸々の回転運動は適正
にされて行き、「異なるもの」にそしてまた「同じもの」を正しいものに即して公言しつつ、
それらの魂を持つものを思慮ある者となった者として完成させるのです。

先ずはされば、さあそこで、もしも何か或る全うな養育が教育に参与するならば、完璧な
C 仕方で完全で健康な者だと、最大の病いを逃れた上でなるのです。他方、等閑にした上では
びっこなものに命の生を過ぎった上で、不完全で知性無きあり方のままに、ハーデースへと
赴くのです。

それらのことどもは、一方、されば後々に何時か生じて来るのです。他方、この今に前に
置かれてあることどもについてこそより精確に詳述せねばなりません。他方、それらの前の

ことどもを、諸々の身体の諸部分に即しての生成についてまた魂について、神々の如何なる
D 諸々の原因とそしてまた先見との故にそれらは生じてあるのかを、取り分けての尤もらしさに縋りつつそのようにしてまたそれらのことどもに即して前進しながら、我々は詳述しなくてはなりません。

一六

先ずはさあそこで、神的な巡行の二つあるものどもを、万有の形態が丸くあるのを神々は模倣をなさりながらに、球形の身体へと縛り込みなさいました[96]。すなわち、それはこの今に頭として我々が名づけているものでして、それはまた最も神々しくてありそして我々の中にあるすべてのものどもにおいて、主君であるのです。その頭に対しては全身体をもまた授けられました、それに対する奉仕として取り集めた上で神々は[97]。その際、看取をなさった上ででした、それは諸々の動としてあろうとする限りのすべてに与ってあるのだということを。
E されればそれが地面というありとある高みと低みを持っているものの上で転がって行きながら、或るものどもは、一方、越えて渡り、他方、そこからは歩み出るのにも行き悩むことのないようにと、そのものに対して乗り物としてそれ、すなわち動き易さをお与えになられました。そこからして、さあそこで丈の長さを身体は持ったのであり、そして伸縮出来曲げることの出来る四つの四肢を生やしたのですが、それは神が進行を工夫なさった時なのです。そして

45 それらでもって身体は掴みまた自らを固定しながらすべての場所を通って進むことが出来るものとなったのでしたが、それは、その際、最も神的なかつ最も神聖なものの住まいを我々の上方に運ぶのだということでした。

　されば両脚と両手が先ずその仕方でかつそれらのことどもの故に万人にとって付け加えて生い育ったのでした。他方、後方のものよりは前方のものの方をより尊くまたより指揮的だとみなされ神々はその仕方で進行の多くを我々に対してお与えになられました。さあそこで、必要でありました、区別され相似ぬものとして身体の前方のものを持つことが人間は[98]。それ故に、第一に、一方、頭の容器をめぐってその方へと顔を土台として置きながらに、諸々の
B 器官をそれに、それを魂の一切の先見として縛り込みなさいました。そして指導に与るものはそのものだ、自然本性に即し前方のものだと[99]指定されました。だがしかし、諸々の器官の中で先ず第一に光をもたらす両眼を組み立てる仕事を手助けなさいましたが、その際、こうした原因でもって[100]縛り込まれたのでした。すなわち、火の中で、一方、燃やすべくその持ち前はないが、他方、穏やかな《ヘーメロン》光、各々の日（ヘーメラー）の固有なものは提供する持ち前を持つ限りのものは、身体となるよう工夫をなさいました[101]。何故なら、我々の内部のそのものに対して兄弟である純粋な火を両眼を通って流れさせたからです。それは一方では滑らかで
C 押し詰まったものとして全体はあるが、他方、取り分けて両眼の真ん中のものは圧縮をした上で。そこでまた、一方、より固まった状態のものである限りの他のものはすべてこれらを

妨げるが、他方、そのようなものだけはまさに清浄なものとして濾過することがあるように。

D されば昼間の光が視覚の流れの周りにあった場合にはその時は似たものが似たものに向って出て行きつつ目の詰まったものとなり一つの身体が親密化して両眼の一直線の行路に沿って組織されました、どの道筋でもって内側から向って行くものが外側からのものどもの何へと向って遭遇したにせよ、抵抗を与える道筋で。さあそこで、相似た受動をしたものと類似性の故に身体すべてはなった上で、またそれが何に触れそのものが何時か触れるとしてもかつまたどんな他のものがそれにそうしようと、それらのものどもの諸々の動を身体のすべてへ手渡して行きました、魂の感覚のそれでもってさあそこで見ているのだと我々が言うそれを、提供するまでに。だがしかし、夜へとかけて同族的な火が去るとそれ（視覚の流れ）は切断されるのです。何故なら、相似ぬものへと向って出て行きつつ自らが変容しかつまた消えるからです。ともに生い育つものに最早近くの空気となることはそれが火を持っていないからにはならぬからです。さればそれは見るのを止めまた眠りの導き手となるのです。何故なら、

E 神々が視覚のだとして工夫なさった安全装置たるもの、それは両瞼の自然本性ですがそれらの瞼を人が閉じると人は内部の火の力を閉じ込めるのであり、他方、その力は内部の諸々の動を散らしかつまた平均化するのですが、他方、それらが平均化されると静止が生じ、他方、多大なものに静止が生ずると、一方、夢の少ない睡眠が落ち込んで来るが、他方、何か或る諸々の動の大きなそれらが残されてあると、それらがどんなものでありどんな場所に残され

46 てあるかにより、そうしたものとしてそしてそれだけのものどもが提供されましたが、内部では似せられたものどもとしてまた外部では覚醒した人々にとって思い出される幻影としてでありました。

B 他方、諸々の鏡の映像制作やすべての目に見えまた滑らかである限りのものどもについてのことは、これを見て取るのに最早何一つの困難なことではありません。何故なら、内からのまた外からの各々の火の相互に対しての共同から、またそれが再び滑らかさをめぐり一つのものとその時々になってはまた多くの仕方で自らの形を変えるその時には、すべてのそのようなものどもが必然からそこに現われて来るのです(102)、すなわち、顔をめぐった火が視覚をめぐった火に対して、滑らかで輝いているものをめぐってともに結合したものとなる時には。他方、右手のものどもとしては左手のものどもが現われますが、それは視覚の諸々の反対の部分に対し諸々の反対の部分をめぐって接触が生ずるのだということです、衝突の確立した習いに反して。他方、右手のものどもとして右手のものどもが左手のものどもが左手として、
C 反対に現われたりしますが、それは光がそれと自らが結合するものと結合しながらに変化を受ける場合であり、そのことは、他方、諸々の鏡の滑らかさが此処また此処と高みを取って右手の部分を左手の部分へと視覚において押し遣り、一方を他方へとそうする場合なのです。他方、高さに沿って捻られた上は顔の同じそのものはあべこべにすべてが現われようにしたのでした、光線の下のものを上のものに向ってまた上のものを下のものに向って、もう一度

押し遣って。
　それらのものどもはされればすべて実にあるのです、諸々の「補助原因」に属し、それらを
D 神が奉仕するものどもとして用いるものどもなのです。すなわち、最善のものの可能な限り
の姿を実現して行かれるにおいてです。けれども、最多数の人々にこれは思惑をされている
のです、「補助原因」としてではなく、否、一切ものどもの原因なるものだとこう、「冷やす
もの」「熱するもの」「凝固させるもの」かつまた「溶解させるもの」そしてそのようなもの
である限りのことどもを成就するものどもは。けれども、如何なる言論をも更には知性をも
何一つのものにかけてもそれらは持つことが可能ではないのです。何故なら、存在するもの
どもの中にあってただそのものだけに知性を獲得してあるのが相応しいものは、語らなけれ
ばならぬからです、それは魂なのだと――だがしかし、そのものは不可視ですが、他方、火・
水・土・空気などの身体すべては可視的なのとして生じているのです――他方、知性と知識
E に対する恋人は必然なのです、思慮を持つ自然本性の諸々の原因をこそ第一のものどもだと
して追い掛けること、他方、他のものどもによって、一方、動かされるが、他方、異なった
ものどもを必然からして動かすものどもの所属として生じている限りの原因どもは、第二の
ものどもとしてそうすることが[103]。さあそこでなすべきなのです、それらに即してこそ我々も
また。先ずは語らねばなりません、両者ともに諸々の原因の種族を。他方、切り離して知性
とともに諸々の美しく善きものどもの工作者たる限りとまた思慮から孤独に残されては行き

当たりばったりで配置を欠くものを時々に作り出す限りとを。先ずされば両眼の補助協力的
諸原因のこの今に割り当てられて得ている能力を持つことに向ったものどもは語られたのだ
47 として下さい。だが、それら両眼の有益にかけての最大の仕事、それの故に神があらためて
我々に対して贈物するに到りなされたそれを、その後は語らなくてはなりません。

　さあそこで視覚はこの私の議論に即すれば、最大の有益の原因だと我々にとってはなって
あるのです[104]。それはこの今の諸々の議論の万有についてのそれらの何一つも何時か語られる
には到らなかったことでしょうから、星々も太陽も天空も見ることのなかった人々のだとし
ては、とこういうことです。だがしかし、実際には、昼にかつまた夜が見られながら月々と
B かつまた年々の諸々の巡行と春分・秋分・夏至・冬至が、一方、数を案出し、他方、時間の
観念とまた万有の自然本性について、探求を与えたのです。そしてそれらからして、我々は
智慧に対する親しみの種族を勝ち得たのでしたが、そのものよりより大きな善きものは到り
来ることはなかったし何時か将来来ることもないことでしょう、死すべき種族にとって神々
から贈物された上で。私は語るのです、さあそこで、このことこそは両眼の持つ最大の善き
ものだと。だがしかし、その他のよりちっぽけである限りの諸々を何故に我々はくどくどと
申しましょうか、それらのことどもはこれを智慧に親しむことなき人々こそが盲目になった
上で〝嘆きつつ悲しむのだ、意味もなく〟。否、次のことにおいてこそ語られるのだとして
下さい、我々からする視覚がこれらのことどもへと向って、原因であるのだと。すなわち、

C

神が我々に対し視覚を見出してかつ贈物としたことこそそのです。つまりそれは天空において知性こそに属した諸々の巡行を我々が看取しながら諸々の回転運動の我々の許にある思考のこそのであるものどもへと向けて使用し、その際、それらの回転運動は彼のそれらに同族であるもののそれら乱れなきものどもにとっては乱れてしまったものなのですが、他方、我々は学んだ上でまた諸々の計算の自然本性に即しての正しさに与った上で、神のあらゆる仕方で彷徨なきものであるそれらを模倣しながら我々の許にある彷徨してしまっているそれらを立て直すためにということです。

D

音声とそしてまた聴覚について、さあそこで、もう一度同じ議論があり[105]、同じことどもに向って同じことどものため神々からそれらは贈物されてあるということなのです。何故なら、語りがまたまさにそれらのことどもへと向って配置されてしまっており、それは最大のものとしてそれらのことどもの中へと寄与しているのです、分け前を。そしてあらためてムーサの技のうち音声でもって有用である限りのものは、聴覚に向ってハルモニアーのために与えられてあるのです。他方、ハルモニアーは同族なものとして諸々の運動を我々の内に存する魂の巡行に対して持ってありながら、知性とともにムーサの女神たちを合わせて用いる者にとっては、言論を欠く快楽へと向ってちょうどこの今にそうあると思われているように有用なのではなく、否、我々の中に生じてある魂の不調子の巡行に向って、秩序づけと魂自身に対する協調へかけた戦友として、ムーサの女神たちによって与えられているのです。そして

E リズム（リュトモス）も[106]またあらためて我々の中の尺度なくかつ諸々の優雅を欠いたものとなっている大多数の人々の中にある持ち前の故に、援軍として同じことどもへと向けて同じ方々によって与えられたのです。

一七

既述のことどもの通り過ぎたことどもは、先ずされば僅かなことどもを除き示されているのです、「知性」を通して工作されるに到ったものどもだとして。けれども「必然」を通して
48 生じて来るものどももまた議論により引証をしなくてはなりません。何故なら、混ぜられてこそ、さればこの宇宙の生成は「必然」とそしてまた「知性」との組織から生み出されたのですから[107]。「知性」が、だがしかし「必然」をそれが生成して来るものどもの最も多くのものどもを最善なるものの方へと導くように説得することでもって支配して、その道筋でこれらのことどもに即してまた思慮を持った説得によって折伏させられた必然を通して、そのようにして諸々の最初には組織されました、この万有は。もし、人が、さればそれがどの道筋でもってそれらのことどもに即して生ずるに到ったのかをありてある仕方で語ろうとしている
B のであれば混ぜるのでなくてはなりません、彷徨する原因[108]の形をもまたそれがどんな道筋でもって本来運び行くことをするのであるかとこう。さればこのようにして、もう一度遡及をしなくてはならず、そしてまさにそれらのことどもの相応しい異なった出発点をあらためて

もう一度掴んだ上で我々は、ちょうどその時のことどもについてそうであってように、この
今にそのようにそれらについてもう一度最初から始めなくてはならぬのです。
　さあそこで、天空の生成の前での火・水かつまた空気、そして土の自然本性を見なくては
なりません、それとして、かつそのことの以前の諸々の情態として。何故なら、この今には
誰一人まだそれらのものの生成を明らかに示すには到ってはおらず、否、火をまたそれらの
各々が一体何であるかを知っている人々に対してというように、我々は語っているのです、
諸々の始めとして、それらを万有の構成要素《ストイケイア》（字母）だと置きながら。だがその際相応しく
C はないのです、ただ綴りの諸々の形においてというようにであってさえも、当然の仕方では
僅かでさえ思慮を持つ人によっては準えることは[109]。
　この今は、だがしかし、さればとにかく我々からするものなら、このようにそのあり方は
あるのだとして下さい。一方、すべてのものどもについてはよしまた「始め」であれ、よし
また「諸々の始め」であれ、よしまたどの道筋により思われるのであれ、それらについては
この今には語るべきにあらずとこう。それは先ず他の何一つの故にはあらずだが叙述の現在
の仕方に即してでは、思われることどもを明らかにすることは困難であることの故にです。
されば他ならぬあなた方もまたこの私が語らねばならぬのだと思ってはなりませんし、また
D 私自身、あらためて私自身を説得することが出来そうにもありません、それ程の仕事を投げ
かけながら全うに私が試みているのだというようには。しかしながら、諸々の最初に即して

語られたことを守りつつ、すなわち、それは諸々のありそうな言論の能力ということでした
が、私は試みることでしょう、何人よりも劣ることなくて尤もらしさを、他方、より一層、
以前にもそうしたのでしたが(110)、始めから各々のものどもと一切のものどもについて語るその
ことを(111)。

神様を、さあそこで、この今もまた諸々の語られることどもの始めに立って、お門違いで
E また不慣れな描写からの救い主として諸々の尤もらしいことどもの決定へと向い我々を救い
続けて下さるようにと呼びかけた上で、もう一度語ることを我々は始めましょう。

一八

とは言え、さればあらためて「始め」は万有についてあるとして下さい、前よりは大きい
仕方で区別をされてあって。何故なら、あの時は、一方、二つの形を我々は区別しましたが
だが今は三つの種族を我々は明かすべきだから。何故なら、一方、二つのものが十分なもの
としてありました、先に語られたことどもの上で。すなわち、先ず一つが模範の形だとして
49 基礎的に置かれました、思惟されるものにして常に同一のものどもに即してあるものです。
他方、模範の模像として第二のものが。つまり、生成を持ち可視的なものです。第三のもの
は、他方、あの時には、一方、我々は区別し出すことを致しませんでした、二つのものども
が十分であることだろうとみなした上で。しかし、この今には議論が押し込むようなのです、

困難で幽《かすか》かな形を諸々の言論でもって明るみにもたらすようにと。されば如何なる力と自然
本性を持っているものとして、それを基本了解しなくてはならないのでしょうか。こうした
ことどもこそ取り分けて。すなわち、一切の生成の容器なのだ、例えば乳母といった(112)。先ず
はされば、一方、言われてしまって真実なことはあるのですが、他方、より明々白々にそれ
B については言わなくてはなりません。しかし、困難なのです、他の仕方でもそうですがまた
火および火と一緒にあるものどもについて先だって問題に取り組むことが必然的なことだと
いうことの故に。そのもののためにはです。何故なら、それらのものどもの各々をどういう
ものをありてある仕方で火として語るより水だとして語るべきか、そしてどんなものとして
何をであれそれをまた、すべてのものどもとしてかつ個々に即して(113)よりは語るべきであるか、
すなわち、そのようにしてまた何か信じ得て確固とした言論を用いることともなるようにと
いうことですが、これを言うのは困難ですから。さればさあそこでどのような仕方でまさに
そのことを、またどの道筋でもって、そしてそれらについて何を、当然の仕方で問題として
尽した上で我々は語ることとなるのでしょうか。先ず第一にそれをこそさあそこでこの今に
C 水であると我々が名づけるに到っているものは、凝固して行って、我々の思いなすところ、
諸々の石や土になるのを我々は見るのであり、他方、溶解して行き分解して行きあらためて
同じそのものが風や空気に、他方、空気が燃え上がりつつ火が、他方、逆に凝集し消されて
空気の姿の中へと立返るところを火は見られ、そして再び空気は凝集し濃密になりつつ雲と

霧とが、他方、それらがなお一層圧縮されたのから流れる水が、他方、水から土と諸々の石
とがあらためて生じかつ円としてそのようにして相互の中へと与えるわけなのです、見える
D ところ、生成を[114]。そのようにして、さあそこでこれらのものどもは同一の各々のものどもと
しては片時も現われることはないので、それらの中のどのようなものを何でもあれそのもの
でありまた別ものではないのだとし言い張りながら、人は自らを恥ずかしく思わないことで
しょうか。それはあり得ないことです。否、遙かに最も躊躇せずには、それらについて立て
ながらこのように語ることです。――その都度にそのものを別々の時に別々の道筋でもって
さながらに「火」というように生じて行くところを見るものを、これをそのものとしてでは
なくて、否、そのようなものとしてその時々に火なのだと呼ぶこと、更には「水」をそれとして
ではなく、否、そのようなものとしてその都度に、更には別の何一つをも何時か何か確固と
E したものを持っているものであるとしてそうはしないこと、我々が述べ言葉の「このもの」
や「そのもの」というのを付け足して用いながら何かを明らかにしているのだと考える限り
のものどもをです。何故なら、それは逃げるのですから、「このもの」や「そのもの」などと
いう言いにまた「このものに」という言いにかつすべての永続的なものとしてそれらがある
のだというように示している限りの言いに対して、その下に留まっていないで。否、それら
のものどもを各々だとは、一方、語らずして、他方、そのようなものとしてこそその都度に
引き回されている似たものを、各々についてまたすべての一切についてそのように呼ぶこと[115]、

50

そして、さあそこで「火」もまたすべてを通じてそのようなものであり、そしてまさに生成
を持つ限りの一切もそうなのです。けれども、そこにおいてその都度にそれらの各々のもの
どもが中に生じながら姿を現わし、かつ再びそこから滅びて行くもの、ただそのものだけを(116)
あらためて呼称すること、「そのもの」や「このもの」といった名前を付け足して用いながら。
だがしかし、何らかの或るものとして、つまり熱いものだとか或いは白いものだとか或いは
反対であるものどものの何であれそのものだとかまたそれらのものどもからする限りのすべて
のものだとか、あらためてそれらのものどもの何一つの彼のものとも呼ばぬこと。

なお、だがしかし、そのことについては、より明確にあらためて言うことに努めなくては
なりません(117)。何故なら、もしすべての形態を人が黄金から形作った上で各々の形態をすべて
B の形態へと作り変えながら止めないとすれば、さあそこで誰かがそれらの形態の中の一つを
示しつつまたそれは何であるかと尋ねる時には、真実に向って遙かに最も蹉跌なきこととは
それは黄金だということを言うことなのです。他方、三角形とまた他の諸々の形態として内
に生じた限りのものどもは、如何なる時もそれらをであるものとしては語らないことです。
それらはとまれそれと人が置いているその間に移り落ちて行くものなのですから。否、もし
ひょっとしてそのようなものというのでさえも或る蹉跌なさとともに彼が受け取る気になる
とすれば、満足することとです。

さあそこで、同じ議論がすべての身体を受容する自然本性についても、またあるのです(118)。

C 同一のものとしてその自然本性を常に呼ばなくてはならないのです。何故なら、自己自身の能力からは全くもって出て立つことはないからです――何故なら、常にすべてのものどもを受容しそしてまた何一つの型も、何時かしら入って来るものどもの何一つのものに似たものとしては、取ったことはないからです、どの道筋でもってもどのような仕方でも。何故なら、蝋の塊りだとして自然本性において万有にとって横たわっているからです。その際、諸々の入って来るものどもにより動かされそしてまた様々に形作られるのですが、他方、それらのものどもの故に現われるのです、別々の時に別々のものとして――だがしかし、入って来るものどもに出て行くものどもは存在するものどもの常に模倣物であり、それら存在から或る言い難く驚嘆すべき仕方で型どられたものどもなのですが、その仕方はまた今度我々は追求を致します。

D しかしながら、さればこの現在においては[119]種族を三つ思考すべきです。すなわち、一方、「生じ来たるもの」、他方「そこにおいてそれが生じ来たるところのそれ」、他方「そこからして似せられて生じ来たるものが生い育って来るそれ」です。そしてさあそこで準えることがまた相応しいのです、一方、受容するものを母に、他方、「それから」というそれを父に、他方、それらの間の自然本性を生じて来る子に。そして、他の仕方ではなく直知することがまた。すなわち、型どりをされて出て来るものは見るにありとあらゆる多様に関して多様でまさにあらんとしてあるからには、まさにそのものは、すなわち、その中でこそ型どられて

出て来るものがその内に立ちつつあるそのものは、決してよく準備されて生じてあることは
E 見込めはしないのだというようにとこう。つまり、それは彼のすべての姿のそれが何処から
か受容せんとまさにしている限りのものどもからは型を欠いてあるということを除いてです。
何故なら、それがその中へと入って来るものどもの中の何かに似てあっては、反対のそして
全くもって別な自然本性に属するものどもを、それらが入り来る時には、受容しながらにも
悪しく象り行くことになろうからです、自らの見えをそれと並んで示して行って。それ故、
またすべての形からも外にあることが必要なのです、一切を自らの中に種族とて受容をする
ものは。さながらそれはよい香りがする限りの塗りものをめぐっては、技術でもって第一に
まさにこのことが土台を占めてあるようにと人々が工夫をするようなことで、人々は出来る
だけ無臭なものに諸々の匂いを受容する液体をするのです。そして諸々の軟らかなものども
の何かのものどもの中に諸々の形態を押捺しようと手掛ける限りの人々も、全然、何一つの
51 形態をも目に見えるものとしてそこに場を占めてあることはこれを許さないのであり、他方、
前もって出来る限りに滑らかなものとして最初に平たくしながら仕上げるのです。

同じことで、さればすべての常に存在してあるものどもの万有に即ししばしば自己自身の
似せられたものどもを見事にまさに受容しようとしているものには、すべての形から、本来、
外に生い育ってあることが、そのものには相応しいのです[120]。このことの故に、さあそこで、
可視的であらゆる仕方で感覚的なものに生じて来るものの母にして受容者であるものを、土

だとも空気だとも火だとも水だとも我々は語らぬことと致しましょう、またそれらからする限りのものどもだともまたそれらのものどもからそれらが生じ来たったものどもだとも。否、B 不可視的な何か或る形で型を欠くもの・すべてを受け入れるもの・最も困惑的に或る道筋で思惟的なものを分取しかつ最も捕え難いものだとしてそれを語って行ってこそ、我々は嘘を言わぬこととなるでしょう。しかし、先に語られたことどもからしてそのものの自然本性に到達することが可能である限りは、この道筋でもってこそ人は最も全うに語ることが出来ることでしょう。すなわち、「火」としては、一方、その時々にそのものの火だとされた部分が現われるのであり、他方、水とされたものが水として現われ、土にそしてまた空気としてはそれらの模倣物どもをそれが受容するその限りで、と。

言論でもって、然るに、さあそこでむしろこうしたことをそれらについては区別しながら徹底的に考察しなくてはなりません。すなわち、はたしてある（！）のであるか、何か「火」C なるものが自らが自らの上で。そしてすべての、それらについて常に我々がそのようにしてそれら自体がそれら自体に即して各々のものどもとしてあるのだと語っているもの[121]どもが、そうなのか。それともそれらのまさしくそれらを我々が眼差しをするところのものどもも、かつその他のものどもとして身体を通して我々が感覚している限りのものども、ただそれらだけがそのような真実を持ちながらあって、他方、それらに対立しては他のものどもは如何なる道筋でもってもどのような仕方でもあり得ないのであり、否、空しくその時々に「あるのだ、何かの形相が各々のだとして思惟されるものとして」と我々は主張しているのであり、他方、実際は、して見ると、何一つもなかったのだ、語りを除いてと、こういうことなのか。さればさあそこで、現在するものを判定されることなく判決を与えられないものとして放置
D した上で人がそうしたあり方をしてあるのだと言い張りながら主張をすることは至当なことではありませんが、更には言論の長さの上に序での仕事の別種の長さを重ねて投げ込むべきでもありません。だがしかし、もしも何かの限界が大きく僅かのことどもを通して限界づけられて現われて来ることがあるなら、そのことは取り分けて最高に時宜に適ったこととなりましょう。

このように、さればとにかくこの私のであれば、私自身は投票を置くのです。もし、一方、知性と思惑の真実のものとが二つの種族であれば、全くもって存在するのだ、自らに即してそれらは。それらは我々によっては感覚されることなき形であり、ただ知性把握されるものなのだとこう。[122] 他方、もし、或る人々にとってはそう現われるように、思惑の真実なものは
E 知性から何一つの点でも相違することはないのであれば、すべてのあらためて身体を通して我々が感覚する限りのものどもを置かなくてはなりません、最も確固としたものなのだと。二つだとしてさあそこで語らなくてはなりません、[123] それらのものは。独立して二つは生じてかつ相似ぬ仕方でそれらのあり方をあるのですから。何故なら、それらの一方は教示を通してですが、他方は説得によって我々にとってはその内に生じて来るのですから。そして一方

は常に真実の言論とともにありますが、他方は言論を欠いてあるのですから。そして一方は
説得でもっては不動だが、他方はそれに開かれてある。そして一方にはすべての人間が与る
のだと言うべきですが、他方、知性には神々こそが、しかし、人間たちのだとしては僅かな
或る種族がそうだと言うべきなのですから。
52 　然るに、それらのものどもがそのようにそのあり方をあってあるにおいて、同意をしなく
てはなりません、一方、一つのものとしてあるのだ、同一のものどもに即し形を持っている
ものが、生成することとなく滅ぶこととなきものでまた自らの中へと別のものを別のところから
受け入れることもなく自らが何処かしら別のものの中へと赴くことをせず(124)、他方、不可視的
であり別の仕方で感覚されることもないものとして。そのものはさあこれをこそ知性活動が
考察することを我が事としているものなのです。他方、同名でそれと相似たものが二番目の
もので、感覚されるものであり産み出されるものであり、常にしきりに持ち運ばれてあり、
また或る場所に生じつつかつ再びそこから滅び行くものであり、感覚を伴った思惑でもって
B 把捉されるものなのです。他方、あらためて第三の種族でありつつ常に「場」のそれがあり、
それは消滅を受け付けないものであり、他方、「座」を生成を持つ限りのものどものすべてに
対して提供するものであるのですが、だがしかし、それ自体は無感覚とともに何かの推理の
偽もののそれでもって触れられるものであり辛うじて信じられるものなのでして、そのもの
に向ってこそさあそこで我々は眼差しをしながらまた、夢に浸りもしまた主張もするのです(125)、

必然的なことなのだ、何処かしらにあることが「あるもの」すべては何らかの場所においてある「場」を占有しながらに。他方、大地においても何処か天空に即してでもないものは何一つないのだとこう。さあそこでこれらのすべてにまたそれらの他の諸々の兄弟のことどもを、眠りなく真実の仕方で基礎を占めてある自然本性をめぐってもまた、その夢見によって我々は能力なきものになるのです、目覚めた上で真実を区別をしながら語ることに。曰く、似姿にとっては、一方、それがそれの上に立って生じて来るまさしくそのものが自らのものではなく、他方、それは異なった或るものの常に諸々の幻影だとして運ばれるのだからして、

C それらの故に異なった何らかのものの中に生ずることが相応しいのだ。その際どうとかして「あり」に絡んであるか、或いはさもなくば、何一つとして全くそれとしてはないのである。他方、ありてある仕方であるものには、助けとして精確さを通した言論があるのであって、何かが一方はこれであり他方は彼である限りは、どちらもどちらの中に何時か生じて一つに

D して同時に二つだとはなることはないだろう、というようにしているのです。

一九

このことが、先ずはされればさあそこでこの私の投票からして推理された上で要点において与えられてあるのだとして下さい、議論として。すなわち、「あるもの」とかつまた「場」と「生成」と、三つが三つの道筋でもって、天空の生ずる以前にも存在していたのだとこう。(126)

E だがしかし、さあそこで「生成」の乳母は液化され火化されそして土とかつまた空気の諸々
の型を受け取りながら、またその他諸々の受動としてそれらに相伴う限りを受動して、一方
では見るにありとあらゆる見かけに現われ、他方似てもいずまたよく均衡の取れてはいない
諸々の力に満たされてあったことの故にそれの何一つに即しても均衡を持つことなく、否、
不均衡な仕方であらゆる道筋でもって前後に揺れながら、一方、彼のものどもによって自ら
として動揺させられ、他方では動かされながらもあらためて再びそれらを揺すぶるのでした。
だが、動かされたものどもは別々が別々の方向へと常に運ばれて行きました、選り分けられ
53 ながらに。それはちょうど諸々の箕と[127]かつまた諸々の道具の穀物の浄化をめぐったものども
によって揺すぶられ篩られるものどもが、一方、充実し重いものどもは別の方向へ、他方、
目がかすかすで軽いものどもは異なった方向へと運ばれて座席を取らせるようにです。その
時にそのように四つの種族は受容をしている乳母によって、すなわち、それとして、例えば
振動を提供する道具といったもので動いているものとしてそれはありましたが、一方、最も
相似ぬものどもは最も多くそれらをそれら自身から限界づけ、他方、最も相似たものどもは
取り分け同一のところへとともに押し遣り、それ故にさあそこで場所をもまたそれら別々の
ものどもは別々のを持ちました[128]。万有もまたそれらからして首尾一貫秩序づけられて生ずる
以前に。そして、一方、さあそこでそのこと以前のものはすべてそれらを比例なくまた尺度
B なき仕方で持っていたのです[129]。他方、万有が秩序づけられることを試みられた時、最初、火・

C

水・土・空気は、一方、足跡はそれら自らのものだとして或るものどもを持ってはいましたが、それでも全くもってとにかく置かれてありました、ちょうど一切のものが神が或るものから離れてある場合にはそのあり方であることが尤もであるようにと。そのようにしてさあそこでその時に生い育ってあったそれらを初めて神が諸々の形と数とでもってずうっと形を与えて行ったのでした。だがしかし、出来るだけの仕方で最も見事にまた最も優れて、そのようにはあり方のなかったものどもから神がそれらのものどもを組織したことは、すべてのことどもを向こうにして我々にとり、常にそのこととは語られることなのだとして、根本を占めてあるのだとして下さい[130]。だがしかし、この今には、さればそれらの各々のものどものの配置と生成とを不慣れな議論でもってあなた方に向って明らかにすることを手掛けなくてはなりません。いやしかし、とこう言うのもそれはあなた方が教育に即した諸々の道のそれらを通してこそ語られることどもを示すことが必然であるものどもには与ってあるからには、きっとともに着いて来て下さることでしょうから。

二〇

第一に先ずはさあそこで、火・土・水・空気が物体であるということは、何処かしら万人にとって明らかです。然るに、物体の形はすべて深さをも持っています。他方、深さには、あらためてあらゆる必然があります、面という自然本性がこれを包括していてあるべくも。

D

他方、平らな表面の真っ直ぐなそれは三角形から組織されてあります[131]。

他方、三角形のすべては二つの三角形から始まるのですが、その際、各々は持っているのです、一方、一つを直角に他方を鋭角どもに。そして、それらの中で一方のものは両方から等しい辺でもって分割されている直角の部分を持ち、他方のものは不等な辺でもって配分をされたそれの不等な部分どもを持っているのです[132]。これをさあそこで火やその他諸々の物体の始めだとして我々は仮定致します、必然を伴った尤もらしい語りに即して進みながらに。だがしかし、なおそれらよりも上方からの諸々の始めは神こそが知り、そして人々の中ではその御方に親しい者こそが知るのです。

E

さあそこで語らなくてはなりません、どのような諸々の最も美しい物体が四つ生じて来るのであるかを。すなわち、一方、それら自らには似てはいないが、他方、相互そのものからする或るものどもとして解かれながら生ずることが出来るそれらです。何故なら、そのことに行き当たってこそ我々は持っているのですから、真実を、土のそしてまた火のそして比に沿って中間にあるものどもの生成について。何故なら、このことを何人に対してさえ我々は譲歩をしはしないことでしょうから、すなわち、それらよりももっと見事な諸々の見られる物体が、何処かしら一つの種族の各々としてあるのに即してあるのだということを。さればこのことに努めなくてはなりません、すなわち、諸々の物体の中で美しさにより抜きん出てある四つの種族を組み立て、そしてそれらのもののとして我々は自然本性を十分に把捉する

54

に到っているのだと主張をすることに(133)。

B

さあそこで二つの三角形の中で、一方、等辺のものは一つの自然本性を自らのものとして得ていますが、他方、不等辺のものは、無限のそれらをそうしています。さればあらためて選び出さねばなりません、無限のものどもの中から最も美しいものを、もしも我々がまさに向きに即して始めようともしているのなら。さればもし人がより美しいのを選び出した上でそれらのものどもの組織へかけて言うことが出来るなら、その人は敵としてではなく、否、親しい人として打ち勝っているのです。我々は、他方、されば置くのです、多くの三角形の中の最も美しい一つを、他のものどもは踏み越えた上でですが、そのものから等辺三角形が第三のものからとして成り立ってあるものとして。しかし、何の故にかは議論はより多大の(134)ものに属します。けれども、そのことを反駁しそしてさあそこでそのようにあり方があらぬと見出す者には、親しいものとして諸々の賞品が置かれます。さあそこで選び出されてあるのだと致しましょう、二つの三角形が。すなわち、それらから火のそしてまたその他のものどもの身体が工夫をされるものが。つまり、その一方は等辺の三角形であり、他方は平方においてて三倍を短辺よりも長辺が常に持つものがです(135)。

C

さあそこで、先には不明慮な仕方で語られたことを、この今にはむしろはっきりと区別し限定をせねばなりません(136)。何故なら、四つの種族が相互を通って相互の中へとすべてが生成を持つのだと見えたのですが、その際、それは全うには現われてではなかったのでしたから。

何故なら、先ずは諸々の三角形のそれらを我々が選び出したものどもから種族が四つとして生じはしますが、一方、三つの種族は一つの諸々の辺を不等なものだとして持っているものからなるのですが、他方、第四の一つの種族だけは、等辺の三角形から組み立てられるものなのですから。さればこそ可能ではないのです、すべての種族が相互へ解かれて行って多くの小さなものどもから僅かな大きなものどもが、そして反対に生ずることは。他方、三つの種族が可能なのです。何故なら、一つの三角形からしてすべてのものどもは本来生い育って来ており、より大きなものどもが解体をする時は多くの小さなものどもが同じものどもから組織されてあることでしょうから、その際、それら自身に相応しい形態を受け取って行き。
D そして小さなものどもがあらためて沢山に諸々の三角形に即して分散させられる場合には、一つの数として一つの塊のだとなった上で大きな別の形を一つ完成することでしょうから。

それらのことどもが、先ずはされば語られ済みだとして下さい、相互への生成については。他方、どのようなものとしてそれらの各々は形として生じているか[137]、またどれだけのともに落ち来る諸々の数からかを語ることが、続いて来てあることでしょう[138]。さあそこで、始めることでしょう、第一の形でそしてまた最小のものとして構成されたものが。だが、そのもの
E の構成要素として基底に張られている辺がより短い辺の二倍の辺を長さでもって持っているものが。他方、そうしたものどもの一対が対角線に即してともにに置かれまたそのことが三度生じた上では、諸々の対角線と諸々の短辺を同じところへと中心の意味で寄りかからせる時、

55
一つの等辺の三角形が数において六つあるものどもから生じてあるのです。他方、それらの等辺三角形として成り立った四つのものどもはともに三つの平面角に即して一つの立体角を作るのですが、その際、それは諸々の平面角の中では最も鈍い角に次いで生じてあるのです。他方、そうしたものどもが四つのものどもとして完成される時、第一の形の立体であるものが、球状の全体を等しくまた相似た諸々の部分へと分配するものとして、成り立ってあるのです[139]。

他方、第二のものとして、一方、同じ三角形からではあるが、他方、等辺三角形に即して八つのものがともに成り立ってあり、それは一つのとして立体角を四つの平面角から成就をした上でなのです。そして六つそうしたものどもが生ずる時、第二のものとしてあらためて身体がそのようにして完成を持ったのです[140]。

B
他方、第三のものとしては六十の二倍の諸々の構成要素から組み立てられ、他方、十二の立体角から、但しその際、五つの平面角の等辺三角形に属するものどもによって各々は包括されてあるのですが、二十の底面を等辺の三角形だとして持つものが生ずるに到りました[141]。

また、一方、諸々の構成要素の中で片方はそれらを生んだその上で離されましたが、他方、二等辺の三角形は、第四の自然本性[142]を生むに到りました。四つのものどもに即して組み立て
C
られながら中心へと諸々の直角をともに導いて、一つの等辺四辺形を成就した上で。他方、六つのそのようなものどもが構成をされて八つの立体角を果たしましたが、その際、三つの

平面直角に即して各々の立体角は組み立てられてということです。他方、構成されてなった身体の形態は立方体となりました、六つの平面を等辺の四辺形の底面として持ってです(143)。

他方、なお組織の一つの第五のものがある場合に、万有の方へ向って神はそれを用いたのでした、それを様々の色彩で描きながら(144)。

D

二一

さあそこで人がそれらをすべて適切な仕方で考量しつつ困難を思い、はたして無限のものとして諸々の宇宙はあるのだと語るべきなのであるか、それとも限りを持つものとしてなのかとそうするなら、一方、彼は無限なのだと語ることは考えるでしょう、ありてある仕方で経験してあるべき必要のあるものどもに無経験な誰かの思い込みだと。他方、どちらなのか、一としてそれとも五つとして(145)それら宇宙が真実もって生い育っているのだと語ることが何時か相応しいのかと、むしろその道筋で立った上で困難を困難とすべく尤もな仕方であることでしょう。先ずはさればさあそこで、我々からするものは一つのそれをこそ尤もらしい議論に即して生い育ってある神として、明らかにするのです。他方、他の人は別の異なったことどもへ何かの道筋で眼差しをした上で思惑することでしょう。

そしてその人は先ずお構い無しとせねばなりません。他方、この今に言論でもって生ずるに到っている諸々の種族を火・土・水・空気へと我々は分配を致しましょう。

E 土に対しては、一方、さあそこで、立方体の形態を我々は与えましょう。何故なら、最も
動かされにくいものとして四つの種族の中で土はあり、諸々の物体の中で最も可塑性があり
ますが、他方、取り分けて必然であるのですから、そうしたものは諸々の底面を最も安定を
したものどもとて持っているものであることが。他方、底面の諸々の最初に即して三角形と
して仮定されたものどもにおいては、より安定して自然本性に即しては諸々の等辺のそれが
不等辺のそれよりもあるのです。また各々から合成された平面は、等辺の四辺形の方が等辺
56 の三角形よりも部分に即してかつまた全体の即して、より安定した仕方で必然からして帰結
してあるのです。それ故、土には、一方、そのものを分け前として与えて行って尤もらしい
議論を我々は全うし[146]、水には、他方、あらためて残りのものどもの中で最も不動の形をそう
して、他方、最も動く形を火に対して、他方、中間のものを空気に対してそうするのなら。
そして、一方、最も小さな身体は火に、他方、あらためて最も大きなのは水に、他方、中間
のは空気に与えるのなら。そして、一方、最も鋭い形はあらためて火に対して、他方、第二
にそうなのは空気に対して、他方、三番目のは水に対してそうするのなら。それらのすべて
B は、されば さあそこで、一方、最も少なく諸々の底面を持っているものは最もよく動くもの
として本性を受けてあることが必然であり、それはまた最も鋭利でありまた鋭く到るところ
ですべてのものどもの中であり、またなお最も軽いのです、最も僅かの同じ諸々の部分から
成り立っていて。他方、第二のものは、第二の仕方で同じそれらのことどもを持ち、他方、

第三番目の仕方で第三のものが持つことが必然なのです。

さあそこであるのだとして下さい、全うな議論に即しまた尤もな議論に即すれば、一方、ピラミッド（正四面体）の立法体として生じてある形は火《ピュウル》の構成要素であり、種子としてこそ。他方、生成に即して第二のものが空気のそれであり、第三のものは水のそれなのだと。[147]

さればすべてのそれらはさあそこでかくも小さいものなのだと思考しなくてはなりません。C すなわち、種族の各々の各々一つに即しては、一方、小ささの故に何一つも我々によっては見られ得ないものだけれど、他方、多くのものどもが集積した場合にはそれらの諸々の塊が見られるのだというように。

そしてさあそこで、諸々の多にそしてまた諸々の動そしてその他諸々の能力をめぐってその諸々の類比のこともまた、到るところで神が、まさにその道筋でもって必然の自発的にかつ説得された自然本性が譲る、そのあらゆる道筋でもって精確さを通して彼によって仕上げをされたそれらにおいて、それらのものどもを比例に即して調和をさせたのだとこう。

二二

さあそこで、まさしくそれらのものどもの諸々の種族を[148]前に我々が言うに到ったところの D すべてのことどもからは、かく尤もらしきものに即すれば[149]取り分けてまあありましょうか。

すなわち――

土は、一方、火に遭遇しつつまたそれの鋭さによって解体されつつ運ばれることでしょう、
よしまた火そのものにおいてたまたま解体されつつにせよ、よしまた空気においてにせよ、
水の塊の中でにせよ、それの諸部分が何かの道筋でもって邂逅した上で、もう一度それらが
それら自身とともに組み合っては土となるだろうまでは——何故なら、とにかく他の形の中
へとはそれが何時か入って行くことはないだろうから——しかし、水は火によって、或いは
また空気によっても部分化されては可能なのです、生ずることが。すなわち、諸部分が結合
E した上で、一方、火の一つの身体と、他方、空気の二つの身体とが。他方、空気の諸断片は
一つの部分の解体されたものから二つの身体が生ずることでしょう、火のそれらだとして。
そして再び空気でもって火が、そして諸々の水或いは何かの土でもって回りから掴まえられ
ながら多くのものどもの中で僅かなものとなるなら、それは運動をしているものどもの中で
動かされされつつ戦いながらまた打ち負かされてばらばらにさせられて、火の二つの身体が
空気の一つの形へと成り立って行きます。そして空気が抑えられてまた切り刻まれる時は、
二つの全体と半分からして水の形が一つ全体として結合をされてあることでしょう。[150]
何故なら、このようにさあそこで我々はそれらのものどもをもう一度考量して見ましょう。
57 火の中でその他のものどもの何かの種族が捕えられつつ、その火により諸々の角のそして
諸々の辺に沿っての鋭さでもって切断される場合には、一方、その自然本性の中へとともに
立った上ではそれは切られることが止んだのです——何故なら、自らと相似たそして同一の

種族の各々は何らかの変化を植え込むことも出来ないし、そして何かを受動することも出来ないのですから、同一のものどもに即しそして同じようにそのあり方のあるものによっては——然るに、他の何かのものの中へ生じて行きつつ劣勢でありながらも力あるものと戦っている限りは、解体をされることは止まぬのです。

B そしてあらためてより小なるものどもがより大なる多数のものどもの中で少数のものどもとして包囲をされながら細かく砕かれ消滅される場合は、一方、抑制するものの姿の中へとそれらが並び立ってあることを欲してあればそれらは消滅されつつある過程を止め、そして火から空気に空気から水になるのです。他方、もしそれらが同一のものども（空気・水）へと赴きそしてその他の諸々の種族の中の何かがともに相来りつつ戦うなら、解体されつつもその過程は止まぬのです。それは或いは全くもってそれらが押し遣られればばらばらに解体され同族のものに向って逃亡をするか、或いは打ち負かされた上で多くのものどもからする一つの制圧したものに似たものとなってはその同居者として留まる前には、ということです。

C そしてさあそこで、それら諸々の受動することどもに即してもまた諸々の場所を交換するのです、すべてのものどもは。何故なら、離れて立っているからです、一方、種族の各々の多くのものどもは特有な地域に即して、受容する乳母の動の故に。他方、自らとその時々に相似ぬものとさせられるものども、だがしかし、他のものどもには相似たものとさせられるものどもは運ばれるからです、振動の故にそれらにそれらが似せられる彼のものどもの地域へ向って。

先ずはされば混じり気なくまた第一のである限りの諸々の身体はそのような諸々の原因を通して生ずるに到っているのです。他方、それらのものの諸々の形の中で諸々の異なる種族

D がその内に生い育ってあることに関しては、諸々の構成要素の各々のその構成をこそ[151]原因としなくてはなりません。すなわち、それはただ単に一つとして各々の大きさを持ちつつある三角形を諸々の最初に即して生み出したばかりではなく、否、また小さいものの大きいものをそうしたのであり、他方、その数をまさにそれだけの限りとして諸々の形においてある種族があるだけの、それだけのものとして持ったものとしてでした。故に、さあそこで、それら自らが自らに向ってまた相互に向って混合をさせられながら、その多様性に関しては無限であるのです。そのものの、さあそこで、観察者たちとならなくてはなりません、まさに自然本性について尤もらしき言論を用いようともしている者たちは。

二三

されば動とそして静止について、どんな仕方でまたどんなものどもとともにそれら二つが

E 生ずるのかをもしも人が首尾一貫して同意せずにあろうものなら、多くのことどもが障害となってあることでしょう、爾後の考量にとっては。或ることどもは、先ずはされば、それらについては語られてありますが、他方、それらに加えてなおこれらのことどもが語られてある

のでなくてはなりません。すなわち、均等性の中では先ず如何なる時も動は内在することを
欲しはしないことです。何故なら、動こうとしているものが動かそうとしているものなしに、
或いは動かそうとするものが動かされようとするものなしにあることは困難であり、むしろ、
他方、不可能なことですから。他方、動はそれらが不在であっては存在をし得ず、然るに、
58 それらが均等であることは何時か不可能なのです。そのようにしてさあそこで、一方、静止
は均等性において、他方、動は不均等性の中へ常に我々は置くと致しましょう。他方、原因
であるのです、不等性が不均等な自然本性こその[152]。

他方、不等性の生成はこれを、一方、我々は詳述するに至っております。然るに、如何に
して何時か諸々の種族に即して分離された上で各々のものどもが相互を通しての動と運ばれ
から止んではいないのか、この点を我々は語ってはおりません。さればこのようにもう一度
語ることでしょう。曰く、万有の巡行はそれが諸々の種族をともに包括したからには、それ
が円形でありまた自己自身に向って本来ともに行くことを望むようにありつつ、万有を硬く
B 縛りまた空虚な場所が何一つ残されるままにはしないのです。それ故に、さあそこで火は、
一方、すべてのものどもの中へと取り分けて浸透して行ったのであり、他方、空気が第二に
それが繊細さでもって第二のものとして生い出たものだからそうして、そして他のものども
が、その道筋でそうしたのです。何故なら、最大の諸々の部分から生じてあるものどもは、
最大の空虚を構成の中に残したのであり、他方、最小のものどもは最小のをそうしたのです

C

から。さあそこで、圧縮の遭遇は、諸々の小さなものどもを諸々の大きなものどもの諸々の窪みへとともに押し遣るのです。されば小さなものどもが大きなものどもの傍らへと置かれ、より小さなものどもがより大きなものどもを分解し、他方、より大きなものどもが彼のものどもを凝集させる時は、すべてのものどもは上を下へと場所を移して運ばれるのです、自らの諸々の領域へと向って。何故なら、大きさを変化させつつ各々のものは、また諸々の領域の位置をも変化させるのですから。そのようにして、さあそこで、またそれらのことどものまた不均等性の維持され続ける生成が常に、常にそれらのものどもの動としてあろうとしてありそして不断にあるものを、提供するのです。

二四

D

さあそこで、それらの後では知性を働かすのでなくてはなりません[153]、また火の種族も沢山生ずるに到ってあるのだということを。例えば、焔と焔から出て行くもの、すなわち、一方、燃やしはしないが、他方、光を眼に提供するもの、また焔が消された時に諸々の燃えさしの中にそれのだとして残されるものです。

他方、空気の同じことどもに即してであったら、一方、最も明澄なものは名前でもっては「アイテール」(顥気《こう》)[154]と呼ばれるものであり、他方、最も濁ったそれは靄にそしてまた闇であり、また異なった無名の諸々の形があって、それらは諸々の三角形の不等性の故に生じてあるものどもなのです。
他方、水の諸々の種族は二通りに先ず第一にあり、一方は液状のそれ他方はそれの溶解的
な種族です。されば、一方、液状の種族は諸々の種族の水の小さくある限りのものどもを、
それらは不等なのだが、分有してあることの故に、動的なものとして、自らが自らに即して
E かつ他のものにより、不均等性と形態の姿との故に生じてあります。他方、諸々の大きくて
また均等なものどもからしたものは、一方、前者よりはより安定的でありかつ重たく均等性
によって固まってありますが、火の浸透して来て分解するのによってそれとしては均等性を
放棄し、他方、それを崩壊させた上は一層動を分有するに到り、他方、それはよく動くもの
となってては近くにある空気によって押されそして大地の上に広げられながら、それは「溶解」
59 として、一方、諸々の塊の解体が、他方、「流れ」として大地への広がりは各々の受動の呼び
名を取ったのでした。他方、逆に火がそこからして落ち出る時には、それは空虚の中へ出て
行くのではありませんから近くにある空気は押され未だなおよく動くものである液状の塊を
火の諸々の座の中へ一緒に押し込みつつ、自らを自らに対してともに混じり合わせるのです。
他方、ともに押された塊はまた均等性を再び掴み取りながらそれは不均等性の工作者の火が
立ち去って行ったものだからなのだけれども、自らと同一のところへと自らを返すのです。
そして、一方、火の立ち去りは冷却として、他方、収縮は、彼のものが立ち去る場合、凝固
した種族であるとして言われるに到りました。

B

さあそこでこれらすべての溶融的な諸々の水なのだと我々が呼んだ限りのものどもの中で、一方、最高に微細でかつ均等なものどもから最も緻密なものとして生じてあるもの、単一の形の種族で煌めいて黄金色の色彩を帯びているものは、最も貴重な財貨たる黄金として岩を通して濾過されて凝固したのです。他方、黄金の若枝は緻密さの故に最も硬質のものでありまた黒くなったものは「アダマス」[155]（鋼）と呼ばれました。他方、一方では黄金の諸々の部分に近くてあり他方で形は一よりより多くを持つもの、他方、緻密さでもっては一つの道筋では黄金よりより緻密であり、

C

そして土において僅かでまた微細な部分を分有していてそこでまたより硬くてあるもの、他方、自らの内部に大きな隙間を持っていることでより軽いものは、輝いておりまた凝固した諸々の水の中の一つの種族だとして、銅として組織された上で生じてあるのです。他方、土からそのものに混ぜられてあるものはそれら二つが古びて再び相互から引き離される場合には、自らに即して目立ったものとなりつつ緑青として語られるのです。

D

他方、そうしたことどもに属する他の諸々をなおずっと数えることは何一つの込み入ったことでないのです、尤もらしい諸々の物語の姿を人が追い掛けていてであれば。それに関しては人が休息のために常に存在するものどもについての諸々の議論を一時預かりとしながら生成についての諸々の尤もらしい議論をつぶさに見つつ後悔することのない快楽を獲得する場合には、彼は程がありまた思慮のある慰みを人生においてものすることとなりましょう。

その道筋でもってさあそこでこの今にもまた我々は手綱を譲った上で、その後では同じことどもについて引き続く尤もらしいことどもを通って行くのです、この道筋で。

　火と混じり合っている水は、微細でそして液状のものとしての限りは、それは動とそれがそれを大地の上でころがりつつ液状のものと語られるところの道行きとの故ですが、そしてあらためて諸々の底面が土のそれらよりもより劣ってしっかりした様でありながら譲歩する
E ことでもって軟らかいものである限りのものは、そのものは火からまた空気から切り離され単独にさせられる場合には、一方、より均等になり、他方、諸々の出て行くものどもによりそれ自身の中へと圧縮されてしまってそのようにして凝固をした上で、一方、大地の上方で取り分けそれらのことどもを受動した上はそれは雹と、他方、地上でそうしたものは氷だと、他方、より弱くそうしてそして半分凝固したあり方でなおあっては、一方、大地の上方でのものはあらためて雪だと、他方、地上で露から一緒に凝固して生じたものは霜だと語られるのです。

　他方、さあそこで、諸々の水の最多の諸々の形は相互に対して混ざってあって——一方、
60 すべてとしては類ですが、大地からの諸々の植物を通して濾過されてありながら、諸々の汁《キュモイ》(ジュース)として語られてあるものであり——他方、諸々の混合の故に非類似性をそれらの各々の汁は持った上で、一方、その他の多くのものどもは無名の種族として提供しましたが、他方、火の中にある諸々の形である限りの四つのものどもは際だって見えるものとして

取り分けて生じたものだから、それらの名前を掴むに到っています。すなわち、一方、身体とともに魂に対してもそれを熱するる働きをするものは「酒」、他方、滑らかで視覚に対しては突き刺す性質で、それらの故にまた見るに輝かしく煌めいておりそして油で光って現われるものは「油」の形（エライエーロン）ですがそれは瀝青にひまし油にオリーヴ（エライオン）そのものにそして同じ能力のその他のものどもである限りです。他方、口をめぐった諸々の収縮の自然本性に到るまで溶かすことの出来る限りのもの、その能力により甘さを提供するものは、「蜜」をすべてのものどもについての取り分けての述べ言葉として持ったのであり、他方、肉に対しては焼くことでもって分解的なもの、泡立つ種族はすべての汁どもから切り離されて「オポス」（酸味のある汁）[156]と名づけられました。

B

二五

他方、土の諸々の形では、一方、水を通して濾過されたものはこうした仕方でもって石のような身体になります。すまわち、混ざっている水が混合において叩かれた場合には、空気の姿へと変化を致しました。だがしかし、それは空気になった上で自らの領域へ駆け上がります。しかし空虚としてはそれらには何一つ上にありはしませんでした。さればそれは近くの空気を押しました。他方、それは重いものだから、押された上で土の塊に対して注がれて強くそれを圧搾しました一緒に押しました、諸々の座のそこから新しい空気が上昇して行った

C

ところへと。他方、空気によって一緒に押されながらに水でもっては溶かされぬ仕方で土が構成されるのです、岩だとして。より美しく、一方、諸々の等しく均質な諸部分に所属するそれは透き通り、他方、より醜く反対のそれはそうあるのです。

D
他方、火の速さによって湿ったものすべてを奪い取られて彼のものよりも脆いものとして成り立ったものはそれに対して我々が陶土と名前を与える(157)に至ったそのものとして、生ずるに到りました。他方、実にあるわけです、湿気が残された場合に土が火によって溶けたものとなってそれが冷やされる場合には、黒い色彩を持った石が生ずるのです。

他方、あらためて二つのものが同じそれらのことどもに即しては、一方、混合からは水の多くから単独にさせられたが、他方、土のより微細な諸部分からなりそして塩気があり半分
E
凝固したものとなり再び水によって解かれるのですが、一方、油と土とに対し浄化的なものは窒素の種族であり、他方、諸々の共同が口の感覚をめぐってある時においてよく調和してあるものは、諸々の塩に属した、法の語りに即して〝神の好む〟物体になったのでした。

他方、両方（土と水）からする共通のものどもの、一方、水でもっては解かれないのだが、他方、火によっては解かれるものは、次のようなことの故にそうして凝固をしているのです。すなわち、土の諸々の塊を、一方、火とまた空気は溶かしません。何故なら、それら（火と空気）は土の組織の諸々の隙間よりもより小さな部分のもので本来育ってあり、多大の広い空間を通って進みながら力尽くをせずにあって、解かれぬものとして土を許した上で溶ける

61

育ってあるから、強制されたものに通路をなしながらそれを解いて溶かすのです。何故なら、一方、土を、それが無理強いで組織されてはいなければ、そのようにしてただ水だけが解くのですから。他方、ともに組織されてあっては火を除いては何一つも解きはしないのです。何故なら、入り口は火に対してを除いては何一つのものに対しても残されてあらぬからです。他方、水の収縮の、一方、最も強いられたものはただ火のみが、他方、より弱い収縮は両方のもの、火とかつまた空気とが溶解するのです。一方、空気は諸々の隙間に沿って、他方、火の方はまた諸々の三角形に沿っても。だがしかし、力づくでもって空気が成り立っているのを何ものも構成要素に即してを除いては解きはしませんが、他方、力づくではないものはただ火だけが溶かすのです。

B

さあそこで土とかつまた水からして混合された諸々の身体のことどもは、水がそのものの土の諸々の隙間とまた力づくにより圧縮されたものどもとを占有する限りは、一方、水の外から向って来るものどもは入り口を持たぬ諸々の部分として回りを流れながら、全体の塊を溶けぬものとして許したのであり、他方、火の諸部分は諸々の水の諸々の隙間へと侵入して行きつつ、まさにそれをこそ水が土に対して成し遂げる当のそのことを火として成し遂げて行き、それらは溶かされる共同の身体にとって流れることの唯一の原因として帰結しているのです。他方、たまたまそれらはそのあり方をあり、一方、或るものどもは土においてより

C も水においてより少なくを持っており、それは水晶の種族でありそしてまた諸々の石の中で溶解的な種類と呼ばれている限りの一切ですが、だがしかし、或るものどもはより多くを水においてあらためて持っており、それらは蝋の種類や薫香的な諸々の物体として凝固をしている限りのすべてのものどもです。

二六

そして先ずはさあそこで、諸々の形態と諸々の共同にかつまた相互への諸々の変化などでもってした諸々の多様な種類は[158]、今は示されています。だがしかし、それらの諸々の受動を[159]どんな諸々の原因の故に生じてあるのかと、明白にすることを試みなくてはなりません。

第一に、先ずはされば語られることどもにとっては感覚が常に基礎を占めてあらねばな
D りませんが、他方、肉や肉をめぐったものどもにまた死すべきものである限りの魂の生成は、未だ我々は詳述するには到ってはおりません。けれども、これらのものどもが感覚的である限りの諸々の受動をめぐったことどもから独立に十分に語られることも、後者のことどもが前者なしにそうされることも不可能であるというわけですが、他方、同時にとは殆ど出来ることではありません。さあそこで前提をしなくてはなりません、より先に一方のことどもを。他方、前提されたことどもへあらためて我々は立ち戻ることに致します。されば引き続き諸々の受動が諸々の生成にとって語られんがために、あるのだとして下さい、より先のものだと

して我々にとっては身体と魂をめぐってあることどもが[160]。
　第一に先ずは[161]さればどの道筋でもって火を熱いものだと我々が語るのか、我々は見ること
E としましょう、かくの如くに狙い見ながら。すなわち、それの分離と切断との我々の身体を
めぐって生じてあるのを心の中に見た上でということです。何故なら、一方、何か鋭くその
受けることがあるということは、すべての人々が感覚するのですから。
　諸々の稜の薄さ、諸々の角の鋭さ、また諸々の部分の小ささ、そして運動の速さ、それら
すべてでもって火は激しくまた鋭い仕方で鋭利でありつつ出会うものをその都度に切断する
62 わけですが、我々は思量をせねばなりません、形態そのものの生成を想起しつつ取り分けて
彼の自然本性こそが、他のそれがではなく、我々の諸々の身体を切り分けつつ、また細かく
細かく切り刻んで行き、この今に我々が熱いと語っているその受動とその名前とを尤もにも
提供したのだということを。
　他方、それらに対して反対のことは、一方、明白ではありますが、他方、それでも何一つ
議論から欠けるものではあらしめますまい。何故なら、さあそこで身体をめぐる液状のもの
どもの中の諸々の大きい部分たるものどもが侵入して来ながらより小さな諸々の部分を押し
B 出しはするものの前者の諸々の座へとは入り込むことが出来ないでいると、我々の湿り気を
圧縮して行って、そして不均等で動くものから均等と圧縮との故に不動のものを作り出して
凝固させるのです。しかし、自然本性に反して一緒にさせられたものは戦います、自然本性

に即して自らが自らを反対へと突き放しながら。さあそこでその戦いと振動のそれに対して
は震えと寒さとが置かれましたし、また〝冷たいもの〟として受けたことのすべてのことと
そのことを遣っているものは名前を持ったのです。
　他方、硬いものとしては我々の肉がそれらに対し譲る限りのものどもが、他方、軟らかい
ものとしては肉に対してそうする限りのものどもがあるのです。またそれら相互に対しても
C そのようにあります。他方、譲ります、小さなものの上で立つ限りのものは。だがしかし
諸々の四角形の底面からしたものは非常に居座ってあるから最も抵抗力ある形であり、また
何でもあれ最多の緻密さの中へと凝集していて最も多く抗うものがそうなのです。
　他方、重いものと軽いものとしては下方のものと上方のものとの自然本性として語られて
いるものとともに吟味されつつ明らかにされることでしょう、最も明確に。何故なら、自然
本性において、さあそこで、何らかの領域が二つあるようにと二つに万有を反対のものだと
して二分してしまって、すなわち、一方は下方のそれであり、それへと向って身体の何かの
嵩を持つ限りのすべてのものどもが運ばれて行くところであり、他方は上方であって、それ
へと向ってでは不本意な仕方で万有は進んで行くところだとこう見なすことは、どの道筋で
D もっても全うではありません。何故なら、全天空は球形でありますから、一方、等しく中心
から隔たり諸々の端となった限りのものどもは同様にそれら自身本来端だとして生い育って
あるべきであり、他方、中心は同じ諸々の尺度を諸々の端から隔たってあり、すべての端の

63

真向かいにあると見なさねばならぬからです。さあそこで宇宙がその道筋でもって本来生い育ってあるのであれば、語られているものどもの中の何を上だとして或いは下だとして置きながら、人は正当にも思われないであることでしょうか、何一つも相応しい名前を語ってはいないのだと。何故なら、一方、それの中で中心の領域は、下方だとも上方だとも本来的な仕方で語られるのは正しくはないのであって、否、それは中心においてこそ語られるのですから。他方、周辺の領域は、さあそこで中心でもなくまたそれ自身の相違した部分を持ってあるのでもありません、一が他よりも一層中心に向って或いは真向かいのものどもの何かに向って。

だがしかし、同じように到るところで生い育っているもののだとしてはどのような名前をそのものに対して反対のものどもとして人はもたらしながら、またどのような道筋でもってそうして、見事に語っているのだと考え得ることでしょうか。何故なら、もしもまた何かの固体が万有の中心に即して均衡あるものとしてあるとすれば、諸々の端の中の何ものの中へともそれは何時かしら運び込まれることはないでしょう、到るところでのそれらの類似性の故に。否、もしもそのものをめぐってもまた人が円の中で歩みを進めるとすれば、しばしば対蹠点に立ち止まってそれの同じものを下とまた上と呼ぶことでしょう。何故なら、一方、全体は、ちょうど今し方に言われたように球形としてあっては、領域の或るものは下、他方、或るものを上だと語ることは、思慮を持つ者のこととしては出来ないのです。何処からして、

他方、それらのことどもが名づけられそしてそれらがどんなものどもの中にあって、我々が
B それらの故に天空の全体をもまたそのように区分しつつ語るように習慣づけられてあるのか、
これらのことどもを次のことどもを前提として我々は同意し尽さねばなりません――。

もしも人が万有の領域の、火の自然本性がそれに即してこそ取り分けて持ち分に得ている
それの中で、そこでは最も多くまた火どもが集積されてしまってあり、それへと向って火は
運ばれるのですが、そのものへ向って立った上でまたそのことへとかけて能力を持ちながら
C 火の諸部分を取り離しながら諸々の天秤の中へと置きつつ量るとすると、そしてその際、棹《さお》を
持ち上げながらそして火を相似ることのない空気の中へと引っ張りつつ強制を加えるなら、
明らかです、小さなものの方が何処かしら大きなものよりも、より容易く強いられるのだと
いうように。何故なら、一つの力でもって同時に二つのものが中空に引き上げられる時には、
一方、より小さなものはより一層、他方、より大きいものはより少なく必然なのですから、
何処かしら緊張させられながら強制に同調をすることが。そして多いものは先ず重いものと
また下へと運ばれるものであると呼ばれ、他方の小さなものは軽く上方へとそうするものと
呼ばれるのです。さあそこで同じそのことをこの領域をめぐって我々が遣っているところを
見つけ出さねばなりません。何故なら、大地の上に我々は立ってありつつ土の諸々の種族を、
D また時としては土そのものを区別しつつ相似ぬ空気の中へ強いて自然本性に反してさえ引き
ずっているのであり、その際、同族のものの両方がしがみつくのですが、だがしかし、より

小さなものがより大きなものよりは容易く強制する我々に対して相似ぬものの中へより先にともに従うのです。されば軽いものとしてそのものを我々は呼び名することに到っているのであり、そしてその中へと我々が強いている領域を上方とそうして、他方、それらに対して反対の情態を重いものであり下方なのだと呼び名しているのです。

それらのものどもは、さればさあそこで異なったあり方で自らが自らに向ってあることが必然であるのです、諸々の種族の多数のものどもが反対の領域を、別々のものどもが別々のものどもに対して占有してあることの故に――何故なら、異なった領域にあって軽くてあるものは反対の領域に即して軽いものと、また重いものには重いものがまた下のものには下のものがまた上のものが上のものに、あらゆるものどもが反対でまた斜めのあり方のものどもとしてまたあらゆる仕方で相互に向って異なって生じそしてあって見出されることでしょうから――。

E

このことをとにかく、とは言うものの、一つの何かとしてそれらのすべてについて思考をしなくてはなりません。すなわち、一方、同族のものに向っての道行きは各々のものどもにとってありつつ、一方、重いものに運ばれるものをなし、他方、その中へとそうしたものが運ばれる領域を下方となし、他方、それらに対し異なる仕方で異なったあり方のものどもを別のものどもとするのです。さあそこで、それらの受動についてはあらためてそれらのことどもが原因だとして言われるに到ったのだとして下さい。

64 他方、あらためて滑らかでまた荒い情態の原因を、万人が何処かしら看取しまた別の人に対して語ることが出来ることでしょう。何故なら、後者は硬さは不均等と混ぜ合わされてであり、他方、前者は均等性か緻密さにそうして提供されるのです。

二七

他方、最大でまた残されたものとして身体全体をめぐる諸々の共通の受動に属して諸々の快楽と諸々の苦痛との原因がありそれは我々がすでに詳述してしまっていることどもの中にありますが、またどの限りが身体の諸々の部分を通して諸々の感覚を、それら自身における諸々の苦痛とまた快楽とを同時に伴うものとして獲得してしまっていて、持っているかです[162]。
B されればこのようにしてすべての感覚されるまた感覚されぬ受動について諸々の原因を我々は把握することとしましょう、その際、よく動くものと動きにくいものとの自然本性のことを何だと我々が先の議論で区別したか思い出しつつ。何故なら、その道筋でもってさあそこで我々が捉えんことを意図する限りのすべてのことどもは、追跡をしなくてはならぬからです。何故なら、一方、自然本性に即してよく動くものは僅かな情態であってさえもそのものへと落ちかかって来る場合には、円をなす仕方で異なった諸部分が異なったそれらに同じことを成就しながら、遂には思慮あるものの方へと進んで行っては作用をしたものの力を報告する
C のですから。他方、反対のものは安定してあってそして如何なる円に即しても進み行かずに

ただ受動をするだけで、他方、近くにある諸々の中の別のものを動かさず、そこでまた一つの諸々の部分が他の諸々の部分に対して伝達することをせずにいるものだから最初の情態はそれら諸部分の中で不動のものとしてすべての生き物にかけてはなった上で、感覚されないものとして情態を提供したのです。それらのことどもは、だがしかし、諸々の骨にかつまた毛髪をめぐってあり、またその他の諸々の最も多く土的なものとして最も多く我々が我々の中で部分として持っている限りのものどもをめぐってであるのです。他方、先のことどもは視覚と聴覚とのことどもをめぐって取り分けてあるのであり、火とまた空気の能力がそれらにおいて最大のものとし内在することの故にそうなのです。

D

さあそこで快楽と苦痛のことはこのように思考をしなくてはなりません。一方、自然本性に反しかつ強制的なものとして生じ一気に我々の許で情態たるは苦しいものであり、他方、自然本性へもう一度一気に立ち返って行くものは快く、他方、穏やかにかつ僅かずつのものは感覚され得ないが、しかし、反対にあるものはそれらに反対の仕方であるのです。然るに、容易さとともに生じて来るものはすべてが、一方、最高度に感覚されるものですが、他方、苦痛と快楽とに与るものではありません。例えば、視覚そのものをめぐる諸々の受動がそうですが、視覚はさあそこで身体として先のことどもにおいては昼間には我々に対してともに生い育つものとなるのだと言われたのでした。何故なら、そのものには、一方、諸々の切断も焼くことどももまたそれがその他に受ける限りのことどもも諸々の苦痛を植え込みなどは

E しないし、更には諸々の快楽をも然りなのです、もう一度それが同じ形へと立ち返る時に。
けれども、諸々の最大でかつ最も明確な感覚があるのです、それが何に即して受動しようと
そしてまたどれだけのものどもに自らとして何かの道筋でもって衝突をしながら触れるので
はあれ。何故なら、強制は、全然、それの拡張にも収縮にもその内にはないのですから。

　然るに、より大なる諸部分からなる諸々の身体はなすものに対して辛うじて譲るが、他方、
65 全体へ諸々の動を伝達して行きつつ諸々の快楽と苦痛とを持つのですが、その際、それらが
別ものにさせられつつ、一方、諸々の苦痛を、他方、同一のものへと引き据えられて行って
もう一度諸々の快楽をというわけです。他方、僅かずつそれら自身からの諸々の放出と諸々
の空虚化とを掴むが、他方、諸々の充足は一気のものとしてまた大量に大量にと掴む限りの
ものどもは、一方、空虚化は感覚され得ないものであるが、他方、充足の方は感覚され得る
ものとなり、一方、諸々の苦痛は魂の死すべきものに対しては提供することはせず、他方、
最大の快楽を提供するのです。しかし、そのことは実にはっきりとしてあるのです、諸々の
B よき匂いをめぐって。けれども、一方、一気に疎外をされるが、他方、僅かずつかつやっと
のことでそれら自身へと同一のものへ再び引き据えられる限りのものどもは、先のことども
に対しての反対を返し与えるのです。それらのことは、他方、あらためて身体の諸々の火傷
や切り傷をめぐって生じて来ながら明白です。

二八

そして先ずさあそこで身体すべての共通の諸々の受動は、また諸々の呼び名のどれだけのものどもがそれらのことどもをなすものどもにとり生じているかは、殆ど語られるに至っています。けれども、我々の諸々の特有の諸部分の中で生ずることどもと、また諸々の情態と、あらためてなすものどもの諸々の原因とを、語るように試みなくてはなりません、もし何かの道筋で我々が可能ならば。

C 第一には、されば諸々の汁について語りつつ先のことどもにおいて我々が後に残した限りのことどもを、それらは舌をめぐる特有の諸々の受動であったわけですが、明白にしなくてはなりません、それが可能な仕方でもって。然るに、それらもまた現われます、ちょうど、されば多くのものどももまたそうあるように、或る種の諸々の収縮とかつまた拡散とを通して生ずるのだと。他方、それらに加えて他のことどもよりは何かもっと諸々の荒さと諸々の滑らかさとに交わってしまっているのであると。何故なら、一方、諸々の小管をめぐって、

D すなわち、それらはまさに例えば舌の試験器官といったものとして心臓へと向けて張られてあるのですが、入って来ながら、肉の湿って軟らかなものどもの中へ落ちかかって来て土の性質の諸部分を溶かして行って諸々の小管を収縮させ乾燥させる限りのものどもは、一方、より荒くあっては収斂性であり、他方、より少なく荒くあるものどもは苦く現われるのです。他方、それらの小管どもに対して洗浄的であり舌をめぐったすべてを洗い流すものどもが、

一方、適度を越えてそのことをなしながらまた加えて攻撃をして行き、そこでまた自然本性
E そのものの一部を溶かすほどでもあるなら、それは例えば諸々の窒素の能力がそうですが、
刺激的なものどもとしてすべてはそのようにして名づけられるに到りました。他方、窒素的
な持ち前よりもより欠けてあるものどもでまた適度へ向けて洗浄することを用いるものども
は、粗い刺激性なしに塩辛くてまた一層我々にとっては好ましく現われるのです。
　他方、口の熱と共同した上でそしてそれらによって磨かれたものどもは一緒に燃え上がり、
66 また逆に自らがその暖め通したものを焼き返しかつ軽さによって上方へ頭の諸感覚に向って
運ばれ、またそれらがそれらにぶつかるすべてのものどもを切って行くのですが、それらの
能力の故に辛いものとしてすべてのそうしたものどもは語られました。
　他方、あらためて、一方、腐敗により微細にされ、他方、狭い諸々の血管へと染み込んで
行くものどものそれは、そこに内在している土の形の諸部分とまた空気のである限りのそれ
らと一緒の尺度を持っていて、そこでまた相互の回りで動かした上で掻き立てられることを
なし、他方、掻き立てられたものどもは回りに落ちかかり、そしてまた諸々の異なった染み
込まれるものどもの中へと異なった虚ろなものどもを作り上げるのです、侵入して来るもの
B どもに対して張りめぐらされつつ。それらは、さあそこで、空気の回りで虚ろの水分が張り
めぐらせられる時、それは或る時は土にまみれてあって或る時には清らかでもまたあります
が、空気の湿った諸々の容器、虚ろで球形の水となるのです。そして、一方、或るものども

は純粋な水分のだとして透明で名前を泡と呼ばれるものを[164]回りに置くのでありますが、他方、土にまみれてあってまた一緒に動きそして持ち上げられる水分のものに属するものどもは、沸騰とそしてまた発酵を呼び名として語られました——だがしかし、それらの受動の原因は鋭いものと[165]呼びかけられました。

C

他方、それらをめぐり言われたことどものすべてにとって情態として反対のものは、反対の動機からです。侵入して来るものどもの諸々の水気のものどもにおいての組織が舌の持ち前に対し身内的なものとして生い育ってあり、一方、荒くされているものどもは上に塗って滑らかにし、他方、自然本性に反し収縮しているものども或いは弛緩してしまつてあるものどもを或るものどもは先ずは引き締め或るものは、他方、弛め、かつすべてを出来る限りに自然本性に即して落ち着かせるその時には、心地よくまた好ましいものとして万人にとってすべてそうしたものは諸々の強いられた受動に対して癒やすものどもとなりながら、甘いものと呼ばれるに到っています[166]。

二九

D

そして先ず或ることどもの方は、その道筋でそれらとしてあります。しかし、さあそこで諸々の鼻孔の能力をめぐっては、一方諸々の形はその内にはありません。何故なら、諸々の匂いの一切は中間的であり、他方、形の何一つに対しても[167]何らかの匂いを持つことに向って

一緒の尺度が伴ってはいないからです。否、我々のそれらをめぐる諸々の管は、一方、土と
また水の種族に向ってはより狭いものとして成り立ち、他方、火と空気に向ってはより広く
そうであり、それ故それらのものどもの何一つのものの何か或る匂いをも誰一人これまでに
感覚したことはなく、否、或いは濡れ或いは腐敗したり或いは溶解したり或いは燃やされて
E 何ものどもかがある時にそれらが生ずるのです。何故なら、水が空気へとまた空気が水へと
変化する時にそれらの中間でそれらは生ずるのでありまた諸々の匂いのすべては煙か或いは
霧であって、他方、それらの中で、一方、空気から水へと進むものは霧であり、他方、自ら
空気へと進むものは煙なのです。そこからして、一方、水よりは微細で、他方、より濃密に
空気よりはあるものとして、諸々の匂いの一切はあるのです。けれども、それらは明らかに
させられます、何かが呼吸をめぐり塞ぐものとして置かれた場合、人が力づくで呼気を自分
自身の方へと導く時には。何故なら、その時には、一方、匂いの何一つもともに濾過されて
出て来ることはなく、他方、息の諸々の匂いから一人にさせられたもの、ただそれだけが、
続いて来るのですから。

67 されば二つのそれらは無名なのでありそれらのものどもの多様になったものどもですが、
それらは多くの形どもからも更には単一の形からもあるものではないのでして、いやしかし、
二つの道筋により心地よいものとまた苦痛なものが、そこではただ二つとしてだけで目立つ
あり方をして語られています。一方は荒いものでかつまた腔の一切、我々にって頭と臍との

中間に横たわっている限りのものを強制するものですが、他方は同じそのものを和らげては再びそれが本来生い育ってある仕方に悦ばしくも返し与えるものなのです。

B　他方、我々の中での第三の感覚的な部分として聴覚をめぐるそれを考察する人々にとっては、どんな諸々の原因の故に[168]そのものをめぐる諸々の受動は伴って来るのかを語らねばなりません。

C　総じて、先ずはされば音声を我々は置くことと致しましょう「両耳を通して空気によってする脳と血液の魂まで受け渡されて行く打撃」だと。他方「その打撃によっての動が、一方、頭から始まりながら、他方、肝臓の座の辺りで終わるもの」が聴覚だと。然るに、その動の速い限りは鋭く、他方、より遅い限りはより低い。他方、相似た動は均質にしてそしてまた滑らかであり、その反対の動は荒い。他方、大きい動は多大のそれであり、他方、反対の動は小なるそれであるのだとこう。しかし、それらの協和音についてのことどもは後に語られようとしていることどもの中で[169]語られることが、必然なのです。

三〇

第四の、さあそこでなおの残されている種族で我々にとって感覚可能なもの、それを人は自らの中に多大の諸々の多様を所有しているものとして区別をしなくてはならぬのですが、[170]それら多様なものどもを一切合財、一方、我々は諸々の色彩だと呼んだのですが、すなわち、それらは諸々の身体の各々の焔として流れ行くものであり、視覚に対して尺度を一緒にした諸々の部分を感覚に向って持っているものです。他方、視覚のことでは先の諸々のことども D においてその生成の諸々の原因についてはそれ自身のこと自身は言われました[171]。さればこの道筋でもってこそ諸々の色彩については取り分け尤もらしくまた相応しくあることでしょう、良好な議論でもって詳述して行くようにと。すなわち――

他の諸々のものどもから運ばれて来る諸々の部分でそして視覚へと落ち込むものどもは、一方、或るものどもはより小さく、他方、或るものどもはより大きく、他方、等しく、視覚そのものの諸部分に対してあります。されば先ずは等しいものどもは感覚されずにあるものであってそれらをさあそこで我々はまた透明なものどもと語るのであり、他方、より大きいものとより小さなものどもは、一方のものどもは視覚を収縮させるものであり、他方は拡張させるのであって、肉をめぐった熱いものどもと冷たいものどもと、舌をめぐった収斂性の E あるものどもと、そして熱くする働きがあり苦いものどもと我々の呼んだ限りのものどもと兄弟のものどもであり[172]、また白いものどもと黒いものどもとは、彼のものどもの諸々の受動として生じてありながら、他の種族の中で同じものどもであるのだけれども、他方、現れるのです、別のものどもとしてそれら原因の故に。さればそのようにそれらに向って言わなくてはなりません。すなわち、視覚に対し拡張的なものは、一方、白く、反対のものは、他方、黒いのだと。

68

けれども、より鋭い運動の、火の種族の異なるものの所属のものがぶつかって来て視覚を拡張させつつ両眼まで到り、また両眼の諸々の通路そのものを力ずくで押し広げまた溶かして行くと、一方、火と水を一緒に、それを涙だと我々は呼んでいるのですが、そこから流し出し、他方、自らは火としてありつつ反対からの運動に出会うのであり、そして一方は火として例えば稲光といったものとして飛び出し、他方は侵入しつつまた湿ったものの辺りで消え去る時にはその攪拌の中で多種多様な色彩が生じるのであり、一方、諸々の煌めきだとその情態を我々は呼んだのであり、他方、それを作り上げるものを輝きかつまた光ったものと呼び名したのでした。

B

他方、あらためてそれらの中間には火の種族があって、一方、両眼の湿り気のあるものに向って到着しましたそのものと混ざるのですが、他方、光るものではありません。他方、水分を通しての光で混ぜられた火の血の色を帯びた色彩を提供するものに対しては、名前を赤いものとして我々は語るのです。

そして輝くものが赤と白とに混ぜられては、黄金色のものが生じます。だがしかし、どれだけの尺度がどれだけのものどもにであるかということは、もし人が知っていたとしても、知性をもっていることでさえありません、それを語ることは。それらのことどもの何らかの必然をも尤もらしい語りをも程々の仕方であってさえも、人は語ることは可能ではないことでしょう。

C

他方、さあそこで赤が黒と白に混ぜられては深紅色です。他方、暗い色はそれら混ぜられまた焼かれたものどもに、一層黒がともに混ぜられた時です。他方、火の色は黄色と灰色との混合でもって生じ、他方、灰色は白と黒とのであり、他方、淡い黄色は白の黄金色に混ぜられたものに属します。他方、輝くものに白が一緒になった上で深い黒へと落ち込んだ上では濃い藍色を完成させ、他方、濃い藍色の白に混ぜられたもののだとして青みがかった緑色が、他方、火色が黒と混ざっては薄緑が生ずるのです。

D

他方、他のことどもはそれらのことどもから殆ど明らかです、どんな諸々の混合にそれらが準えられながら尤もらしい物語りを救うこととなるのかは。だがしかし、もし人がそれらの事実において目標を狙い見ながら検証を取るとすれば、彼は人間的なまた神的な自然本性の隔たりに関して無知なあり方であってしまうこととなることでしょう。それは神は、一方、多くのことどもを一へと混合しそして再び一から多数のものどもへと解くことを十分に知識しており同時にまたそれが可能なのですが、人間たちの誰一人も、他方、それらのことどものどちらに関しても十分な者としてこの今に現にあり得ていないし、またあらためて何時かあることもないだろうということです(173)。

E

それらすべてのものどものその道筋で必然からして生い育ってあるものを、さあそこで彼の時に、最美にしてそしてまた最善なるものの工作者が諸々の生じ来るものどもにおいて、受け取ったのでした、すなわち、自足しかつまた最も完全な神を彼が生むに到った時です。

69

その際、彼は、一方、それらをめぐった諸々の原因の補助的なものどもを用いつつ、他方、よくよくすべての生じ来たるものどもにおいて工作して行かれたのです、自らは。それ故に、さあそこで、原因の二つの種類を区別すべきなのです、一方は必然的なもの、他方は神的なものだとこう[174]。そして、一方、神的なものはこれを一切のことどもにおいて幸福な生の獲得のために我々の自然本性が受け入れる限りに探求すべきであり、他方、必然的なものは彼のものどもためのために。すなわち、その際それらなしにはそれらに立って我々が真剣になっているまさに彼の必然的なものどもを単独の形で知性の対象とすることも、更にはあらためて把捉することも、更には他の何らかの仕方で与ることも出来ないものなのだというように推理をしながらです。

B

三一

さればさあここで、これらの今には大工たちにとってそうあるといったようなものとして我々にとって素材が諸々の原因の諸々の種族として渡されて傍らに置かれてあり、またそれらから残りの議論を我々はともに織り上げなくてはならぬ時に、もう一度出発点へと我々は手短に立ち戻って見てそうして素早く同じところへと進むこととしよう[175]、そこからこそ我々がここまで到着したそこへとです。そして今や結末と眼目とを物語りのために試みましょう、前のことどもにとって調和するものとして冠することを。

何故なら、されば諸々の最初に即してちょうど語られたように、それらの配列なき仕方で
持してあるものどもを神は各々のもの自身の中にまた各々自身に向ってそしてそれらの相互
に向って諸々の均斉を植えつけましたが、それはそれらの程にかつその道筋でもってそれら
が比率ありかつ均斉あるものであることが可能であった仕方でした。何故なら、その時には
偶然でもってでない限りにはそれらのことどもには何かのものが与ることはなく、また全く
もって名づけるべくもこの今に名づけられてあるものどもの中の何一つも言及するに価いし
C なかったのですから。例えば、火に水にまたそのようなものどもの中の何かがあるとすれば
それがですが。しかしながら、すべてそれらを初めて神は秩序づけられ、次いでそれらから
万有のこれなるものを構成なさいました。すなわち、生き物として一つであり、生き物たち
としてすべてのものどもを自らの中に死すべきものまた不死のものとして持ってあるものを
です[176]。そして、一方、神的なものどものとしては自らが工作者になられましたが、他方、死
すべきものどもの出生は御自身がお産みなされたものどもに対して工作することを課された
のでした[177]。然るに、彼らは真似をしながら魂の不死の始源を受け取ってはその後で死すべき
身体をそれに対して轆轤仕事をし、また乗り物として全身体を与え[178]、そしてそれの中に魂の
別の形相を死すべきものとして、加えて組み立てて行きました。すなわち、それは恐ろしく
D 不可避的なものどもとてそれ自身の中に諸々の情態を持っているものであり、まず第一には
快楽、悪しきことの最大の餌を、次いで諸々の苦痛、諸々の善からの逃亡たるものどもを、

なお、他方、あらためて大胆に恐れ、二つの思慮を欠く忠告者ども、他方、憤りという宥め難いもの、他方、希望という容易く惑わされるものなどです。他方、感覚なる非合理なものとすべてに対し手を出すものであるエロースに対しては、それらを彼らは混ぜ合わせた上で、逃れようもない仕方で死すべき種族を組織したのでした。

E　そしてそれらのことどもの故に、さあそこで、神々しいものを汚すことを恐れ畏みながら、それは万やむを得ざる場合を除きましたが、神的なものから切り離して身体の別の住いへと、その死すべきものを彼らは住まわせるのです[179]。隘路で境界たるものを頭とそしてまた胸とのだとして仕切り壁に据えた上でです。その際、彼らは首を中間に置いたのでした、それらが切り離されてあるようにとです。さあそこでそれら胸と所謂胴の中には魂の死すべき種族を彼らは縛り込もうと致しました。またその魂の、一方、或るものはより優れたものと、他方、
70 あるものはより劣ったものとなって行ってあるのであるから、彼らは胴の腔所をあらためて仕切りを入れて行きます。すなわち、彼らは区別をして行きました、例えば婦人たちの住いを男たちのそれから切り離してというように横隔膜などを隔壁として[180]それらの中間において行ってです。されば魂に属する勇気と気概とに与るものはこれを、勝利を愛するものとしてあるものだから、頭に対してより近く、横隔膜とそしてまた首との中間に彼らは住まわしめました。それはそれが語られる言葉に聴従して彼のものとともに共同し力づくで諸々の欲望の種族を抑制せんがためなのです。それはアクロポリスからしての課しつけとかつまた言葉

とに、どの道筋でもってもそれが進んで従う気にならぬ時にはということです。
B 他方、さあそこで心臓という諸々の血管の結節ですべての四肢に沿って強く運ばれている
血液の泉であるものを番兵の住いへ彼らは引き据えました。それは気概の激烈が沸き立って
ある時、すなわち理性の語りが通告して或る不正な行為がそれらをめぐって外部から或いは
何かがまた内部の諸々の欲望からさえも生じているぞと言ったその上でということですが、
鋭くもすべての狭い血管を通してすべての身体にあって感覚的な限りのものが諸々の通告と
かつまた威嚇とを感知しつつ聴従的な者となりまたあらゆる筋道でもって着き従い、そして
最善なるものがそのようにしてそれらすべてのものどもの中で指導することを許すためなの
です。
C 他方、さあそこで心臓の鼓動の諸々の恐怖の予期や気概の覚醒やに際してのそれに対して
は、彼らは予め認識して、それは火を通してこそそうしたすべての膨らみが気概に駆られる
人々のこととしてまさに生じようとするものなのだとしましたのでそれに対し援助を工夫し、
肺の姿を植え込みました。それは先ず第一に軟らかくまた血液を欠いており次いでは諸々の
気孔を内部に持っておりましたがそれはさながらに海綿のだというように穿《うが》たれてあるもの
D でした。それも呼気や飲物をそれが受け入れつつ冷却をして、あらたな休息と寛ぎとを灼熱
の中に提供せんがためでした。それ故に、さあそこで彼らは気管の諸々の導管を肺へ向けて
切り、そして心臓回りにそのものを廻らせて置いたのでした、さながらに詰めものといった

ように。それは気概がその中で最高潮に達してある時に心臓が譲るものの中へと弾んで行きそして冷却されながら、より少ない苦労にして、理性の言葉に対して一層気概とともに服従することが叶うようにということです。(181)

E 三二

他方、さあそこで、諸々の食物にかつまた飲物を、そして身体の自然本性の故に魂が必要を持つ限りのものどもを欲求する魂(182)に属する部分、このものを横隔膜と臍に向っての境界との中間へと彼らは住まわせました。そしてそれは例えば秣桶といったものを、その所一杯に、身体の養いのために組み立てた上での如く。そして彼らは繋ぎ留めたのでした、さあそこでそのようなものをその所に、ちょうど野生の獣のようにと、しかし、養うべくくっけられてありつつ必然的なものとして。それは苟も何かが何時か死すべき種族であろうとしてあるのならということです。されば常にそれが秣桶のところで草を食んでいながら、そして出来るだけ遠く熟慮する部分から離れてありながら、騒乱や叫喚やを出来るだけ最少に差し出して

71 あって、優勢な部分が静粛に即して万事にとって共通にまた私的に利益となるものについて熟慮することを許すために、それらのことどもの故にその所にそのものに配置を彼らは与えたのでした。

だがしかし、彼らはそのものが、一方、言葉においてまさしく理解をしようとするところ

などはなく、そしてどの道筋でもってしてかはそれらの中の何かの感覚を分取しながらそうするとしてもそのものにとっては何らかの言葉など構いつけることは植えつけられたこととはならないだろうと、他方、諸々の幻像や幻によっては夜にそしてまた昼につけ取り分けて誑かされることだろうと知った上で、そのことでもって、そのものに対して企んで肝臓の姿を組織しまた彼のものの住処へと置きました(183)。さあそこで神はそのものに対して B があり甘くかつ苦いものを提供するものとして工夫をしたのですが、それはそのものの中で緻密で滑らかで光沢諸々の思考の知性からして運ばれる力が、例えば鏡という諸々の型を受け入れそして看取をすべく諸々の映像を提供するものにおいてというように、一方、そのものを恐怖させるためでした。すなわち、それが苦さの部分の同族的なものを用いながら厳しいものとしてもたらされて脅迫し、すべての肝臓に沿って鋭く混ぜ入れることをしながら胆汁色をその中に現出させ、C またすべてを収縮させつつ皺がありまた荒れたものとし、他方、肝葉と諸々の受容器(胆嚢)にまた肝門(184)をその一方は全うなものから押し曲げかつ縮めつつ、他方のものどもは塞ぎかつ閉めて行って諸々の苦痛に吐き気を提供する時にはということです。

そしてあらためて諸々の反対の幻像を穏やかさの思考からしての或る息吹が像として描く D 時は、それは、一方、苦さの静粛を自らにとって反対の自然本性を掻き立てることもそれに触れることもすることを欲しないことでもって提供しつつ、他方、甘さのそのものに即してともに生い育ってあるものをそれに向って用いながら、またそのもののすべてのものどもを全うなもの・滑らかなもの・自由なものどもとして立て直して行きつつ、優しくてかつまた好日のものと肝臓の回りの魂の分け前として居住してあるものをなし、そして夜においてはそれを適度の過し方を持つものとすることでしょう、それが眠りに即し占いを用いてあるのをです、理性と思慮とにそれが与っていないのであれば。何故なら、父の言いつけを記憶してありながら我々を組織した者たちはあって、その時に彼は死すべき種族を能力にかけては出来るだけ最上に制作するようにと言いつけたのでしたが、そのようにしてさあそこで、我々の中の詰まらぬものさえ正して行かれながら、それが何がしかの道筋でもって真実に触れるようにと、そのものの中に占いする場所を彼らは引き据えたからです。

E

けれども、十分なものとして印しが、占いの術を無思慮の人間的なそれに対して神が与えているのだという意味であるのです。何故なら、誰一人として知性の中にあっては神懸かりのそして真実な予言には触れることはなく、否、睡眠に即して思慮の能力を束縛されてとか或いは病気のために、或いは或る神懸りの有様の故に異常を来していてというよりの他ではそうではないのです。否、理解をすることは、一方、思慮の中にある者のすることなのです、

72

言われたことどもを夢の中で或いは現において占いの術にかつまた神懸かり的な自然本性とによって想起をしたその上でです。また諸々の幻像として見られた限りのことどもすべてを推理でもって区別することが。どの道筋でもってまた誰に対しまさに将来しようとしている或いは過ぎ去った或いは現在してある悪或いは善の何かが印しをしているかを。他方、未だ

狂気にありかつそのことの中にある者のだとしては仕事ではありません、諸々の現われ出た
ことどもや彼自身によって声に出されたことどもを判定することは。否、よくぞまたとっく
の昔に語られているのです、自らのことどもとかつまた自らとに関して行為をし認識をする
B ことはただ一人思慮の健全な者にのみ相応しくあるのだと。そこからしてさあそこで解釈者
たちの種族をもまた神懸かりにある諸々の占いのその上に、諸々の判定者として引き据えて
置くことがしきたりなのです。この人々をまさに占い者たちなのだとしてある人々は名づけ
ているのですが、その際彼らは一切を無知となってしまっているのです、曰く、諸々の謎を
通したお告げや現われの彼らが判定者であって、そして預言者たちではなく、他方、預言を
する人々の解釈者としてこそ最も正当に名づけられようということに。
　先ずはされば肝臓の自然本性はそれらのことどもの故にそうしたものであり、そしてまた
我々の語っているその場所に本来生じてあるのですが、それは占いの術のためになのです。
そして未だ、一方、さあそこで各々が生きてある時にはそのようなものは諸々の印しの明々
C 白々たるものどもを持っていますが、他方、それが生きることから奪われてはそれは盲目と
なり、また諸々の占いをより不明確なものとして持つのです、何か明確なことを示すことに
比べては。
　他方、そのものにとって隣のものとしての内臓の組織と座とは左側にそれのために生じて
あります。すなわち、それは肝臓を常に輝いて清浄なものとして提供することのためであり、

D
例えば鏡のために用意されそして準備されてあるもので常に傍にあるナプキンといったものなのです。それ故、さあそこで諸々の或る種の汚れが身体の諸々の病いの故に肝臓の回りに生ずる場合にもまた、すべてのものどもを脾臓の緩さが清浄にしつつそれらとして受け取るのです。脾臓は虚ろでまた血液のないものとして織られてありますから。そこからして除去してそれは除去されたものどもに満たされながら大きくまた膿んで膨らみ、そして再び身体が浄められる時には小さくなって同じものへと崩れて行くのです。

三三

先ずは、されば魂についてのことどもは、それらがどれだけのものを死すべきものとして持ちどれだけのものを神的なものとして持っているか、そしてどの道筋でもってかつどんなものどもとともに、またどんなことどもの故に独立し離れて住いさせられる[185]に到ってあるか、一方、その真実が語られ得たのだとは、神が同意をなされたその時にただ時そのようにしてだけで我々は強く主張しましょうか。とにかくしかし尤もなことが我々にとって語られるに到っていることは、この今にもまたなお一層考察して行きながら主張をする危険を冒さなくてはならないし、そして主張をされてあると致しましょう。

E
他方、さあそこでこれらにとって次の順序にあることを、同じことどもに即して[186]追い掛けなくてはなりません。然るに、それは身体の残るところがどの道筋でもって生じてあるかということでした。さあそこで、このような推理からこそそれが構成されてあることはすべてのことどもの中で取り分けて相応しくあることでしょう——

我々においてあらんとする諸々の飲物と食べ物とに対する放埓を我々の種族を組織した者たちは知っていましたし、また適度と必要なものより以上の多くのものを大食の故に我々は
73 用いることだろうということもそうでした。されば諸々の病の故に急速な崩壊が生じそして未完成で種族が直ちに死すべきものとして果てることをしないように、それらのことどもを前もって見ながら余分のものなるだろう飲物と食べ物の所持のために、名づけられて下方の虚ろの容器と[187]されているものを彼らは置いて、そしてはらわたの生成をぐるりと巻きました。それは早々と養分が通過して行き早々ともう一度他の養分を必要とすることを身体が強いることをしないように、そして不満足をそれが提供をして行き大食の故に智慧に対する親しみを欠いたまたムーサの技を欠くものとすべてその種族をなし遂げることがないようにとです、我々の許にあるものどもの中の最も神々しいものに聴従しないものとして。

B 他方、諸々の骨や肉やそうした自然本性すべてについてのことはこのようにそのあり方がありました——

それらのすべてにとって始めは、髄の生成なのです。何故なら、生命の諸々の絆は、魂が身体にとって一緒に結び付けられてある時には、その髄の中に縛りつけられて行って死すべき種族を根づかせているのですから。他方、髄そのものは他のものどもから生じてある

のです。

C　何故なら、諸々の三角形の中で第一のものどもとして歪みがなくそして滑らかであるものどもであり、火にかつまた水・空気・土を正確さを通して取り分けて提供することが出来た限りのものどもをそれらをこそ神はそれら自身の種族から各々のものどもとして切り離して選り出しながら、他方、相互に対し均斉のあるものどもとして混ぜ合わせて、〝種一切〟を(188)一切の死すべき種族にとって工夫して行き、髄をそれらから作り上げなさいました。そしてそれらの後でさあそこでそのものの中に植えて行き諸々の魂の諸々の種族をきつく縛りつけ、また諸々の形態のそれだけのものどもをまさしく持とうとしておりかつそのようなものどもとして諸々の各々の形に即して持とうとしているものどもに関して、髄そのものをそれだけの数のまたそのような性質の形態のものどもとして区分なさいました、配分のそれら最初に即してのものにおいては直ちにです。そして神的な種子を耕地のようにまさに自らにおいて

D　持とうとしているものは、これをあらゆるところで丸く形づくった上で、髄のこの分け前をエンケパロス（頭脳・頭の中のもの）と名づけられました。それは各々の動物が完成をした時には、そのものをめぐる容器が頭となって行くものとしてでした。他方、あらためて魂の残る死すべきものをまさに抑制しようとしていたものを、神は同時に円形の形態のものどもともまた長方形の形態のものどもとも(189)区分なさり、他方、髄だとすべてのものどもをお呼びになりました。そしてさながら諸々の碇からというようにそれらから魂すべての諸々の絆を

投げながら、それの回りに今や我々の一切の身体を成就して行かれましたが、その際、先ず
E はそのものに対して覆いを第一に全体の回りに固めたのでした、骨であるのをです。

他方、骨を神はこのように構成をしました。土を純粋で滑らかなものとして篩った上で髄に混ぜまた浸しました。そしてその後で火の中へとそれを置き、その後で、他方、水の中へ浸けて、もう一度、他方、火の中へ、あらためてまた水の中へとこうします。だがしかし、そのように各々へ幾度も取り替えて行きながら両者によっては溶かされることのないものに仕上げなさいました。さあそこでそのものを使用しつつ、一方、そのものの脳の回りに骨の
74 球を張り廻らせなさいましたが、他方、その球には狭い出口をお残しになりました。そして首を通って同時にまた脊柱のである髄の回りにそのものから諸々の脊椎を拵えて、ちょうど枢軸のようなものとして下へと伸ばしなさいました。頭から始めすべての腔所を通してです。そしてさあそこですべての種子を救い続けながらそのようにして石の形の囲いでもって回り一面囲いなさったのですが、その際、諸々の関節を入れ込みなさいました、「異」のそれらの中で中間にあって介在するものとしての能力[190]を付け加え用いてです、動くことと曲がることとのために。

B 他方、あらためて骨的な自然本性の持ち前を必要以上により脆くそしてより曲がりにくくてありまたあらためて灼熱したものとなり、そして再び冷やされて行くと壊疽にかかり直ぐさま自らの内に或る種子を損なうことを考えたその上で、それらの故にそのようにして諸々

C

の「腱」のまた「肉」の種族を工夫なさいました。それは一方のものでもってすべての四肢を一緒に縛った上でそれが枢軸をめぐり緊張しまた弛緩することでもって身体を曲がるものとしてまた伸びるものとして差し出し、他方、肉は、一方、諸々の炎熱の遮蔽、他方、諸々の寒気の防御として、他方、なお諸々の転倒の例えばフェルトで作られた所有物として諸々の身体のために軟らかくまた穏やかに譲りながらあるべく、他方、熱い水分を自らのうちに持ちながら、夏には、一方、発汗をしながらまた湿って行き、外から冷たさを全身体に即して固有のものとて提供しようとすべく、他方、冬を通しては再びあらためてその火でもって外から向って遣って来てまた回りに包囲してある寒気を適切な仕方で防ぐべくもということです。これらのことどもを我々の蝋人形作りは思考して、一方、水と人と土とでもって混合

D

しかつ調合したその上で、酸っぱいものと塩気のものから発酵した混ぜものを合成しそれらに対して混ぜ入れて、肉という汁気が多くて軟らかなものを組織されました。他方、諸々の「腱」の自然本性を「骨」と「肉」の発酵過程を持たぬそれの混合から能力において一つの両者から中間のあり方のものとして混合なさいました、その際、黄色の色を加えて用いられましたが。そこからしてそれは、一方、より引っ張りが効きまた粘着的なのです、諸々の肉に比べて。他方、諸々の骨に比べてより軟らかくまたよりしなやかな力を獲得したのでした。

E

これら肉と腱とでもって諸々の骨と髄とを取り囲みなさった上で、相互に向って諸々の腱でもって縛り付けられて、それらの後で諸々の肉ですべてそれらを上から覆われたのでした。

B　75

されば、一方、諸々の骨の中で最も魂のあるものである限りのものどもは最も僅かな肉でもって神は囲われ、他方、内部が最も魂を欠いてあるものどもは最も多くのそして最も密なそれらでもってそうして、またさあそこで諸々の骨の諸々の接合部に即してはどんな必然も議論がそれらの肉があらねばならぬと明らかに現わすことをしない道筋では僅かの肉を生じさせられましたが、それはそれらの肉が諸々の屈折に対して支障となってありながら諸々の身体を運びにくいものにしてしまわぬように、それはそれらが動きが困難となってだけれど、更にはまたあらためて沢山のそして稠密でまた強く相互の中に詰まってありながらその固体状態の故に無感覚を植えつけて行き、より記憶をし難く鈍いものとして思考をめぐったものどもをしないようにということなのです。それ故、さあそこで諸々の大腿の・すねのそれ、臀部の自然本性をめぐったそれにかつ上膊・前膊の諸々の骨をめぐったそれら、また我々のであるその他の諸々の関節のない限りのものども、内部で諸々の骨として髄においての魂の少なさ故に思慮が空っぽである限りのものども、それらすべては諸々の肉により満たされた(19)あり方をしているのです。しかしながら、思慮を持った限りのものどもは、より劣ってそうなのです――もしも何処かしら何かのものとして自らが自らに即して感覚のために肉をそのように神が構成されたのではないのであればです。例えば、舌といった種類です――しかし、大多数のものどもは先のあり方をしているのです。何故なら、必然から生じて来る、そしてそれとともに養われる自然本性は、決して稠密な骨と多量の肉を、それらと同時にまた鋭い

C　感覚をということで受け入れることはしないのですから。何故なら、取り分けそれらのものを頭をめぐる組織こそが持ったのですから、苟も同時に二つがともに落ちることを欲したのだったら。そして人間たちの種族は肉質のまた腱のあるまた丈夫な頭を自らの上に持ちつつ生命を二倍でかつ何倍も長くまたより健やかでより苦しむことのないものとして今のそれに比して獲得をしたことだったのですから。しかし、現実には我々の出生をめぐっての工作者たちにとっては、どちらだろうか、より長命だがより劣悪なのものとしてそれともより短命だがより優れたものに種族を仕上げたものか推理しながら、長いが他方より劣悪なそれよりもより短いがより優れてあるものをこそ万人があらゆる仕方で選ばねばならぬのだと、(192)こうともに思われたのでした。そこからしてさあそこで、一方、粗い骨でもってはそうしましたが、他方、諸々の肉と腱とでもっては頭をそれが屈折をさえ持たずにあったからして彼らはすっかり覆うことは致しませんでした。さればすべてのそれらに即して、一方、より上手く感覚するものでありそして思慮的なものとして、他方、大いに虚弱なものとして、すべての人間の頭は身体にくっつけられました。

D　他方、諸々の「腱」はそれらのことどもの故にまたそのようにして神は頭の下端へ向って喉の回りに円をなして配置した上で似た均等のあり方で膠着させ、かつ諸々の顎骨を先端のあり方でそれら腱でもって一緒に縛られたのでした、顔という自然本性の下へ。他方、他の諸々の腱はすべての四肢の中へと分散なさいました、関節を関節とくっつけて行かれながら。

他方、さあそこで我々の口の能力を、諸々の歯と舌と両方の唇とでもって諸々の必然的な
E ものどもと最善のものどもとのために秩序づけなさいました、秩序づけをなさる方々がこの今にそれが指定をされてしまっているその道筋で。一方、入り口は諸々の必然的なものどものために工夫をし、他方、出口はこれを最善のものどものためにそうしながら。何故なら、必然的なものとして、一方、すべての養分を身体に与えつつ入って来る限りのものはあり、他方、諸々の語りの流れは外へと流れ出つつ思慮に奉仕をしながら、諸々のすべての流れの中で最も美しくそして善きものでありますから[193]。

他方、あらためて頭をただ骨のものだとして裸のままに放っておくことは、四季の中での寒暖両方における超過の故に不可能でありましたが、また更にはあらためてそれが覆われた
76 上で鈍くまた無感覚のものと諸々の肉の嵩の故になり行くのを見過ごすことも不可能でした。さあそこで肉の形の自然本性が乾燥し切らない時に皮のより大きなものが余分に生じて来て分離したのでした。すなわち、現在に皮膚と語られるものです。けれども、このものは脳のまわりの水分の故に自らが自らに向って集って行きまた成長して行って、ぐるりと頭を包み込んで行きました。他方、水分は諸々の縫合線の下へと上昇して来てそのものを潤しそして頭頂へと向けて囲みました、例えば結び目を一緒に纏めるという如く。他方、諸々の縫合線
B のありとあらゆる形が諸々の循環運動と養分の能力との故に生じてありました。一方、相互に対して一層それらが戦う場合にはより多く、他方、より少なくそうする場合はより少なく

ところです。

C

さあそこで、そのすべての皮膚をぐるりと火でもって神的なものが刺し通して行きました。他方、それが穿たれてそして水分がそのものを通ってそこから運ばれる時に、一方、純粋である限りの湿ってまた熱いものは立ち去り行きましたが、他方、それらからして皮膚もまた出来た混ざったものは、一方、その運びによって外へと引き上げられて長く伸びましたが、つまり、その際、細さを穴を開けられたものに等しいものに持ってでありましたが、他方、遅さの故に回りに立ってある外からする風によって押し戻されながら、再び内部に皮膚の下へと捻られながらに根を下ろして行きました。またそれらの受動に即して、さあそこで毛髪の種族が皮膚の中に生い育っているのですが、それは、一方、皮膚の同種の繊維状のものでありつつも、他方、より硬くそしてより緻密なものとして冷却の固定化でもってなっているのであり、その固定化を皮膚から切り離されながら各々の毛髪が冷やされて行った上で縺れさせられたのでした。そのものによりさあそこでもじゃもじゃしたものに我々の頭を制作者は仕上げましたが、その際、一方、諸々の原因の先に述べられたものどもを用いたのですが、

D

他方、肉の代わりにそのものこそが脳のまわりの安全のために覆いの軽くてそして夏と冬とに影と覆いとを提供するに十分だけど、他方、よき感覚に対しては何一つ妨げるものとして障害にきっとならないだろうものとしてあらねばならぬと考えたのでした。

他方、諸々の指をめぐった腱と皮膚とそして骨との絡みにおいてのものは三つのものども

E から一緒に混ぜられた上で、すっかり乾燥させられて、一つのそれら一切からの共通の硬い皮膚と、今やなったのです。その際、一方、補助原因のそれらでもってそれは工作されたのですが、他方、最も原因的な思考でもってその後にあらんとするものどものためには作品とされて。何故なら、何時か男たちから女たちとその他の獣どもとが生ずるだろうというように我々を組織なさった方々は知識しておられて、そしてさあそこでまた、諸々の爪の使用を畜生どもの多くのものどもが多くのことどもへ向って必要とするだろうということを知っておりましたから、そこから人間たちが生まれるや直ちにそれの中に諸々の爪の生成を兆しという仕方で形どられたのでした。さあそこでこの諸々の理由とそして原因のそれらでもって、皮膚と諸々の髪と諸々の爪とを、諸々の四肢の先端に神々は生じさせられたのでした。

三四

77 他方、死すべき生き物のすべてのともに生い育つべき諸部分と諸々の四肢があったからには、けれども、生命を火と風とにおいて必然から持つことがそのものにとっては帰結して行きましたから、そしてそれらの故にそれらにより溶かされまた空にさせられながらそれは朽ちて行きましたから、助けをそのもののために神々は工夫されました(194)。何故なら、人間的な自然本性に対して同族の自然本性を諸々の他の姿と感覚とに対して混合しながら、そこでまた異なった生き物でもあるようにと植えて行かれましたから。それらこそが、さあそこで

B
この今に栽培された樹木や植物や農業によって教育された上での種子として、我々に対して
育成されたあり方でそのあり方があったのであり、他方、以前は単に諸々の野生のものども
に属する諸々の種族だったのです。尤もそれらは栽培をされたものどもに比してはより古い
ものどもではありますが。何故なら、されば何でもあれ「生きること」に与るものは先ずは
生き物として正当にも最も全うに語られてよいのです。とにかく、実際、与っているのです、
この今に我々が語っているそのものは、魂の第三の種類にこそ(195)。そしてそのものは横隔膜と
臍との中間に座を占めているべくも語りがあったものですが、そのものにとっては、一方、
思惑と推理とかつまた知性とには何一つ与ってあることはなくて、他方、心地よさと苦しさ
の感覚に諸々の欲望とともに与っているのです。何故なら、そのものはすべてのことどもを
C
受動をしながら終始するのであり、他方、自らが自らにおいて自らをめぐって回転し、一方、
外部からする動は押し遣り、他方、固有のそれを用いた上で、自己自身に属したことどもの
何かを見て取って推理することは、自然本性においてその生成は授与しなかったからです。
それ故に、さあそこで、一方、そのものは生きておりそして生き物から異なるものではあり
得ないのですが、他方、不動でかつ根を下ろしてしまったものとして固着して仕舞っている
のです、自己自身によってする動を奪われて仕舞ってあることの故に。
三五

さあそこでそれらの種族すべてをより力ある方々はより弱き我々のために養いとして植えつけられた上で我々の身体を溝掘りされました。さながら諸々の庭の中に諸々の水路を切り開くようにでそれはありましたが、それはちょうど流れの注いで来るものからそれが潅漑を
D されるように[196]というためでした。そして最初に、一方、諸々の暗渠を、皮膚と肉とが一体であるものの下へと、二つの血管の脊柱に沿うものをお切りになられました。すなわち、双子として身体が右手のものどもと左手のものどもとでもってたままあったという意味です。他方、それらを背骨に沿って神々はお垂らしになりました。また実り多い髄を中間に取った上で。それはその髄が出来るだけに旺盛でそして他のものどもへと向って下の方へと流入が
E 生じてあるからしてそこからまともに流れてあって斉一な配水を提供するためでした。他方、それらの後で頭のまわりで諸々の血管を裂いた上で、また相互を通じて反対のものどもとし編んだ上、通させなさいました。すなわち、一方、右手からの諸々の血管は身体の左手へと向けて、他方、左手からのそれら血管は右手のものどもへと向って傾斜をさせてということですが、それはそのようにして縛りが同時に頭にとって身体に向って皮膚とともにあるようにということでした、諸々の腱でもってはぐるりと天辺に即して頭は囲まれていずにあったものでしたから。そして、さあそこでまた、諸々の感覚からの受動も諸々の各々の部分から全身体の中へ判然たるものであるようにとです。

78 他方、そこからして今や神々は灌水を何かこのような仕方でもって準備なさいましたが、

それを我々はより容易に看取をすることでしょう、こうしたことを前もって同意した上で。すなわち、すべてのより小さなものどもから組織をされてある限りのものどもはより大きなものどもを遮蔽するけれど、他方、より大きなものからするものどもはより小さなものどもを遮蔽し得ない。けれども、火はすべての種族の中で最も小さな部分のものです。そこからして水と土、かつまた空気とそれらからして組織される限りのものどもを通ってそれは貫通するのでありそれを遮蔽することは何一つのものも不可能なのです。同じことをさあそこで
B 我々の許の腔所について思考しなくてはならないのです。すなわち、諸々の食物に飲物は、一方、それらがその中へと落ち込んだ場合にそれは遮蔽を致しますが、他方、息と火はより小さな部分として腔所自身の組織に比較してあるものであれば、遮蔽することは叶いません。

　さればそれら火と息とを神は腔所から諸々の血管へ向っての配水にかけてお使いになられました、その際空気と火の編みものを例えば諸々の伏籠《ふせご》といったものとしてお編みになられてでした。入り口に即し二重の口をそれは持っておりましたが、それらの片方をあらためて
C もう一度二股に編まれたのでした。また諸々の伏籠《ふせご》への口からさあそこで神は張り延ばされました、例えば諸々の葦を綯った縄といったものをぐるりと諸々の端へ向ったすべての編みものを通して。先ずは、されば編みものの内部のものどもは火から神は編み細工のすべてを構成なさり、他方、伏籠への入り口と胴は空気の性質のものでした。またそのものを取って形づくられていた生き物にこのような仕方でぐるりと取り付けをなさいました。一方、諸々

の伏籠の入り口はこれを口へ行かしめなさいました。他方、二重のものでそれはありました
ので、一方、諸々の気管に沿って肺へと一方を垂らし、他方は諸々の気管に並んで腔所へと
そうなさいました。他方、これと異なったものを裂いては、各々の部分を鼻の諸々の導管に
D 沿って共通のものとして解放なさいました。そこでまた口に沿ってもう片方が行くことをし
ない時にそのものからしてすべての彼のものの流れが満たされることになったのです。他方、
伏籠の他の体腔を我々の腔所である限りの身体のまわりに取り付けをなさいました。そして
さあそこですべてそのものが或る時は、一方、諸々の伏籠の通路の中へと軟らかく、それは
空気だから一緒に流れ込むようになさり、或る時には、他方、諸々の伏籠の通路は逆流する
ようにと。他方、編みものはこれを身体が粗くあるものだからその身体を通して中へそして
E 再び外へと浸み入り浸み出るようにし、他方、内部での火の諸々の光線のどの側でも全部が
すっかり縛り付けられてあるものどもが各々のものどもへと、空気が動く場合には、着いて
行くようにとこうしました。そしてこのことを、死すべき者が生き物として成り立ってある
限りは、生じながら止むことをしないようにと。だがしかし、さあそこでその種族に対して
諸々の呼び名を立てる者が「吸気」「呼気」というその名前を置いたのだと我々は語るのです。

然るに、さあそこですべてのその働きと受動のそのことが我々の身体が潤されまた冷や
されて行くのに対して養われまた生きるべく生ずるに到りました。何故なら、内部へとまた
79 外部へ呼吸が行く時に火が内部で結びついてしまって着いて行き、他方、前後に動きながら

常に腔所を通って入って来て食物と飲物とを掴む時には、さあそこでそれは溶かすのであり、そして細かく細かく分けて行きながら諸々の出口を通りそれが進むその道筋でもって導いて行き、例えば泉から水路へというように諸々の血管へそれらを導き注ぎ入れ、ちょうど水道を通ってというように身体を通って諸々の血管の諸々の流れを流れしめなさるのです。

三六

しかしながら、もう一度「呼吸」の受動を我々は見るとしましょう。どんな諸々の原因をそれが用いながらそうしたこの今にまさしくそうしたものとしてあるものとなるのに到ってあるのかと。されば、それはこの通りなのです。

B

空虚というその中へと運ばれるものどもの中の何かが侵入することの出来るものは何一つとしてなく、他方、息は我々から外へと運ばれるからにはその後のことは今や万人にとって明らかです、空虚の中へとではなくて、否、近くのものをその座からそれが押し出すのだというように。他方、押し出されるものは近くのものを常に外へと駆り立て、そしてその必然に即してすべてはそこから息が出て来たその坐の中へと回って駆り立てられてそこへ入って行きその座を満たし、その息にともに続くのです。またそのことは同時にすべてが、例えば、

C

車輪が回転をする時と言ったそのように、空虚が何一つあらぬことの故に生ずるのです。

それ故、さあそこで諸々の胸というものに肺というものは外へと息を放ちながらもう一度

身体のまわりの空気が外へ諸々の粗い肉を通して侵入しそして回って駆り立てるのによって、満たされたものとなるのです。他方、あらためて空気が向きを変えまた身体を通って外へと進みながら中へとぐるりと押すのです、吸気を口のと諸々の鼻孔の通路とに沿って。

D 他方、それらのことどもの始まりの原因をこれとして置かなくてはなりません。すべての生き物は自らの内部のものを血液と諸々の血管をめぐって最も熱いものとして持っているのであり、それは例えば自らの中に火の或る泉が内在しているといったものなのです。それをこそさあそこで我々は伏籠の編みものでもって準えてもいたのでした。すなわち、真ん中に沿ってはずうっと張りつめられてあって火からしてすべてが編まれてあるが、他方、外側である限りは空気からそうであるべくも。熱いものはさあそこで自然本性に即して自らの場所へと外へと同族のものに向って行くことを同意しなくてはなりません。然るに、二つ出口は
E あって、その一つは、一方、身体に沿って外へ、他方はあらためて口と諸々の鼻とに沿ったそれでしたがその時に、一方、その熱いものが一方のものへと向って突進をする場合には、一方のものをぐるっと押し、他方、ぐるっと押されたものは火の中へと落ち込んで行き熱せられ、他方、出て行くものは冷やされるのです。しかし、熱さが変化をして行きまた異なる出口に沿ったものどもがより熱くなって行くと、もう一度彼の道筋でもってあらためてより一層熱くあるものは天秤を回転させては自らの自然本性へ向って運ばれつつ、他方に沿ったものをぐるっと押すのです。他方、同じことどもを受動しそして同じことどもをその都度に

与え返すものは、円をそのようにして此処また此処と振動しながら両者によって作り出してしまって、吸気と呼気が生ずることを[197]提供するのです。

三七

80 そしてさあそこで諸々の医学的な吸い玉をめぐった諸々の受動の諸々の原因もまた嚥下の
それらに諸々の投げられたものども、中空に放られたまた地上で運動をする限りのそれらも[198]、
その道筋で追うのでなくてはなりません。そして諸々の音声の速くそしてまた遅く鋭くかつ
また重く現われる限りのものどもがそうですが、或る時には、一方、それらは不調和なもの
として我々の中のそれらによる動の非類似の故に運ばれており、或る時には、他方、類似の
故に協和をしてあるのです。何故なら、諸々のより先のまたより速い音声の諸々の動の今や
B 休止していてまた類似のものの中に到ってあるのを諸々の遅い音声が、それらの動に対して
は後になってより遅い音声自らが付加されつつ先の諸々の動を動かすのでありますが、把捉
し、他方、把捉をしつつも他の動を投げ込みながら撹乱することはせず、否、より遅い運動
の始めをより速いが他方止みつつある運動の始めに即し類似性としてくっつけては、一なる
ものとして鋭くそして重い動からしてそれらはともに混合したのでした、受動状態を[199]。ここ
からして快楽を、一方、思慮を欠く者たちに、喜びを[200]、他方、思慮に恵まれた人々に神的な
ハルモニアーの模倣の諸々の死すべき運動において生ずるものの故に、提供したのでした。

C そしてあそこでまた水どもの諸々の流れも、他方、なお諸々の落雷も諸々の琥珀のまたヘーラクレースの石の牽引に[201]関する諸々の不思議とされることどもも、すべてそれらのことどもの吸入は、一方、何ものにとっても何時かありなどしないのです。他方、空虚が何一つあらぬこと、またそれらが自らとして回って相互へと向って押していること、そして諸々が分解しかつ結合をして行きながら自らの座へと向って交換しながら諸々の各々はすべて進行すること、これらの受動の相互に向ってともに織り合わされるものどもでもって不思議だとされてあるものどもは、遣り方に即して探求する者にとって明らかになることでしょう。

三八

D そしてさあそこでまた呼吸のことども、そこからこそ議論も進み出たのでしたが、それらのことどもに即しまたそれらを通じて生じてあるのであり、それはちょうど先のことどもの中で言われた如くですけれども、その際、[202]一方、火は諸々の食べ物を切り、他方、内部で前後に運ばれながら息に伴うのでした。そして諸々の血管を腹腔から振動でもって切られてあるものどもを汲み出すことで満たすのでした。そしてそれらの故に、さあそこで身体の全体に即して生き物たちすべてにとり養分の諸々の流れが重ねて流れ入るものとなっているのです。他方、それらは新たに切られたもので同種のものどもからであって、或るものどもは、一方、諸々の果実のであり、或るものどもは、他方、野菜のであるのですが、それらは神がまさに

E

このこと、養分であることへ向って我々のためにお植えになられたものであり、一方、ありとあらゆる色彩を混合の故に持っておりますが、他方、赤いのが最も多くそれらをめぐっては色として走り回っています。すなわち、火の切断とそしてまた液の中での押印とでもって工作されるに到っている自然本性でそれはあるのですが。ここから身体に沿い流れるものの色彩は外観としては我々が詳らかにするに到ったようなのを持ったのですが、これを我々は血だとして呼んでいるのでありそれは諸々の肉のまた身体すべての牧草というわけであって、

81

ここからして潅漑された各々のものどもは、空のものの土台を満たすのです。他方、充足と分離の仕方は、さながらに万有において万有の運動が生じてあるそのように生ずるのです。すなわち、それをこそ同種のものすべてが自己自身へと向って運ばれるところのものです。何故なら、一方、さあそこで我々の外部で取り巻きつつあるものは常に溶かしてそしてまた各々の種類へ向って同族のものを送り出しながら分配するのですが、他方、血液の中のものどもはあらためて、内部で我々の許で切り刻まれそしてちょうど天空によってというように各々の生き物の構成されているものによって取り囲まれながら、万有の運動を真似ることを強いられるのです。同種のものへ向い、されば内部で部分化されたものどもの各々は運ばれて行って、その時に空虚にさせられたものをもう一度満たすのです。

B

一方、さあそこでより多くのものが流れ込んで来るものに比べ出て行く場合には、すべては衰えますが、他方、より少ないものがそうだと増大をします。先ずはさればすべての生き

物の組織が新しくそれが新鮮なものとして諸々の三角形を例えば諸々の船台からというよう
C に諸々の種族のだとして持ってあっては、それは強固なものとして、一方、それらの閉じを
相互に向って獲得をしてしまっていますが、他方、それの全体の塊は柔らかく構成をされて
あるのです。髄から、一方、今し方に生じてあり、他方、乳において養われてあったものだ
から。さあそこで若い組織の中で取り込まれる諸々の三角形は外から侵入したその上では、
それらからして諸々の食べ物にかつまた飲み物はあるわけなのですが、新しい組織それ自身
の諸々の三角形よりもより古くかつより弱くてあり、その組織は新鮮な三角形でもって切断
しながら抑制し、大きなものとしてその生き物を仕上げるのです、沢山の類似した三角形で
D もって養いつつ。けれども、諸々の三角形の根が沢山の闘争を多くの時間の中で多くのもの
どもに向って闘争してしまったことの故に緩む場合には、一方、養分の入って来るものども
を最早自分自身に対する類似性の中へとそれは切り能わず、他方、自らが外から侵入をして
来るものどもによって容易く分解されるのです。さあそこで衰えるのです、すべての生き物
はそのことの中で征服をされながら。そして「老年」として、そのパトス（受動）は名づけ
られるのです。他方、最後に髄の回りの諸々の三角形の諸々の組み合わさっていたのがその
労苦に対して絆として対抗しつつも持ち堪えることをしなくなるとそれらは魂の諸々の絆を
E あらためて解放し、他方、それは解放をされた上で自然本性に即して快楽とともに飛び出し
て行きました。何故なら、すべて、一方、自然本性に反したものは苦痛なものですが、他方、

本来そう生まれた道筋で持って生じて来るものは心地よいのですから。そしてさあそこで、死もまた同じことどもに即し、一方、諸々の病気に沿ってまた傷害によって生じて来るそれは苦しくかつ強いられたものですが、他方、老いとともに終りへと向って自然本性に即して進むそれは諸々の死の中にあって最も苦痛のないものであり、そして一層苦痛よりは快楽とともに生じて来るものなのです。

三九

だがしかし、諸々の病気のことはそれが何処から組織されて来るかは、何処かしら万人に
82 とってもまた明らかです。何故なら、四つの種族がそれらから身体が組み立てられるものとしてあるにおいて、すなわち土・火・水かつまた空気があるにおいて、それらのものどもの自然本性に反した持ち過ぎと欠乏そして場所の固有のものから余所のものへの移動は、またあらためて火やその他のものどもの諸々の種族が一つよりもより多くあるのであれば相応しからざるものを各々が各々にとって加えて掴むことは、そしてそうした限りのすべてのことどもは、諸々の内乱と病気を提供するのです[203]。何故なら、自然本性に反して各々が生じまた
B 場所を変える時には、一方、熱せられるのです、先には冷やされていた限りのものどもが。他方、乾いてあったものどもが後へとは湿ったものとなり、そしてさあそこで軽いものどもに重いものどもがそうであり、またすべての変化を諸々のあらゆる仕方でもって受け入れる

のですから。何故なら、さあそこでただ同じものに同じものが同じものに即してかつ同様にまた比例して付加しまた除去をされる仕方でのみ、ものは自らに同一でありながらに無事で健康なものとして留まることを許すことでしょうから。けれども、それらの中の何かとして外に出て行ったり或いは向って来たりしながら調子外れになるといったものは、様々の変容と諸々の病気に不馴れな諸々の崩壊を提供することでしょう。

C さあそこで、諸々の第二次的な組織が自然本性に即して組織されてあれば、諸々の病気の第二次的な考察が、理解をすることを欲する者には生じて来るのです。何故なら、髄は彼のものどもから構成されてありまた骨もそしてまた肉も腱もそうですが、なお血液が、一方、他の仕方でではありますが、他方、同じものどもから生じ来たってあって、一方、他のものどもの大多数は先のものどもがその筋道でであった仕方でもってですけれども、他方、諸々の病気の最も重大なものどもは、この道筋でもって困難なものどもとして起ってあるのです。すなわち、それらのものどもの生成が逆に進む場合は、その時にはそれらは崩壊するのです。

何故なら、自然本性に即しては諸々の肉と腱とは、一方、血液から生成し、その際、一方、
D 腱は諸々の繊維の管から同族の故に、他方、諸々の肉は諸々の繊維から切り離され凝固したところのその凝固したものから生成したのです。他方、諸々の腱と諸々の肉からするものがあらためて粘っこくまた油ぎったものとして出て来ながら、同時に、一方、肉を諸々の骨の自然本性に向って膠着させまた自らは髄の回りの骨を養いつつ成長させ、他方、あらためて

E

諸々の骨の緻密の故に漉されたものは諸々の三角形の中で最も純粋で最も滑らかでかつまたつややかなものとして、諸々の骨から流れ出また滴り落ち髄を潤すのです。そしてそれらのものどもに即して各々のものどもが生じて来る時には、一方、健康が多くの点で結果します。他方、諸々の病気は反対の仕方で生じた場合です。

何故なら、溶かされた肉が逆に諸々の血管の中へと腐敗物を放出する場合には、その時には息と一緒に多くのかつまたありとある血液が諸々の血管の中で諸々の色彩と苦さでもって種々様々のものとなっておりなお他方諸々の鋭く塩辛い能力でもってそうであって、胆汁と膿漿と粘液を多彩に持っているのです。何故なら、二番煎じでなったものどもとしてそれらすべてのものどもは生じてあるのであり、そして崩壊してしまってあって、血液そのものを第一に亡ぼし、そしてそれら自身としては何一つの養分をも最早身体に提供すること無しに諸々の血管を通して到るところで運ばれるのです、自然本性に即しての諸々の循環の配列を最早持つこともなくて。その際、一方、敵として自らが自らに対してそれら自身の何一つの利点をも持たないことの故にあり、他方、身体の組織されてありその場所に即して留まっているものに対しては敵であり、亡ぼしかつ溶かすものなのです。

83

先ずはされれば肉において最も古くてありつつも溶かされた限りのものは消化されることを拒むものとなっていて、一方、古い燃焼により黒くなり、他方、到るところで腐食させられてしまってあることの故に苦くてありながら身体の未だ損なわれてはいずにある限りのもの

B

のすべてに対し困難なものとして落ちかかって行くのです。そして或る時は、一方、苦さの代わりに鋭さを黒い色は持ったのです、それは苦いものが一層全く微細化されてです。他方、或る時はその苦さが血液でもって浸されてより赤い色を持ったのであり、他方、そのものに対して黒が混ざって黄緑を持ったのです。なお、他方、黄色の色彩が苦さと一緒に混ぜられ
C ます、すなわち若い肉が炎の火の回りのものによって溶かされる場合です。そして、一方、すべてのそれらに対しての共通の名前を、或いは医者たちの中の或る人々が何処かしら胆汁として名づけたか、或いはまた誰か或る能力があり一方で多くのまた似てはいないものどもの中へと眼差しし、他方ではそれらの中に一つの種族がすべてのものどもにとって呼び名に価いするものとして内在してあるのを見ることの出来る人が、そうしたかでしょう。しかし、胆汁の種類として語られる限りの他のものどもはその色彩に即しそれらの語りを各々特有なものとして持ったのでした。

他方、膿漿は、一方、血液の上澄みは穏やかですが、他方、黒くかつ鋭い胆汁のは激しいのです、すなわちそれは熱さの故に塩辛い能力とそれが混ざる場合です。他方、鋭い粘液だ
D と呼ばれているのです、そうしたものは。他方、或るものはあらためて空気と一緒に新しく軟らかな肉から溶かされて来るのですが、他方、このものが風で満たされまた湿気によって包み込まれた上で、また受動のそのものから諸々のあぶくが組織された上で、各々のあぶくに即しては、一方、小ささの故にそれは見えないものなのですが、他方、それらの一切は塊

を見えるものとして提供し色彩を泡の生成故に見るに白く持ってありますが、柔らかな肉の
そのすべての腐敗物の、息とともに織り合わされてあるのを、白い粘液であると我々は言う
E のです。他方、あらためて粘液の新しく組織されたものの上澄みとして汗と涙がありますが
またその他のそのような諸々の物体として日々に排泄されて流される限りのものがあります。
そしてそれらのものどもは、一方、さあそこですべて諸々の病気の道具となってあるのです、
つまりそれは血液が諸々の食べ物と飲物から自然本性に即して一杯になるのではなくて、否、
諸々の反対のものどもから嵩を自然本性の諸々のしきたりに反して掴む場合です。

　先ずはされば諸々の病気により肉の各々が分解されてあっても、他方、それら肉にとって
84 諸々の基底が留まってある時には災いの力は半分なのです——何故なら、回復をなおそれは
容易さとともに持っていますから——しかし、さあそこで諸々の肉を諸々の骨に対して結び
つけるものが病んだ時には、また最早それとして諸々の筋繊維と腱から分離されて、一方、
骨にとっては養分で、他方、肉にとっては骨に向っての絆とはならず、否、脂ぎって滑らか
で粘っこくあったのから粗く塩辛いものとして不潔なものに悪しき過ごし方によってなった
時には、その時にはそれらのことどもをすべてそうしたものは受けつつ、一方、それとして
B もう一度諸々の肉と諸々の腱の下へと崩れ去り諸々の骨から離れるのであり、他方、それら
の肉は諸々の根から一緒に外に落ちて行きながら諸々の腱を剥き出しまた塩水で一杯のもの
にして後に置くのです。他方、諸々の肉自身はもう一度血液の運ばれの中へと落ち込んでは

先に語られた諸々の病気をより多くのものにするのです。

他方、諸々の身体をめぐるそれらの受動は困難なものとして生じているのですが、それらの先の諸々の受動はなおより大きなものになるのです。つまりそれは骨が肉の緻密さの故に
C 呼吸を十分なものとして取らずにあり腐敗により熱くなり、壊疽に罹って養分を受け入れることをせず、また逆にそれ自身として養分の中へと反対の仕方で摩耗しながらに入って行き、他方、養分は諸々の肉の中へ、他方、肉は血液の中へと落ち込みながら、より苛酷なものにすべての病気を先のものどもよりは仕上げるといった場合です。

しかしながら、すべてのことどもの究極は髄の自然本性が欠乏或いは何がしかの過剰から病む場合であり、諸々の最大で最も決定的なものどもを死に向い諸々の病気のだとして達成するのです、身体のすべての自然本性が逆に必然からして流れるものだから。

四〇

他方、あらためて諸々の病気の第三の形は(204)三つの筋道でその生じて行く様を、思考せねば
D なりません。それは、或るは、一方、「息」により、他方、或るは「粘液」により、他方、或るは「胆汁」によるものです。何故なら、諸々の息の身体への分配者である両肺が清浄なものである諸々の通路を流れによって塞がれた上で提供しないなどといった場合には、一方、ここでは息は進まないが、他方、ここでは相応しいものよりより多くの息が侵入をしながら、

E

一方、換気に当たらないものどもを腐敗させ、他方、諸々の血管に所属したものはこれらを押し通りまたそれらを捻曲げ、かつ身体を溶かしながらそれの真ん中の障壁へと立ち止まり、中に閉じ込められるのです。そしてさあそこで、無数の病気をそれらから苦痛なものどもとして沢山の汗と一緒にしばしば作り出すのです。

他方、しばしば身体の中で肉が分解した時に息が体内に生じて来ながらにも外に運ばれることが出来なくて、諸々の入って来た息と同じ諸々の産みの苦しみを提供しました。しかし、最も大きい諸々の陣痛はこれらを息が諸々の腱とそこでの小さな管の回りを取り巻きそして膨張し、諸々の肩と腕の腱にそしてまた連続する諸々の腱をそのようにして後ろ向きにそれら腱と小管できつく引っ張る場合にこそそうしました。さあそこで、それらは緊張のまさにその受動からして病気としては「剛直性痙攣」(テタノス)にそしてまた「後方弓形のけぞり」(オピストトノス)だと言われました[205]。それらのだとしては治療もまた困難なのです。何故なら、諸々の発熱がされればさあそこでそれらのものどもを、引続き生じて来てこそ取り分け解き放つのですから。

85

他方、「白い粘液」は諸々のあぶくの息の故に遮断されたならば困難なものですが、他方、身体の外に通気口を持ったなら、一方、余程軽くありますが、他方、身体を斑にするのです、「象皮病」に「鈍い白色癩」[206]にそれらの同類の諸々の病気を産み出しながら。他方、黒胆汁と一緒にそれは混ぜられた上で諸々の循環の頭において最も神的であるものどもへと向って

B その上に撒き散らされまたそれらを混乱させて行くと、一方、睡眠に即して進み行く時にはより穏やかですが、他方、覚醒している人々にとっては襲って来ればより取り除き難いものなのです。然るに、神聖な自然本性の病気としてありながら、最も正当に「神聖病」[207]とそれは語られるのです。

他方、鋭くてそして塩辛い粘液はすべての諸々の病気のカタル性のものどもとして生ずる限りのものどもの源泉です。だがしかし、それらの中へとそれが流れる諸々の場所の種々様々であるものどもの故に、それはありとあらゆる名前を獲得するに到っています。

他方、身体において炎症を起していると語られる限りのものどもは——それらは焼かれることにかつまた燃やされることからでありますが——胆汁の故にすべては生じてあるのです。
C 先ずはされればそれは通気口を掴んで行きながら外へとありとあらゆる腫瘍を沸き立たせつつ吹き出させますが、他方、閉じ込められては内部に炎症性の病気を沢山植え付けるのです。だがしかし、最大の病気をそれが純粋な血液と混ざった上で諸々の繊維の種族をそれら自身の配置から散らす場合には植えつけるのです。それらの繊維は先ずは血液の中へと播かれたわけですが、それは微細と厚さとにおいて均衡のとれたあり方でありかつ熱さの故に流動的
D なものとして緩い身体からは流れ出ることもなく、そしてあらためてより固まってあり動きにくくてありながら、辛うじて諸々の血管の中で上下することのないようにということです。さあそこで微細粗大の好機を諸々の繊維は自然本性の生成のためにこそ見守っているのです。

E

すなわち、それらの繊維を人が、死んでしまった者の血液が冷却過程にあるその時に相互に向って取り集める場合にはすべて残りの血液は拡散して流れるのですが、他方、そのままに放って置かれたならそれを取り巻いている冷気とともに直ぐさまそれらは凝固させるのです。さあそこでその能力を諸々の繊維が血液の中で持っている時、胆汁という自然本性において古い血液がなったものでまたもう一度諸々の肉からその血液の中へと溶けてあるものは熱くて液状なのですが、少しずつ第一には落ち込んで行きながら諸々の繊維の能力の故に凝固をし、他方、凝固をしつつまた強いて火を消されて嵐と震えとを内部に提供するのです。だがしかし、胆汁がより多く重ねて流れ込んで来るなら、それの許にある熱さにより諸々の繊維を征服しては無秩序の中へと沸き立った上で揺すぶったのです。そしてもし、一方、胆汁が十分なものとして終始抑制すべく生じてあるとすれば、それは髄の種族に向い貫いて行った上で焼きながら魂の、例えば舟の諸々の纜といったものを、そこから解放しまた放ちました、魂を自由なものに。他方、胆汁がより少なくまた身体が溶かされつつも持ちこたえる場合には胆汁自らが征服をされながら或いは全身に沿って外に落ちて出たのであり、或いは諸々の血管を通って体腔の下部へと或いは上部へと押し遣られながら、例えば諸々の逃亡を内乱にあるポリスからというように身体から追い出されつつ、それは下痢に赤痢に(208)にまたそのような諸々の病気のすべてを提供したのでした。

86

先ずは、されば火の過剰から取り分けて病んだ身体は、諸々の連続熱に諸々の熱とを作り出します。他方、空気からのそれは毎日熱をそのようにし、三日熱は水のそれであるのです。緩慢なものとして空気や火に比べたならそれがあることの故に。他方、土のそれは四番目の仕方でありながらそれらの中で最も緩慢であり、時間の四倍の循環においてそれは浄められながら四日熱を作った上で、辛うじてそれは取り除かれるのです。

四一

B そして、一方、身体をめぐっての諸々の病気はその道筋で生じて結果して来るのですが、他方、魂をめぐったそれらは身体の持ち前の故に[209]次の仕方で生じて来ます。

先ずはさあそこで魂の病気を無知の性質だと同意をしなくてはなりませんが、他方、二つ無知の性質の種族はあり、一方は狂気、他方は無智です。[210]さればすべて何であれ人がそれらのどちらかの受動として持つものは病気だと呼ばなくてはなりませんが、他方、諸々の快楽と苦痛との行き過ぎてあるものどもを、諸々の病気の中の最大のものとして魂にはあるのだ
C と置かなくてなりません。何故なら、人間は余りにも喜び或いはまた反対のことどもを苦痛によって受動をしていては一方を取り他方を避けるべく時ならぬ仕方で躍起となり、何一つの全うなものを見ることも聞くことも出来ず、他方、狂乱してそして勘合に与ることは最も少なくしかその時には、さあそこで出来なくてあるのです。

他方、種子がその人にとって髄の回りで沢山にまた自由に流れるものとなっていて、また

D

ちょうどもし樹木が適度なものより以上に沢山の果実をつけたようにある人は、一方、多大の陣痛を個々に即して、他方、多大の快楽を諸々の欲望とそうしたものどもをめぐった諸々の出産において獲得しながら、人生の大部分を最大の諸々の快楽と苦痛との故に熱狂をしたあり方となり、病んで無思慮の者として身体によって魂を持ってありながらにも病んでいるとしてではなく、否、意図して悪しくあるのだと思惑をされるのです。しかしながら、真実、アプロディーテーの諸々の営みをめぐった放埒は多くの部分に即して一つの種族の持ち前が諸々の骨の緩みにより身体の中で流動的で濡らすあり方である故に、魂の病気になってあるのです。そして殆どさあそこですべてのことどもの、快楽に対しての放埒としてまた悪しき者どもは意図してあってだというように非難として語られる限りのものどもは、全うに非難されてはいないのです。何故なら、悪しき者としては、一方、意図しては誰一人もないのであり、他方、身体の或る劣悪な持ち前とそして無教育的な養育との故に悪人は悪しくなっているのであって、他方、万人にとってそれらのことどもは、意図しないでいてさえ敵として付け加わるのですから。

E

そしてもう一度、さあそこで諸々の苦痛をめぐったことを魂は同じことどもに即して身体の故に多大の悪として持つのです。何故なら、何であれそれの或いは諸々の酸っぱくてまた塩辛い粘液のそして苦くまた胆汁質の諸々の体液として身体に沿って彷徨った上で、一方、外へと通気口を得ることをせず、他方、内部で閉じ込められながらそれら自身からの蒸気を

魂の運行に混ざらせて行った上で混ざって行く限りのものどもは、魂のありとあらゆる病気
87 をより重く、またより軽く、より少なくより多く、植えつけるのです。そしてそれらは魂の
三つの場所に向って運ばれた上で、何に向ってそれらの各々が落ちかかるにもせよ、一方、
気難しさと意気消沈との形相をありとあらゆるものどもとして多様化し、他方、多様化する
のです、向こう見ずに臆病の、なお、他方、同時に忘却と物覚えの悪さのそれらを。
B　それらに加えて、他方、そのように悪しくそれらが固まってある時に諸々の国制が悪しく
そして諸々の言論が諸々の国制に沿って私的にかつまた公的に語られ、なお、他方、諸々の
学科がどんな道筋でもってしてもそれらのことどもに対して癒やす働きを持ったものとして
若くて人のある時から学ばれないといった場合には、[211]その道筋では悪しきすべてのものども
として、我々悪しくある者どもは二つのことの故に最もその意に反してなっているのです。
それらのことどもについては先ず責めなくてはなりません、生む者たちをこそ常に生まれる
者たちよりも一層、そして養う者たちをこそ養われる者たちよりも。心掛けねばなりません、
しかしながらそれでも、人が可能な道筋で養育を通じて諸々の営みに諸々の学科を通じて、
一方、悪はこれを避け、他方、その反対は取るようにと。それらのことどもは、先ずされば
さあそこで諸々の言論の他の仕方があるのです。

四二

C しかしながら、それらのことどもの裏返しをあらためて、すなわち、諸々の身体と諸々の思考の諸々の世話、原因としてのそれらでもってそれが救われる諸々の世話をめぐることをもう一度返し与えるそのことが、尤もでありまた相応しいことです。何故なら、より正当なのですから、諸々の善きことどもについて議論を持つことの方が、諸々の悪しきことどもについてそうするよりも、一層[212]。

さあそこですべての善きものは美しく、他方、美しいものは均斉を欠くものなどではありません。そして生き物としてそうしたものであろうとするものは、されば均斉のあるものだと置かなくてはならないのです。然るに、諸々の均斉のあるものどもの中で、一方、些細なものどもはこれを我々は識別しながら推理をしていますが、他方、最も決定的で最大のもの

D どもは推理を欠く仕方で我々は持っているのです。何故なら、諸々の健康と病気、そして諸々の徳と悪徳とに向っては何一つの均斉と不均斉も魂そのものが身体そのものに向ってというのに比べてはより大きくはないのですがそれらのことどもの何一つをも我々は考察をせず、また更に心に思い浮かべることをしないからです。すなわち、魂の強力でかつ到るところで大きくてあるのをより弱くそしてより小さい体格が乗せる場合には、またあらためて反対にそれら二つのものが固着している場合には、美しくは生き物の全体はないのだ――何故なら、

E 諸々の最大の均斉でもって不均斉なのだから――他方、反対の仕方でそのあり方のあるものはすべての諸々の見物の中で見て取ることの出来る者にとっては最も美しくそして愛すべき

ものなのだということをです。例えば長過ぎる脚や或いはまた何らかの異なる過剰に関して
自己自身にとって何か尺度を欠いた身体であるものは、同時に一方醜く、同時に他方諸々の
労苦に対する共同において、一方、多大の疲労を、他方、多大の痙攣とそしてよろめき故の
諸々の転倒を差し出しつつ自らにとって無数の悪しきことどもの原因であるのですが、同じ
ことをさあそこで考えなくてはならないのです、両者一体のもの、生き物だとそれを我々が
88 呼んでいるものについてもまた。すなわち、そのものの中で魂が身体よりもより強力であり
ながら大変に怒ったあり方でまたある場合には、すべてそのものを酷く揺り動かし、内部を
諸々の病気で一杯にし、そしてそれが或る諸々の学習や探求に熱心に赴く場合には、それは
溶かし去りまた諸々の教示に諸々の議論においての戦いを公的にまた私的に遣りながら諸々
の競走や面子の生じて来るものどもを通してそのものを灼熱したものにしつつ振動をさせ、
またカタルをもたらしながら、医者だと語られる者たちの最大を欺いて逆のことどもを原因
だと理由づけさせるのです。
　またあらためて身体の大きくてまた魂の割りに強過ぎるのが小さくてまた弱い思考と共生
B のものになる場合には、二重の欲望が自然本性において人間たちに即してはあるという場合
に、すなわち、一方、身体の故には養分に対するそれが、他方、我々の許にあるものどもの
中で最も神的なものの故には思慮に対するそれがとこうある場合に、より強力なものの諸々
の動が抑制しつつあっては、一方、それ自身のものはまた増大させ、他方、魂のことは鈍く

学びが悪くまた物覚えのよくないものにして行きながら、最大の病いを無智としてその内に作り出すのです。

C

さあそこで一つの安全策が両者に向ってあります。すなわち、魂を身体無しに動かすこともせず身体を魂無しに動かすこともしないことです。つまりそれは、両者が自らを防衛して均衡があって健康なものとなるためです。さあそこで数学に関わる人或いは何か他の訓練を強く思考でもって成し遂げて行く人は身体の動を与え返さなくてはなりませんが、その際、体育術と交わって行くのです。そして更には身体を注意深く形作る人もまた魂の諸々の動を対抗して与え返すことをしなくてはなりません。ムーサの技に一切の智慧に対する親しみを用いながらにということです。それはもし正当な仕方で人が同時に一方美しく、他方、善き者として(213)全うにまさしく呼ばれようとするのであればということです。他方、同じそれらの

D

ことどもに即して諸々の部分をもまた人は世話をしなくてはならぬのであり、その際、人はその万有の形を倣って行くのです。何故なら、身体は侵入して来るものどもによって内部で焼かれ、そしてまた冷やされるのであり、またもう一度外からのものどもによっては乾燥をさせられまた湿らされるのであり、かつそれらに伴うものどもを両方の動によって受動するのですから、一方、人が静止しつつある身体を諸々の動に対して委ねる場合には身体は征服されて滅ぶこととなったのであり、他方、それを我々が万有の養い手であり乳母だと呼んだものを人が真似るならば、そして身体を取り分けて、一方、決して静止をしてあるようにと

E 放っては置かず、他方、動かしてそして諸々の或る振動を常にそれに対して植えつけながら
一切を通して内なるそして外での自然本性に即した諸々の動に対して我が身を守るならば、
そして程よくも身体をめぐって彷徨っている諸々の受動と同族性とに即した諸部分とを振動
させつつ配列へと相互に向って秩序づけるとしたならば、それも万有について我々が語って
いた先の議論に即してですけれど、敵を敵の傍らに置きながらに身体に対して諸々の戦争と
病気とを産みつけることを人は許すことはきっとないでしょうし、否、身体は友を友の傍ら
89 に置かれた上で健康を成就するものとして提供することでしょう。

他方、あらためて諸々の動の中では自らの中で自らによったそれが最上の動であります。
——何故なら、取り分け思考的でかつ万有のである動に対し同族ですから——けれども、他
のものによったそれはより劣ったものなのです。だが最悪のものとしては身体が横たわって
おり、静止をしていて異なった諸々のものどもを通してそれを諸々の部分に即して動かして
あるものがあります。それ故、さあそこで身体の諸々の浄化と緊密の中では、一方、諸々の
体育を通じたものが最上であり、第二のものとしては、他方、諸々の振動を通じたもので諸々
の船に即した、かつまたそれがどの筋道でもってにせよ、諸々の乗り物が疲れをさせぬもの
として生じてある筋道によるものです。第三のものとしては、他方、動の第三の形は何時か
B 強いられた者にとってだと非常に有用ですが、他方、他の仕方では知性を持つ者には決して
受け入れてはならないものです。すなわち、それは薬の働きによる浄化に属して生じて来る

医術的なものです。何故なら、諸々の病気の大きな危険などは持ってなどいない限りのものどもは、諸々の薬でもって掻き立ててはならないからです。何故なら、すべての病気の組織は或る仕方で諸々の生き物の自然本性に似てあるからです。何故なら、それら生き物どもの集まりもまた生命の配列された諸々の時間を種族全体のだとして持ちつつ生じているのですが、生き物自身に即してもまた割り当てられた各々の生命を持ちながら生い育ってあるからです、必然からする諸々の受難を離れてであれば。何故なら、諸々の三角形が直ぐさま諸々の始めに即して各々のものの能力を持ちながら組織をされているからです、或る時間まではありてあることが可能なものとして。それの生命を何時か人は踏み越えてまで生きることはあり得ないのです。されば、仕方として同じものが諸々の病気をめぐった組織のだとしてもあるのです。その組織を人が時間の定められた運命に刃向かって諸々の薬でもって滅ぼすといった場合には、同時に諸々の小さなものから大きなものどもが、沢山の病気が僅かな病気から生じがちなのです。それ故、諸々の養生法でもってすべてのそうしたものどもは、教え導かなければならぬのです、誰かにとって暇があるその限りには。否、投薬をしつつ悪しきものを厄介なものとして刺激してはなりません。

C

D

四三

そして、一方、共同の生き物とそして身体に即しての部分そのものについてはどの道筋でもって人は教導もしまた自己自身によって教導をされながら取り分けて語りに即して生きるのであるか、このことは以上により語られてあるのだとして下さい。他方、さあそこで教導
E せんとするもの自身をむしろ何処かより先立ちまた可能な限り出来るだけ美しく最も優れて教導にかけてあるよう準備せねばなりません。されば先ず正確さを通しそれらについて詳述するそのことは、さればかなりのものにまさにそのこと自身の仕事だけでもなりましょう。けれども、余技においての仕事は先の諸々に即して着いて行きながら、人は習いから離れることなくてこの道筋でもって考察をしつつ、このようにして議論でもって切りをつけることなることでしょう。

ちょうど我々がしばしばも言ったように、すなわち三つとして三つの筋道でもって我々においての魂の形が住いをしているのだ、然るに、各々が諸々の動を持っていてだということでしたが、そのように同じことどもに即してこの今にも出来るだけ手短なことどもを通して語らなくてはなりません。すなわち、一方、それらのことどもの中で怠惰のうちに時を送り自ら諸々の動の静止を導いているものは最も虚弱になるのが必然であり、他方、諸々の鍛錬
90 の中でそうしたものは最も強壮なものとなるのだと。それ故、見守らなくてはなりません、どうとかしてそれらのものが諸々の動を相互に対して均斉を持ったものであるようにと。

他方、さあそこで我々の許の魂の最も決定的な形ついてのことは、この道筋でもって思考しなくてはなりません。すなわち、して見ると、そのものをダイモーンだとして神が各々に

対してお与えになられているのであり、そのものは、さあそこで我々が主張をして、一方、我々の身体の頂きに住いしているのだと言い、他方、天空にある同族に向って大地から我々を大地の植物なのではなく、否、天空のそれなのだという意味で持ち上げているのだと言うのですが、その際我々は最も全うに語っているのです。何故なら、そこからして、すなわち

B　そこからこそ魂の第一の生成が生い育ったところのそこから神的なものは我々の頭にして根であるものを吊しながら身体すべてを直立させているのですから[214]。先ずはされば諸々の欲望をめぐって或いは諸々の勝利欲をめぐりかかずり合いまたそれらのことどもを強く骨折って行く者にとってはすべて諸々の思い込みが死すべきものとしてその内に生じてしまってあるのだということは必然でありかつ全くもって彼が取り分け可能な限りに死すべきものとなり、そのことについては僅かなものさえ欠かすことはないのです。彼はそうしたものをこそ成長させてあるのだから[215]。しかしながら、好学をめぐってまた真実の思慮をめぐり真剣になって来た者、それらのことどもをこそ取り分けて自分自身のものどもの中では鍛錬して来た者は

C　一方、不死なることどもと神的なことどもとを、もし苟も彼が真実に触れるのであるなら、思慮することは一切の必然で何処かしらあるのであり、他方、あらためて人間的な自然本性にとって与ることが可能な限りにそのことの何一つの部分をも欠くことはなく、他方、常に神的なものを彼は世話しながらまた自らをもよく秩序立てながらに彼自身とともに住いするダイモーンを持ってあるからには、抜きん出た仕方で幸福であることがそうなのです。

D

然るに、世話とはさあそこで万人にとって万事につけて一つなのであり、すなわち、自らにとっての固有な諸々の養いと諸々の動を与え返すことなのです。けれども、我々の中での神的なものと同族の諸々の動としては、万有の諸々の思考と諸々の回転運動とがあるのです。それらに対してさあそこで各人は着いて行きながら、生成をめぐっての頭の中で損なわれてしまっている我々の諸々の回転運動を、万有の調和とかつまた回転運動とを学ぶことの故に矯正しつつ、知性把握されるものに知性把握をするものを往にし方の自然本性に即して似せ、他方、似せたその上では、神々によって人間たちにとって課題とされた最善の人生の究極を現在する時間に向っても、かつまた後の時間に向っても、持たなくてはならないのです。

四四

E

そしてさあそこで、この今に我々にとって万有について人間的な生成に到るまで詳述するように告げられたことどもも、殆ど終極を持ったようです。何故なら、他の諸々の生物たちがどの道筋でもってあらためて生じてあるかということは、手短なことどもを通じて言及をしなくてはならぬのであり、そのことを人が長々と遣るような必然はありはしないからです。何故なら、そのようにしてこそ間尺に合うものとして人は自らにとり思われることとでしょうから、それらのことどもの諸々の語りをめぐってあることだとこう。

されぱこの道筋でもってこそ、そうしたことは語られてあるのだとして下さい。すなわち、

91

生じて後は男となった者たちの中で臆病でその人生を不正な仕方で進んだ限りの者どもは、語りのありそうなそれに即すると女たちとして第二の出生においては生まれ変わって行ったのでした。そしてさあそこで、その時に即して、そのことどもの故に、神々は性の交わりに対する恋心を工夫なさいました。生き物として、一方を我々の中に、他方を諸々の女たちの中に魂を持ったものたちとして組織したその上で。その際、このような仕方でもって各々を制作したのでした。すなわち、飲物の出口、その道筋に拠り一飲みが腎臓どもの下へ膀胱の中へと進み、また息でもって圧縮されたのをその膀胱は受け取って放出するのですが、これ

B

を神々は頭から首に沿って背骨を通って髄の一つに形成されてあるものの中へと穿ちなさいました。それをこそさあそこで種子なのだと先の諸々の語りにおいて我々は言ったのでしたが。しかしながら、その髄は魂を持ったものであり通気口を得てのものだから、まさにその道筋でもってそれが呼吸するそのものを流出の生命を持つ欲望としてそのものに対して植えつけた上で、産むことのエロースとして完成をさせたのでした。それ故、さあそこで、一方、男たちの諸々の隠し所の自然本性をめぐったものは言うことを聞くことがなくかつ我が大将といったあり方をしたものとなっており、それは例えば言葉に耳傾けることのない生き物といったものであり一切のことどもを荒れ狂う諸々の欲望の故に制圧することを試みるのです。

C

他方、女たちの中であらためて諸々の母胎にしてかつまた子宮として語られるものどもは、同じそれらのものどもの故に、子供作りに対して欲望的な生き物が中にありつつ実を結ばぬ

あり方に時機に反して多くの時間に渡ってなる場合には、苛立ちを感じながら困難な仕方でそれは耐えるのであり、そしてあらゆる道筋で身体に沿って彷徨い、息の諸々の出口を塞ぎながら、呼吸することを許さずにいて行き詰まりの極度のものへと投げ入れ、諸々の病気の
D 多種多様の別物どもを提供するのであり[216]、それは各々のものどもの欲望と恋とが男女をともに導いたその上で、例えば諸々の樹木から果実をもぎ取った上でともいうように、あたかも耕地へとというように、母胎に対して小ささによって目に見えない、そして形の形成されていない生き物たちを種蒔きし、かつもう一度選り分けては大きなものどもを内部で育て上げ、またその後で光りの中へと導いた上で諸々の生き物の誕生を果たすまでは、ということです。

先ずはされば女たちと雌であるすべては、そのようにして生じているのです。他方、諸々の鳥たちの種族は姿形を造り替えられたのでした、諸々の毛の代わりに諸々の羽根を生やし
E ながら、悪しくはないものの軽薄な男どもから、また、一方、中空のことを語りはするものの、他方、視覚を通じてそれらのものどもについての諸々の証明は最も確固としてあるのだと、人の善さの故に信じている者どもからです[217]。他方、あらためて歩行をする獣類は生じてあるのです、何一つも智慧に対しての親しみをかてて加えて用いたことがなく、更には天空をめぐった自然本性については何一つも凝視をすることのない者どもから。それは、最早、頭脳の中の諸々の循環運動を使用することがなく、否、諸々の胸をめぐる魂の諸々の部分を指導者たちとして、それに着いて行くことの故にということです。さればそれら諸々の営み

92

からして前肢と諸々の頭とを大地へと同類性により引っ張られたものとして彼らは傾かせたのであり、また長方形でかつまたありとあらゆるあり方の諸々の頭を彼らは持ったのでした。怠惰によって各々のものどもの諸々の回転運動が圧縮をされる道筋でもって。四つ足としてそれらの種族はその言い分から生い育ったのでありまた多足としてもそうでしたが、それは神が諸々の基底をより多く一層思慮を欠くものどもには、下に宛ったからなのです。それはそれらが一層大地へと向って引っ張られるようにということでしたが。他方、まさにそれらのことどもの中で最も思慮を欠きそして全くもって大地に向って身体の全体が延びているものどもに対しては最早何一つの諸々の足の必要はないのだとして、足なきものだとして、それらをまた大地を這うものどもとして、神々はお産みになられました。他方、第四の種族が水棲のものとして、取り分け最高度に知性を欠きかつ学知を欠くものどもから生じました。

B

このものらを清浄な呼吸にさえ最早価いしないものなのだと拵え手である方々はなさったのでしたが、それは魂を調子外れの一切から不純なものに持っているのだからと考えられてのことであり、否、微細で清浄な空気の呼吸の代わりに水のどろどろとしてまた深い呼吸へと押し遣られました。ここから諸々の魚の種族と諸々の貝の一切のものどものそれとまた水中に或る限りのものどもが生ずるに到ったのですが、その際、彼らは極度の無知の裁きとして諸々の極度の住いを割り当てとして得たのです。

C

そしてそれらすべてのことどもに即して、さあそこで彼の時にまたこの今に生き物どもは相互へとその身を交換しているのです。知性と無知性との投げ出しと獲得とでもって変化をして行きながら。

そしてさあそこでまた終極を万有についての語りはこの今に、今や我々にとっては持ったのだと我々は言うことと致しましょう。何故なら、死すべき生き物どもと不死の生き物たちを得た上で、そしてこの宇宙はそのようにして満たされた上で、可視的な生き物で可視的なものどもを包括し、思惟されるものの似姿としては神として感覚をされ、最大で最善、最も美しくそしてまた最も完璧なものとして、一つの天空のこのものが単一の種族でありながら生じてあるのですから(218)。

(平成二十一年八月一日午前三時四十一分翻訳開始、同九月二十一日午後五時四十六分完了)

『ティーマイオス』篇註釈

（1）社交には客となることと客をもてなすこととがあるわけですが、その客のもてなしということには飲食によるそれもさることながら〝言論〟によるそれもあるという時、古代ギリシアの人々にその〝諸々の言論によるもてなし〟（ヘスティアマ・ロゴーン）ということは特別に彼らの尊ぶこととして云々されるのでした。我々はすでに『パイドロス』篇の冒頭（二二七B）でそうした姿がソークラテースとパイドロスの間に見られることを見たことでした。76頁

（2）冒頭からここまでの対話から〝昨日〟のソークラテースによる言論のもてなしとその返礼としての今日のティーマイオスたちによる言論のもてなしという社交のこととしてこの対話篇があることを先ず私どもは知る分けですが、以下にソークラテースが昨日の話しの要点はこうだったとして再度語る話しは『国家』篇の第二巻から第五巻辺りまでの話しではあるものその全体に渡り『国家』篇の最重要な思索にまで及ぶものではなかったことから、その『国家』篇と本篇とがそもそもどういう一連の社交であるのかということが研究者たちのレヴェルでは色々に取り沙汰されているようです。それはそれでまあ大事な話しかも知れませんが、私ども初心者としては『国家』篇は―とは言ってもまだそれを私は公刊してはいない分けですが――私ども人間存在が〝我々の必要〟の故にお互いを求め合ってともに住み合うところで如何なる姿であることを求められるかというそのことが問われるのだという時、本篇はその地上の国家

というものを宇宙の成り立ちを語るというその背景にまで深めて考えたのだというその点で、差し当っての理解としておきましょう。77頁

（3）〝自己自身のことをなす〟ということを先ずは「正義」なのだと見て、その原則においてそれぞれの仕事をする人々は分業をすべしとされるのでした。『国家』篇三七〇ＡＤ　77頁

（4）『国家』篇三七五Ｃ　77頁

（5）『国家』篇三七五Ｅ　78頁

（6）『国家』篇四一六Ｄ以下　78頁

（7）男女が同一の自然本性を持つことについては『国家』篇四五四Ｄ以下　79頁

（8）婦人たちと子供らを共同することについては『国家』篇四五七ＣＤ　79頁

（9）結婚を組織することについては『国家』篇四五九Ａ以下　79頁

（10）『国家』篇四六〇Ａ以下　80頁

（11）「『国家』篇四六〇Ｃは単に〝悪しく産まれた子供らは人知れず近づき難い場所に隠匿されねばならぬ〟とだけ言うのである」（リヴォー　ビュデ叢書『ティーマイオス』p.128）更にはむしろ同じく四一五Ｂ～Ｃを参照。80頁

（12）詩人や絵描きたち、そして学識を売り物としているソフィストたちがただ物事の真実のみを追い求める愛智者たちのあり方に比べて如何にただ物事の模倣のみに終始して真実に対して肉薄することのない迂遠な者にも過ぎないかという批評は、取り分け『国家』篇第十巻の語る

ところです。そこからまた『国家』篇の〝詩人追放論〟という厳格でそれ故パラドクシカルな思索も示されますし、『ソークラテースの弁明』や『ゴルギアース』篇のソフィスト弾劾ということもなされるのでした。82頁

(13)。紀元前六七三年頃ギリシア本土の東ロクリスの百の王家の末裔という千人の帰属たちが、南イタリアに建設した植民地、その寡頭制とヨーロッパ最初の成文法がザレウコスの手により成ったことで知られ、ドーリス系の植民地であったところからペロポンネソス戦争時には同じドーリス系植民地のシュラクーサイとともにアテーナイ軍と戦いました。また南イタリアは小アジアの西岸のミレトス学派と相並びピタゴラス派・パルメニデース・エンペドクレースらを輩出した知的風土でもあり、本篇の登場人物のティーマイオス・ヘルモラテースの二人がこの方面からの客人であることも尤もなことなのです。83頁

(14) 前六三九頃〜前五五九年頃が生年、前五九四年筆頭アルコーンとして富者と貧者との抗争の〝調停者〟となる。その〝負債の帳消し〟(セイス・アクテイア)などの一大改革を政治家として行いました。その思想を詩の形で表現しましたが、現存するアテーナイ最古の文学作品ともなっています。84頁

(15) ドロピデースはプラトーンの叔父カルミデースから数えて六代遡る祖先で、前六四四年にアルコーンとなった人、〝クリティアース、我々の祖父〟とあるのはそのドロピデースの孫で本篇の登場人物は、従ってそのクリティアースの孫です。彼らは一大名族でした。85頁

(16)「イオニアの祭りでピュアノプシオーンの月（およそ今の十月）の三日～四日の間祝われた。三日目に人々は若者たちの〝フラトリア〟における入会許可を祝うのであった。人々は彼らに対し断髪を施したがそこからして祭礼の名前が恐らくは出たのだろう。「クーレオーティス」は〝ケイレイン〟（断髪する）から出て来るのである。・・・中略・・・。人は同じくその名前を〝クーレトン〟（仔羊）から引き出したことがあった。それは人々が仔羊を犠牲に捧げたことがあったからだ」（リヴォー）86頁

(17)「サイス市」については岩波版『プラトン全集』12における種山恭子氏訳の『ティマイオス』17頁における註1に詳しい。参照されたし。87頁

(18) この辺りギリシア神話におけるお馴染みの人物たちについてもまた、前註の種山氏の同じ箇所における註を参照されたい。88頁

(19) 古代エジプトの蒼古とした歴史から見て今日の文明に対して確固として礎となった古代のギリシアでさえも〝子供に過ぎず決して老人ではないのだ〟とエジプトの老いた神官に批評をされたこの情景は、如何にも印象的でしょう。88頁

(20) ここも右の註17・註18と同様、種山氏の同じ箇所での註を参照して下さい。88頁

(21)「〝逸脱〟（パラクシス）という用語は前ソクラテスの人々にもアリストテレースにも見られない。プラトーンはそれを『ポリティコス』篇二六九Eで〝それによって円運動がそれ自身で動くそれの運動から遠ざかる小さな逸脱〟を示すのに使用している」（リヴォー）89頁

（22）恐らくアテーナイの王となったエリクトニオス誕生をめぐる神話のこと、ヘーパイストスはアテーナーに求婚したがアテーナーが拒みヘーパイストスの種子はアテーナーの脚から拭い取られて大地（ゲー）に捨てられ、そこでその大地が身籠もってエリクトニオス（エリオン・クトーン、ウール・大地）が産まれ、アテーナーが彼をアクロポリス山上の彼女の境内で育て上げ、彼は後にアテーナイ王になったのだとか。エウリーピデース『イオーン』二六七行、91頁

（23）ソローンは今エジプトの神官から現在のエジプトの国制が嘗てのアテーナイのそれだったのだと逆に教えられているわけですが、一般的にギリシア人たちはエジプトのそれをしばしば注目したのでした。彼のヘーロドトス（『歴史』第二巻一六四）はエジプトの七つの階層である神官・戦士・牛飼い・養豚者・商人・通訳・船乗りを記録しました。92頁

（24）白い牛の姿のゼウスの背中に乗って攫われるエウローペーを描いた誰かの絵がありますが、無論これが今日の〝ヨーロッパ〟という言葉の本をなしたのでした。けれどもこれに対してのアシアー（アジア）やリュビエー（リュビア）の観念はそれら三地域の相対的なあり方の中で次第次第に形成されざるを得なかったので、ここに見られるようにエジプトをアジアだとする時代もあったのでした。92頁

（25）以下の既述から分るように、これは無論アテーナー女神のことです。93頁

（26）『クリティアース』篇一〇八Eを参照。93頁

（27）「現代の様々な著述家たちに拠れば（彼らにあって Preller -Robert，『ギリシア神話』1894，

p.565があるが）ソローンが最初にアトランティス伝説を物語るに到ったのでありプラトーンは彼の物語をただ利用しただけだった。だがしかし、『ティーマイオス』のテクストそのものはソローンが何も出版しなかったということを明確にしているのである（二一CD）」（リボー）93頁
（28）イーアペトスとクリュメネーの子デプロメテス・エピメテウス・メノイティオスの兄弟でティーターン神族の神、彼らはオリュムポス神族との抗争に敗れ、彼は罰として蒼空を支える役を課せられ、ヘーロドトスに拠れば地中海の遙か西方のジブラルタル海峡辺りのアトラース山脈で天をその肩に支えているのだとか。そこからジブラルタル海峡の西の太洋はアトラースの太洋（Atlantic Ocean）と呼ばれるに到りました。序でながら、地図帳のことをアトラースと言うのは御存知のことでしょう。93頁
（29）「〝リュビエー〟とはエジプトの西方に位置したアフリカの部分を現わすための一般的な名前。〝デュレニア〟（ずっと後ではエトルリア）はイタリア西北部を現わす」（リヴォー）94頁
（30）「プラトーンの美しい物語はアイスキュロス『ペルシアの人々』の記憶を喚起させる（使者の物語、三五三行以下）。人はそこに（二五C）第二回のペルシア戦役への十分に明瞭な言及を見ることが出来る」（リヴォー）95頁
（31）「これらの蝋或いはワックスでの絵画に関してはプリニウス『Historia Naturalis』xxx,149

を参照〝この絵画は太陽でもってでも塩でもってでもまた風でもってでも滅せられない〟」（リボー）97頁

（32）ティーマイオスが開口一番ここで口にしている言葉を譬えて言えば、それは剣道の試合において正眼の構えからただ一筋に飛び込み面を打つそのことだけをその気迫に込めていた如何にもそういう剣士のように私どもに感じられないでしょうか。何の外連身もなくただ単純だけを尽すということです。ソークラテースは（或いはプラトーンは）この『ティーマイオス』篇に到るまでも『国家』篇や『パイドーン』篇などにおいて所謂永遠かつ不動で知性こその対象である〝イデア〟を語る際にはまさに此処にも見られるあり（存在）となり（生成）との区別という根本的な区別からこそ常に語り起すのでした。この『ティーマイオス』篇においてこのコスモスの生成とありとを語るに際しても、それを語る武器は、最早一生を掛けてひたすらに自己の思いをその思いへとこそ純化し親しませて来て今や心の襞に住まってあるただその思いでしかないのです。イデアを思えば強いられたラディカルな区別は、またこのコスモスを思うそのことの必然からもラディカルな区別を思わせずにはいないのだということです。そういう思いが一つの気迫としてここにあるわけです。100頁

（33）前註で申しますようにここでのティーマイオスの開口一番のセリフとは断固として一つの気迫ではありますが、しかしまたこのように〝けれども、更にまた〟とも言い足すようなそのしなやかな奥行きをも持つものであることは『テイーマイオス』篇全体をどのように受け取る

べきかというそのことにとって実は、思うに、大切なことでしょう。すなわち、ありとなりとの区別ということだけでしたらそれはただ「イデア論」だけへと向うその奥行きにも過ぎないことでしょうが、続く以下の言葉に見られるように、「生成とその原因と」というその思索にも密着する思索を自らは思索しようとしているのだとティーマイオスは今語っているからです。中世においてはこの『ティーマイオス』篇こそが最もよく読まれたプラトーンの対話篇なのだということを聞き及びますが、確かに『ティーマイオス』篇を結ぶまさしく〃掉尾〃の言葉を私どもが読みます時にもまた〃コスモス〃という創造された存在の奥行きの秘儀へと入信した人々のその感動を、私どもさえもまた感得することが出来ましょうか。『ティーマイオス』篇は、それ故、「イデア論」もまたそのラディカルな区別において成ったその同じ区別をともにしつつもその彼方に深まる思索の奥行きにおいては入信の秘儀をもまた語った書であるとも言えるのかもしれません。無論、ここではそれは一つの予想にも過ぎず、それが読後の感想ともなるかどうかの実際は、その掉尾の言葉を迎えられた時の読者の皆さん御自身のことですが。

なお、序でながら岩波版『プラトン』全集12の29頁の註1における種山恭子氏の註は大変首肯し得る註かと思います。100頁

(34)「プロクロス、84d(Diels,I,265,18)は工作者(デーミウールゴス)をペイディアースに比しているが、彼その人はゼウスの像を彫刻するのに如何なる感覚的なモデルをも眼差しすることを欲するには到らなかったのである」(リヴォー)100頁

（35）ここでは全天空（ウーラノス）という言葉と宇宙（コスモス）という言葉とが異名同義であるとしてゆったりとした仕方で語られていますが、それでも前者が俗的な豊饒における言葉であり後者が思索の場で研磨されるべき言葉だという感覚の下で掴まれていることはおおよそ言えることでしょうか。何故なら、ティーマイオスは〝狙い見るのでなくてはなりません〟とまで語っていますから。かつそれは加えて更にありなのか或いはなりなのかという筆者の所謂ラディカルな区別からこそ見据えられようともしていますから。またその見据えということを整理すれば

イ、宇宙はありそのものではなくまさに或る始めを持って生成したそのなりこそであること

ロ、何故そう言えるのかの理由——宇宙は思惑でもって感覚とともに把握されるのだから。

ハ、生じ来たったものは或る原因の下で生ずるのが必然であること

ニ、その生成も制作者の制作でもあれば、その際の制作において何がその模範ともなったか、それは永遠なるものへの眼差しでこそあったこと

ホ、ニが言える理由——制作されたものどもは生成したものどもの内で最も美しく、制作に当たって眼差しされたものは諸々の原因の中にあり最善であるから。

ヘ、ホの敷衍——万有の制作に当たって眼差しされたその制作の模範とは、また言論と思慮とでもって把握されたものと同一であること

ト、更にまたへを敷衍して結論的に——宇宙は或るものの似姿であること　100〜102頁

（36）「プラトーンは不断にそれによってこそ諸々の事物が制作されるモデルを追求することに心を奪われていた（Tim.29b; Politique, 277d; Phedre,262c; Rep.472c; 500e; 561c;)」（リヴォー）

他方、種山氏は『国家』篇五〇九Ｄ以下での「線分の比喩」での〝似姿〟（エイコーン）との、その位相の違いのことを註釈されています。102頁

（37）この二行何か意味深長な感じがするようですが、それはどういうことでしょうか。思うに、それはおよそ私どもが事を始めるということがあるのだとしたなら、その開始にはすべからくそもそも〝自然本性〟にこそ即すべしという根源的な認識があることを先ず引き据え、さればその〝自然本性〟とはおよそ〝似姿〟と〝その模範〟との区別というまさにそのことなのだとこう言っているのだということでしょうか。102頁

（38）前註の箇所では「事の始めは自然本性に即してこそあるべし」という掟から我々は似姿と模範との区別を思うのでなくてはならぬとされたわけですが、今はそういう似姿と模範とにはそれぞれのその意味を取り次ぐ取り次ぎ手がそれぞれに〝同族の言論〟としてあるのだとこそ言うのです。そしてそうであれば模範とされる永続的で確固としかつ知性に即して明白なものの言論はそうした性格のものとなり、他方、所詮は似姿であるものに関しての言論はまたそのように前者と類比的に似姿としてのそれとなるのだとするのです。そしてその類比の定式化をすれば「なり対ありは信念対真実」とされるのだと言うのです。すなわち、『ティーマイオス』篇は「イデア論」を純粋に語る厳密な形の言論を語ろうとするものではなくて、否、コスモス

という似姿であるものをそれとして似姿の並みに語ることを思うその似姿の言論（エイコース）なのだというその限定を、自他に宣言しまた覚悟しているのだということです。102頁

(39) これまでのところでは〝似姿による言論〟ということが語られていたのにここでは〝似姿である物語〟というように言われていて何か一種の不整合を感じて落ち着かぬ思いを思われる読者の方もいらっしゃる方も知れませんが、およそ〝言論〟とは然るべき委細を尽して事柄を明らかにすることについて言われるものであるのに対して、他方、その言われる事柄を一つの筋書きとして尤もだと聞き届けるかどうかというその権威において見られるなら、同じその事も物語（ミュートス）だとみなされるのです。103頁

(40) ここの〝序曲・本曲〟という表現については『国家』篇三五七A・三五一D・五三二Dにおいてすでにその先蹤がありました。どなたもお分かりのようにこういう認識の下にコスモスの話しはなされなくてはならないのだというこれまでに語られた言わば〝原理論〟と目されるものが「序曲」と呼ばれ、その原理論に従ってこれから語られようとする語りが「本曲」だと呼ばれているわけです。すでに見られた如くこの『ティーマイオス』篇が『国家』篇と何らかの繋がりにあることは明かでありましょうが、〝序曲・本曲〟という自らの語り方を用意周到に意識する同じあり方もこの繋がりを一層強く示すものと言えましょう。私としては全面的な繋がりがあるかどうかということを詮索することはそれ程の問題とするには足らぬのではないか、『国家』篇のことはまさにただ『国家』篇のこと、この『ティーマイオス』篇はすべからく

『ティマイオス』篇のこととこうそれぞれの対話篇のそれとしての意味と統一とを認めた上でしかし繋がりもあるのだと、こうその繋がりをただ緩やかな限りで思うだけに留めるべきだと思います。私どもプラトーンの研究者としてではなくその初心の一読者でありたいとだけ願う者にとっては、一つの対話篇をただその一つの対話篇としてだけで読むことが最も肝要なことだと私は考えます。対話篇主義ということです。103頁

(41) 一応〝物惜しみの心〟と訳しましたがギリシア語は「プトノス」というものであり、嫉みとか嫉妬心とかとも訳すことの出来る如何にもギリシア語らしいギリシア語で、それはつまりホメーロス(『オデュッセイアー』第五巻一一八～一二〇行)では女神カリュプソーがヘルメースに〝あなた方は怯むことなき御方です、男神様たち、他の方々に立ち勝った者は嫉妬なさる。つまりはまた女神たちの男たちの下で誰憚ろうことなく寝ることはお讃えでもあり、またもし人が親しい連れ合いを我が身に作るとしてです〟というようなことを言い、アイスキュロスの『ペルシアの人々』三六一～三行に〝王は聞いた時直ちに、ギリシア人の企みを更には神々の妬みをも理解せずに、すべての提督たちにこのお布令を出されました〟とあり、そして、他方、ヘーロドトス『歴史』三四の冒頭には〝ゾローンの去った後、捉えたのだ、神からした怒りの大なるものがクロイソスを。察するに、彼が自らを万人にあって最も幸福なのだと見なしたということなのだ〟とあるというように、すべからく人に立ち勝って増冗漫に現を抜かす者への神の嫉みというものの厳しさが言われるというようなことでした。103頁

（42）このことについては先に五一D以下であらためて語られます。104頁
（43）この段落はティーマイオスの〝語りの似姿なるそれ（ロゴス・ホ・エイコース）が先ずは最初にそれとして語った語りですから、それなりの重さがありますので、じっくりと整理して確かめておきましょう。それはこう語られているものでしょうか――
イ、先ず最初として語るべきものの予めの提示――万有の組織には何が原因であるのか。
ロ、万有の組織者の善き者としてのあり方のこと――善き者には嫉み心はあらぬこと
ハ、右のあり方からの帰結――万有として組織されるものの自らと似たあり方であることの望み
ニ、この万有の組織者の望みこそは組織の自然本性として決定的な始めなのだとする思慮のある人々からの言論を受容することの、その全うのこと
ホ、組織者は右のハからして万有の善きものであることを望み、組織の可視的素材としては無秩序でこそあったそれを秩序へともたらしたこと、秩序こそは無秩序に優れること故に、そして最善なる組織者には最美なることをこそなすが掟であるから。
へ、ホの際の組織者の思考――万有が可視的な素材から成る場合、それが知性を欠くものと知性を持つものとしてとで成るとすれば、全体として見れば前者の作品よりも後者のそれこそがより美しいのだとこう。更に知性は魂こそに依存するのだとこう。
ト、への思考から結果して来る組織――知性を魂に、魂を身体に組織して万有を構成する。

チ、以上から〝エイコース・ロゴス〟として語るべきこと――神の先慮の故にコスモスは魂を持ち真実に知性を持つ生き物であること

なお右のト・チに絡んで言えば、『パイドロス』篇では「魂」は自らを自らにより動かすものとしてだけの限りで語られそうした魂が肉体の中に落ちて来て捕らわれるのだとされていて、ここのように善なる組織者の原初の組織において〝魂を身体の中に〟というように組織されたのだとなどは微塵も語られなかったのでした。この点、一見するところ、プラトーンの思索は齟齬があり不統一であるとも見えますが、最も深く見据えられているのは〝知性は魂へとこそ依存するのだ〟というそのことであり、魂の身体への依存とは人間存在が可視的な制作物なのだという、恐らくはその限りだけでのことなのでしょう。104頁

(44) 前註が註釈をした段落は「万有は、神の先慮という原因によって組織されたのだ」ということを語ったのでしたが、この段落は「万有の組織は模範を眼差ししてその似姿をこそということであったが、その似姿がそれにこそ類似するというその模範とは何であったのか」ということを問い、それは単なる部分的であって完結を欠いて未だ美しいとは言えないものではなく、否、眼差しされた模範は知性の対象となる生き物たちをすべて完璧に全体として包括してあり、その仕方で美しくあれば、その全体としての完璧をこのコスモスもまた持つようにとこそ神は組織なされたのだということを語ります。知性は知性の対象ともなるべき全体の完璧な組織を類種の包括と結合という姿(イデア)のあり方として把握しなくてはならないのですが、その

結合と包括とについてはすでに『ソピステース』篇二五三Dの語り方がありました。参照して下さい。105頁

(45) 前註の段落での語り方踏まえればこのコスモスを〝全体としての完璧な諸々の姿の組織〟であるとする限りはそれは必然的に「一なるもの」でこそあるのだと宣言するのです。しかしまた他方では古代ギリシア世界は所謂〝原子論〟を唱えたレウキッポス・デモクリトスなどのコスモスを無限多のものだと考える考えもありました。〝全体の統一〟といったことを考える思索は〝原子と虚空〟の二元ただそけのみを考える考え方からすれば、恐らくなじめない考え方だったからでしょうか。105頁

(46) この段落で語られていることは、まさしく古代ギリシアの明晰な精神を私どもに思わせることでしょうか。生成したものは見られかつ触れられるのだ。されば見られるべくも「火」が、触れられるべくも「土」がその生成の素材たるべし。だが素材も組織さるべくはそこに組織さるべくも「絆」をこそ必要とする。ではその「絆」は如何にして見事にそれであり得るものか。それはまさに比例中項であってこそである。なかなかに澱みなき明晰な語り方です。語られる内容を数学的に現わせば〝a:b=b:c ならば b:a=c:b〟ということでしょうか。もっと分り易くすれば〝2:4=4:8 ならば 4:2=8:4〟であるわけですが、ここで4という比例中項は確かに初項とも末項ともなり2と8とは比例中項なっていることを私どもも容易に理解することが出来ることでしょう。すなわち、「絆」となるべきものはそれが比例中項であることにおいてまたそこ

から結びつけられる二つのものをもまた結合する比例中項という「絆」にするわけです。107頁
(47)〃二つの平方数の間には一つの比例中項があり、二つの立方数の間には二つの比例中項がある〃ということはエウクレイデース(ユークリッド)『ストイケイア』(原論)第八巻の命題十一・十二に見られます。これに拠れば「火」と「土」とそれらの「二つの絆」といったことが思われていることでは後者の二つの立方数ということで「火」と「土」とが考えられていることになりましょう。そして前註の如く「火」対「空気」=「空気」対「水」、かつ「空気」対「水」=「水」対「土」という二つの比例中項として「空気」と「水」とが考えられているということです。確かに天空は三次元の立方体でしょう。107頁
(48)周知の如くこの〃親和〃という観念は彼のエムペドクレースが大切にした思想でしたが、プラトーンは比例中項というアイディアで同じそのことを考えたということです。108頁
(49)「この一節は世界の単一性に関する諸々の古代の議論への言及をしている。プラトーンはエレアー派の人々において採用をされた諸々の議論を再現しているのである(パルメニデース『断片』八、メリッソス『断片』七・八)。プラトーンの諸々の推論は、プロクロスが注目しているように(157-161, Diel, 2, p.58-67)、アリストテレースとその弟子たちによって再度続けられるであろう(『De Caelo』2,4,286b10 以下)」(リヴォー)108頁
(50)この段落の主眼とするところは先ずはコスモスがどんな形態を神によって与えられたかということを問うてそれはそうであってこそそれがまさにコスモスと呼ばれるのに相応しいそれ

だと答えることにあります。そしてその〝相応しさ〟とは何か。それはこのコスモスがすべての生き物を（それ故、またそのすべての姿とを形態とを）その内に包含するものである限りは形態が自らの内にすべての形態を包含して球形であってこそ考えられるものであると答えるのです。何故なら、球形こそがその内にある形態を完璧にして相互に相似たもので同族的なものとなすからです。パルメニデース『断片』八の四二～四九行の言い方では

しかしながら、限界は最後だからして、そは仕遂げられてあるのだ、
すべての方向からは、円やかな球の塊に似たものとして、
真ん中からは、あらゆる筋道に均等だと。何故なら、何かがより大きくも
何かがより小さくも、ここで或いは彼処であることは、定めではないからだ。
何故なら、「あらぬもの」はあり得ず、そはそを妨げて至り着くこと
同様のものへとはせず、また「あるもの」もあり得ず、どうとか「あるもの」に
比べてここでより多く此処でより少なくとこうは。すべてが侵すべからざるものなりば。
何故なら、全方向から自らに等しきもの、同様にこそ諸々の限界の中に起れば 〟
と言われています。恐らく此処で〝自らの内にすべての形態を含む〟と言う言い方で言われていることは一つの鴬篭の中に雑多な魚が入っているといったイメージで考えるようなものでは決して無く、否、球心を芯として次々に同類の球が重なって行きそしてまたその最後も同じ球なのだ、逆にその最後の球こそが宇宙としての限界でありその内に一切の球を含むのです。109頁

（51）以下、第七章は一つに宇宙の自足したあり方から語るべきこと、二つに宇宙の運動は回転運動のそれでこそあることが語られますが、私どもには宇宙の完結とか完璧とかということをこそ思うギリシア精神が如何にも眩いものに思われましょう。109頁

（52）円運動と上下・左右・前後の六つとを併せて七つの運動という分けですが、円運動以外は〝知性と思慮とをめぐるものではなくそれは動揺や彷徨いなのだ〟とされていることは私ども今日の人間には全く及びも拠らぬ思想に思われましょうか。しかし、これは宇宙を完結としてこそ思えばこそのことであり、四四D以下や六九D以下では死すべき種族が身体器官を必要とすることが考えられています。リボーは『法律』篇八九三E～八九四Aに「動」の十種の分類があることに言及しています。110頁

（53）無論、この段落は以上の思想を神の〝何時かあらんとする神〟をめぐる思量であるのだと、こうその要点を再確認するものであり、言わば〝駄目を押した〟というところです。すなわち、私どもは語り手であるティーマイオスその人の勝負根性を思ってよいところでしょう。111頁

（54）この段落はティーマイオスがコスモスとは可視的で触れられるものとして身体のあるあり方のものであるところからして最初に身体の話しをせざるを得なかったことに鑑みて、「魂」の話しが遅れたことの弁明をしているところです。「支配」というその本質からすれば支配すべき魂こそ支配さるべき身体に優先することを言う彼は如何にも良識に適っておりましょう。111頁

（55）ここ（三五A4）のテクスト（αὖ περὶ）は岩波版と同様にバーネットの削除には従わず、

諸写本の読み方を活かしてそれらに従う。111頁

（56）先ずこの段落の抽象もその極度にあるかのような議論は、初心者として不用心な私どもにとっては、俄には理解の及ばぬ思いを強いるものであることでしょうか。そこで私どもとして落ち着いて考えてみなくてはなりません。すると私どもは『ソピステース』篇の二四八ＢＣでエレアーからの客人が

　十分なものだと我々はこう境界標識を何処かしら〝あるものども〟の領域において立てたのだったね。すなわち、或るものに備わって最も僅かなものの方向にせよ〝受動をする〟或いは〝作用する〟そのことの能力があるといった場合だが。

と語っていたことを思い出すでしょうか。要は「能力」こそがあるものがそれであるそのありを限定する標識（ホロス）なのだと言っているということですが、確かに例えばトランポリンがそれであるとはそれにはバネが仕掛けてあってそれは人を高く跳躍させる能力がある分けで、私どもはトランポリンをそういうものだと確かに認識しているでしょう。それ故、「魂」のありは魂の能力だということになりますが、「魂」の持つ知性は〝あるものども〟のその認識に際し何をその能力としてなしているかと言えば、それは肯定して同意し或いは否定して異を唱えているのだと言えるでしょう。こう考えて見れば私どもにもまた一見するところ極度に抽象的な話しも理解の脈絡を持つことでしょうか。112頁

（57）前註において「魂」の能力ということに関して〝あり・同・異〟の三つがともかくも相関

しているのだということは納得をして戴けたかと思いますが、しかしティーマイオスの語り方にはもっと子細があって、それらの三つも不可分なそれらと分割可能なそれらとということでこそ考えられています。また考えられているそれらの「混合」も不可分と分割可能なそれぞれをそれぞれに混合する第一次の混合と、そこで成就した第三の「あり・同・異」を三つ併せて一つにする第二次の混合とということも考えられています。この「不可分・分割可能」ということを考える理由は何なのでしょうか。『ソピステース』篇では〝最大の類（ゲノス）〟とその共同（コイノーニアー）ということを考える場面と「異」が「あるものども」を細分化してはそこに知識をもたらすということを語る場面とがありますが、そうした不可分なものへと上昇する思考と細分化してこそありを特定する下降の思考とということなのでしょうか。112頁

(58) 三五B以下ここまでの綿密な議論に関しては、どこまでもこういう議論に興味をお持ちの方はこの『ティーマイオス』篇の優れた専門家でいらっしゃる種山恭子氏の岩波版の註を参照して下さい。113頁

(59) ここのところも不用心な私どもにとってはプラトーンその人の古代的精神から——宇宙の舞台に具体的に展開する「同と異」というようなことを言われると何かただもう目をぱちくりさせられるだけのようにも感じられますが、要は「知性はこの宇宙においてこそ展開するのだ」というようなことなのでしょうか。114頁

(60) この〝身体の形のものすべてを魂の内側に〟という表現はともかくも〝身体のすべてを〟

と言っているのではないことは注意をすべきなのでしょうか。何故なら、「魂」と「身体」とを二元的な区別あるものとして考えるのではなく、否、「魂」の二元からこそ〝身体の形のもの〟ということも考えられて来る。すなわち、逆に言って、身体も「魂」によって浸《ひた》されることで形という身体になってあるのだと考えられているのではないかということです。ここには近代において彼のデカルトが考えたような「思惟する精神と延長のある物体の二元」という厳しい二元論は何一つ思われてはいないのではないかと思われます。114頁

(61)リヴォーは〝アリストテレース『de Caelo』2,2,285b16 以下を参照〟と註しています。114頁

(62)ここの原文を岩波版は〝およそ理性の対象となり常にあるところのもののうちでも最もすぐれたものではありますが〟と訳し、この言葉は「魂」にも「数理や調和」にも、最も優れたものにもかかりうるとしながらここではその「最もすぐれたもの」を「宇宙の製作者」にかけたことなどを述べそしてそう理解した場合の困難についてその解き方を述べていますが、私の訳し方はそういう〝三つのかかり方〟を思う必要のないそれになっており、ここでは

イ、宇宙の制作者の最善

ロ、制作された「魂」の最善

ハ、その「魂」の最善なものとしての制作ということが言えるのは〝思惟的なものどもが常にあるその時にであること〟

ということこそが言われているのだとするものです。ハが肝要なのだと思います。115頁

（63）註の56の必要を私どもが覚えていた時のティーマイオスの語りの極度の抽象ということも、今や此処この段落の全体において存分に説き明かされているのだという分けです。要はやはり〝魂の認識とその言論〟なのだということです。プラトーン哲学の核心は一にも二にも「人間存在は問答をし対話し言論をするのだ」というそこにこそあり、そしてまさにそのことこそが繰り返し繰り返しいろいろの仕方で語り直される分けですが、この『ティーマイオス』篇ではその言論の宇宙論的な成立がこうして語られるのだということです。なおここでの哲学的課題は〝宇宙の魂の働きとその対象との関係〟（岩波版47頁註1）なのだと考えて種山氏はp.182からp.186にかけて多くの解釈者たちの解釈を補注として報告しておられますが、そのような哲学的な問題をここで深く突き詰めたいと思われる読者の方々は種山氏のその補注を参照されますように。115頁

（64）恐らく岩波版の種山氏が〝似像〟としてではなく〝神殿〟とまで踏み込んで訳されていることは首肯するに価いするかも知れません。何故なら、真実在におけるイデアのみが永遠の名に価いするばかりではなく生成して来た恒星もまたそう見られもするからです。しかし、そうすると〝永遠の神々の〟と〝アガルマ〟との関係は所謂「記述的属格」なのだという理解ともなるでしょうか。そしてここでは物語ることも「恒星」を永遠の神々とする見方からこそ始められるのであり、真実在のイデアまで遡ってそれを讃えてそれのアガルマ（似像）があるのだとする思考は塞がれることになりましょう。116頁

(65)〝このコスモス＝神殿〟とする種山氏の御理解が尤もかとする前註にも拘らず、成程前註の限りでは〝永遠の神々のアガルマ〟というその〝永遠の〟という形容の言葉が神々を形容しているのかそれともアガルマを形容しているのかはどちらとも考えられるので種山氏の御理解の線もあり得るようにも思われますが、この註の範囲のテクストを読む限りでは
イ、このコスモスの産みの父親がその産みなしたコスモスの動いて生きていて〝永遠の神々のアガルマ〟となっていることを自らの制作経験の喜びとしていること（↓制作の意識）
ロ、その制作意識において以後も「模範に出来るだけ似せてこそアガルマを制作するのだ」という自らの制作の方針を一層徹底しようと彼はすること
ハ、従って、「模範」が永遠の生き物であるからにはその制作する万有も出来るだけそのようにこそ成就しようとしたこと
ニ、時に、しかし「模範」が生き物として持つ永遠は、制作されて産まれて来るものどもに対しては付与することは出来ないことを彼は承知したこと
ホ、結論として〝似姿の何か動くものを永遠にこそ属するものとして制作する〟ことを彼は意図したこと
が語られていますので、ここでは模範とそれによってこそ制作されるものとの区別こそが神の意識の底にあるのだと思われますから、ここでは〝永遠〟ということ自身の言わば〝本場〟と〝本場に依存するもの〟との別こそが語られているでしょう。それ故、右のホもむしろ制作を

されるコスモスの一種の永遠も本場の永遠にこそ依存してのことなのだということがはっきりと意識されてあるのだ言わなくてはならぬと思われます。こう理解されるなら、種山氏の一見するところ恒星もまた永遠だとされている（四〇B）ということに留意されているその留意も余り強く主張さるべきではなく、種山氏としても御自身がそう認められている如く〝永遠〟ということの本場をこそ強く留意される必要があるように思います。116頁

(66) さあここでまさに「時間」なるものの発生が語られているわけですが、それは

イ、基本的な動向は、神が本場の永遠をコスモスが出来るだけそれとして模倣するようにとコスモスをなお制作しようとしたところで決められてあること

ロ、「永遠」は一の中に留まってこそあるが、その永遠に似せられて「時間」なるものが数に即して進み行くことにおいて生じたのだと語ること

ハ、その〝永遠に似せられて〟とは「永遠」の持つ一をこのコスモスの持つ円環運動が日々・夜々・月々・年々といったような仕方で一つ一つ数えられるものとしてその運動するそのことの謂いなのだと語ること

といった次第のものと言われています。すなわち、円環運動がという一つの完結（perfectum）を一つ一つ数えることにおいて反復するそのことが永遠の一の模倣なのだということであり、思うにまた永遠が自己自身だとすれば時間はその自己の反復として、言わば自己確認でもあるのでしょうか。116頁

(67)ここでの〝時間の部分〟という言い方は微妙でしょう。何故なら、この言い方は「時間」というものが何か一つの全体としてある時にそれが部分化するのだということを端的な仕方で言うものではなく、否、円環運動を日々や月々や年々といった仕方で数え上げるといった時に、その「数え上げられるべき全体」というその時間が数えられる一つ一つというその部分をこそ数えるのだということを実に言うのだと思います。また〝時間の形〟というのもそれは恐らく一つを数えたという成就が〝あった〟ということであり、一つを数えるであろうという意図が〝あるだろう〟ということなのだということでしょう。すなわち、「魂」の持つ弾性がその時々に塑性化するのだということでしょうか。序でながら大野晋『岩波古語辞典』は「暦(こよみ)」を〝かよみ(日読み)の転かと推測しています〟117頁

(68)ここから以下第一〇章で語られていることは種山氏も註をされているように(岩波版49頁註2)彼のパルメニデースの『断片』八の5行の「かつて『あった』のでも『あるだらう』とてもないからだ、この今に一緒にすべてがあれば」という思索こそが強く見据えられていて、その見据えにおいてすべてのことが語られているのだと見られましょう。117頁

(69)「プラトーンはこの二頁においてとてもモダーンな言い回しの時間の学説を開陳している。それは恐らくピュタゴラス派の人々へ再び遡るのだ(アリストテレース『自然学』4,10,218a33以下)が。時間は変化へ結び付けられてあり諸々の永遠的な実在に対しては存在しない。持続する各々の事物は固有の時間を持ちそれはその変化のリズムに対応していると見えるのである。

各々の星は特別の時間を持つ（三九D）。だが諸々の惑星の諸々の異なる時間は〝規則正しく〟あるのである、太陽と月とのそれらの運動の諸々の時間単位によって。その上、共通の時間、すなわち〝大年〟があり、それの終りにおいてすべての天体的な外観はそれらの最初の諸々の状況へと立ち戻るのだ。この時間こそすべての他のそれを支配するのであり、それはちょうど不動のものどものの球体の運動がすべての恒星的運動を支配するようにである」（リボー）117頁

(70) こうした語り方から受ける第一感からするとプラトーンは考えるべき問題に心中深く行き当たったがその問題を真正面から論ずることは暫く先送りするのだという態度をここで取っているのだというようにも見えますが、私としてはすでにその問題は多少考えるところもあったからだというように解釈が可能かとも思います。私がそうも考えるのは、二つ程プラトーンのそうした問題にも取り組んだかと解釈される対話篇の存在が思われるからです。

その一つは『メノーン』篇における例の〝探求のアポリア〟へのプラトーンの取り組みです。それは「知るものも知らぬものも探求することはない。前者はすでに知っておれば探求の必要はないし後者は全く知らぬものには探求の目途が立たぬから」とこうするものでしたが、私は私どもがもし〝行為の段階 stage of action〟ということを考えてみるならその〝探求のパラドックス〟というのもおよそ「探求する」ということを単にその完了と始発以前との二つだけの舞台のことに限ってしまうことで主張するものであり、「探求する」というその行為の過程があってこそその成就もその始発以前も語られるはずだというのにそれらに訴えて逆にその行為

過程そのものの存在を棚上げするという詐術によってなるものだ解いたのでした。とは言え、またその〝行為の段階（或いは舞台）〟という考え方を援用してここの「生じてあるものは、生じてある」「生じて来るだろうものは、生じ来るだろうものである」という表現の意味を考えて見れば、私どもは恐らくそこに「行為の過程そのもの」とその「行為の成就」という二つの事柄が従属文（〜は生じた）と主文（〜は生じたということがある）とによる一つの複文章が書かれてあることを見出すことが出来ることでしょう。すなわち、『メノーン』篇の中で探求のパラドックスが問われたシュテレもここのそれも、哲学としては同じ一つの文脈にあるのではないかということです。

もう一つは『パルメニデース』篇第二部の第一仮定での「もし（存在が）一であるならば」という仮定とその一つの結論「して見ると、そのものにとっては名前もなく語りもなく何らかの知識もなく感覚もなく思惑もないのである」（一四二Ａ３〜４）が教えるものです。私どもがその中で存在するこのコスモスがそれを模範としてこそ成るその模範は模像であるコスモスを断固として超越する永遠なのでしょうが、その永遠はただそれが一としてあることだけが我々の思惑するところであって、それはただひたすらに成就であるそれだけなのであり、その成就を我々人間的存在が解き直してあらためて知識の対象とするといったものではなく、その意味では、断然むしろ不可知のものだとされるべきものと考えられます。すなわち、右に私どもが見た複文章における「ある」とは私どもが時の形の中にあってさえ「ある」ということを言うにも到ることとのその認識の、それとして完璧に閉じた、永遠的な意味のことを物語るものではないかと私は愚考するということです。117頁

(71) ここも『ティーマイオス』篇研究の優れた専門家である種山氏の岩波版の51頁の註を参照して下さい。118頁

(72)「告げられた説明は『ティーマイオス』篇においてどの部分も見出されない。プラトーンはただ四つの惑星（月・太陽・金星・水星）だけを取り扱うのである」（リヴォー）119頁

(73) 私は岩波版の読みにも拘らずバーネットのAFY写本の読みに従っています。119頁

(74)「『同』の円は一日の運動から生気を与えられるがその運動はすべての他の運動を支配するのであり、またそれらを〝引きずる〟のである、それらは反対の意味においては支配されるのではあるが。かくて星々が諸々の螺旋形を描くと見えるということが理解される」（リヴォー）119頁

(75) ここも註(71)とも同様、岩波版51頁の註3を参照して下さい。119頁

(76) ここも註(71)(75)とも同様、岩波版53頁の註1を参照して下さい。120頁

(77) ここが一つ第六章・第七章の言わば〝万有の組織の原理論〟、二つ第八～第一一章の魂と時間の生成という言わばコスモス全体に浸透してこそあるものの生成の議論というこれまでの語りを総じて振り返り、ではなお語られずに残されているものは何かということをそこから見据えて行く、言って見れば踊り場に立つようなところであることは、恐らくどなたにも感得

されましょうか。そしてその残されているとする事柄が『ティーマイオス』篇第一部を閉じる第16章までの語りとなるわけです。121頁

(78) ここの下りでの語り方をよくよく味読すれば私どもは何故にエイドス（形相）という言葉が用いられるのではなくまさにイデア（姿）という言葉こそが用いられねばならぬのかという理由に想到することが出来るでしょうか。思うに、それはエイドスという言葉が考えて区別し整理をする、言わばそんな〝乾いた形〟をこそ言うのに対して、イデアという言葉は神すらもそれに出逢うのでなくてはならぬその「驚異」に満ちた魂全体との響き合いにおいてこそ姿であるということではないでしょうか。一般にプラトーン研究家らも通常イデアとエイドスとのニュアンスということには拘《こだわ》ることをせず同義語扱いで済ますのですが、私の感触ではここで私が感得出来るのではないかと思うイデアという言葉のニュアンスは、その気になるなら到るところで感得することが出来るように思われます。もしプラトーンの哲学が〝イデア論〟なのだとすれば、私どもプラトーンを研究するなどと称している者たちにはもっと真剣に「イデア」という言葉を愛し抜き味わうことが、真実にも求められるのではないかと思います。

なお、因みに我が国の古典『万葉集』ではその二八九七番に

何　日之時可毛　吾妹子之　裳引之容儀　朝尓食尓将見

如何ならむ日の時にかも吾妹子が裳引の姿朝に日(け)に見む

とあって〝姿〟という言葉には〝容儀〟(立派な様子、衣服を身に着けた様子――『岩波古語

辞典』）という熟語が当てられています。私は右に〝「驚異」に満ちた魂全体との響き合いにおいて〟などと言いましたが、私の感触では『万葉集』の右の歌も少なくとも〝裳引く姿〟に対してその印象によって心が自ずから深く押されて行くことにおいてはほぼそうした響き合いのことを歌うものだと理解されるように思われます。121頁

（79）これは、察するに、「同」の運動のことでしょう。122頁

（80）五つの動とは上・下、左・右、後方への動のことであるわけですが、回転運動と前進運動とが特記されることに留意しておきましょう。122頁

（81）この段落では私どもの「大地」の言わば〝特権的なあり方〟が言われていることが、注目されましょうか。リボーは「三七Eのテクストに拠れば夜と昼は天空と同時に、また従って、大地よりも前に産まれてあるが、その大地は天空の内側に置かれてある諸々の神性（四〇C）の中にあってただ最も年をとったものに過ぎない。他方ではまた、大地は恐らく不動である。如何にしてそれは〝夜と昼との見張り手で〟あることが可能なのか。プラトーンは疑問の余地なくシンプリキオスによってピュタゴラース派の人々に帰せられている学説に言及をしているのである。曰く〝彼らは語るに到ったのだった、大地は星であるが、それはそれがそれとして同程度に時間の道具であるからである。何故なら、それはそれ自身日々と夜々との原因であるから。実際に一日をそれが輝いている時に太陽へと向けられたその表面によって作るのは大地であり、また夜をそれが産み出す本影へと向けられてある時に作るのは大地なのである〟と。

(Diels, Vors.I,356,24)」と註をしています。122頁

(82) この〝結合〟とは後で〝隠す〟とか〝もう一度現わす〟とか〝恐怖や諸々の印し〟とかといったことが言われているところからすると月蝕や日蝕において太陽と月と地球とが一直線上に並ぶことを、恐らく意味するものでしょう。123頁

(83) 岩波版の種山氏はその57頁の註の2においてこの表現に戸惑いを覚えられ〝プラトーンのテクストをどう訳して読んでも不自然さが残る〟と述べられていますが、私はそういう時にはただただ愚直に訳してそこに無理なく思われることを思うに如《し》くはなしと思います。要するに、ここは〝呼び掛けられる神々〟と〝私がそれらの作品の工作者なのだとされて性格づけられる神々〟とが二つ考えられているのだというのが最も素直な読み方ではないかと思うということです。そしてその〝二つ考えられている〟ということも、以下に語り続けられることを聞いて見るなら、「制作された神々」が制作された絆のままに解体することも可能だとされることと神の意志はそれ以上の絆をなお与えていることとが言われ、その限りでまた〝この今に示すことを学べ〟と命令されることとの二つのことに続くのだと思います。124頁

(84)『国家』篇第十巻の或る下りでソークラテースは「この点は先ず、それではだよ、そのように事はあるとしよう。だがしかし、もし事がそうであれば、君は心に思い浮かべるのだ、常に同じ魂たちがあることだろうと。何故なら、何処かそれらは何一つの魂も滅びはしない時にはより少なくなることはないことだろうし、あらためてより多くともならないだろうから。何故

なら、もしも不死なるものども何であれそれがより多くなるのであれば、君は知るわけだ、それは死すべきものから生じて来るのであり、かつすべてのものどもは最後には不死なるものであろうことを」（六一一A4～8）と言っています。126頁

（85）続く〝諸々の運命の掟とされたもの〟の語られ方を見ると「男子」は〝より力のある〟と言われ「女性」は強いられる受動や愛欲・恐怖などの克服に挫折した男どもがそれへと生まれ変わるものだとされているのを見ます。ジェンダー論の喧《かまびす》しい今日、こうしたことを何の遠慮もなく平静に何か透徹した思想であるかのように語るだけのどんな深い理由があるのでしょうか。一応のところ私どもにも分ることは「人間にはそれによって打ち負かされてはならぬそうしたものがあり、それらに対してより強く戦うことが求められる性があるのだ」ということでしょうか。まあしかし、ジェンダー論を奉ずる方々は「それはすべからく男女すべてにおいてのことでありその戦いにおいてモラルを発揮するのは男子だけの特権だとすることは認められない」と叫ばれましょうか。だがその特権を放棄しても女性のモラルはありましょう。126頁

（86）古代の人はこうした「終末論」（eschatology）語ることを人間のモラルを語る時には常にともにしたのでした。今日の私どもが殆ど見向きもしなくなった心馳せですが。127頁

（87）『国家』篇（六一七D～E）にもまた同様の語り方が見られます。すなわち、人間の魂たちはその死後死者の定めに導かれて運命《モイラ》の女神たち（ラケシス・配給する者、クロートー・紡ぐ者、アトロポス・変えることの出来ない者）の下に遣って来て以後の生を決めるべき籤を引く

に当りラケシスから〝汝らをダイモーンが籤で引き当てることはないであろう、否、他ならぬ汝らこそがダイモーンを選ぶであろう。・・・中略・・・責めは選び取る者ことのものであり、神は責めはないのである〟と告げられたのだというのです。127頁

(88)ここの所、地球以外にも知性的な存在が存在するのかどうかということを学者たちは詮議するようですが、私にはもっと抽象的な問題が、すなわちそれら星々とは〝時間の器官であり道具である〟とされているその一点だけが、肝要なのだと思われます。つまり、人間にとって「時間」というものを天体の観照において見るのだという、人間的知性の存在の方こそが肝心なのではないかということです。

リボーのここの註はその「解題」の91頁を見よと言った後「プラトーンは従って、彼がそのことをここでなしているようには、住まわれた星々の複数性のことは語ってはいないのである。同じ信念への言及が『法律』篇第十巻九〇三D・九〇四Bに見られる」というものです。127頁

(89)ここの所、岩波版の種山氏の61頁の註1を見るとアーチャー・ハインドとコーンフォードとが〝神自らの向きに即した習いの中に留まる〟ということに関して前者が「神が常に単一の中に留まる」ことを、後者が創世記に言う「7日目の休息」を思うという点で対立した理解を示していることに対して、御自分の訳はCook-Wilsonに従うものなのだということからその対立を止揚しているのだというような註をされていますが、ここは恐らくコーンフォードの線で済ますところでしょうか。何故なら、「神のより若い神々への課しつけと、それ以後」という

ことがここでは語られなくてはならぬことですから無論その〝若い神々の働き〟こそ語られるべき問題でありそしてその通りその事が語られますから、仕事を課しつけた神御自身のことはまさしく語られたそれだけの語られ方で語られてよいはずでしょうから。128頁

(90) この段落ではより若い神々の仕事が
(イ) 制作の素材は不死の始源であるが制作されるのは死すべきものであること
(ロ) 右に対応してか、その素材たる火・土・水・空気は何れそれらの与え手に返却されるのだということ
(ハ) 若い神々自らがそれによって制作された絆とは違う仕方の接合であったこと
(ニ) 魂の巡行が〝流れ入り流れ去る身体〟舳と結び込まれたこと
といったように語られていますが、これらのことはそもそもどのように理解すべきものなのでしょうか。128頁

(91) ここの段落はどなたにとっても明白なように前註の(ニ)に関することを語り続けているわけですが、若い神々によって制作されたものはともかくも生き物として動くものではあってもその動が知性的ではなく無秩序であり言論の出来ぬものだというのがその要点でしょうか。円環運動はその始めと終りとが一つである完結した(pefect)ものだからそれとして知性的に把握が可能なものでしょうが、六つの動きを動くことはそのように動くことは分っても確かに捕らえどころのない蝶の飛行のようなものだろうとは察せられましょうか。129頁

（92）ここも明白なように前の段落での〝無秩序で没言論的な動〟ということを説明するものでありますが、要点は今制作される生き物にとっては絶えず受動するということが必然的なのだということとその外からの受動は身体を解して魂までに到る時に〝感覚〟だと呼ばれるということの二つでしょうか。129頁

（93）ここもその要点は生き物にとってのその外からする必然的な受動ということとおよそ「魂」が魂としてあろうとすれば知性としてこそ活動して「同」と「異」とを認識し言論するそのことの、その相克のことでしょうか。しかしながら、「同」と「異」の円環はそれを結び合わせた御方によってしか解かれ得ないのだということは揺るぎなくあるからには、その相克も円環の〝ねじ曲げ〟や破損という仕方で語られて、その消滅まではこれを語らないことが注目されるでしょうか。130頁

（94）必然による受動からする感覚の混乱とは魂の本来である〝指導・支配〟を失わせるものだというのが、この段落の趣旨でしょうか。131頁

（95）どうやら身体を養うべき食欲という必然がもたらす受動とその混乱を魂にとっての不幸だと見ているようにも思われますがそれでもその〝衰え〟ということは語っているわけですから、そこで何が思われているのでしょうか。今日では一般に〝食生活〟というような場面を積極的に言わば学問的な仕方で考えることも行われていますが、続く段落では〝全うな養育が教育に参与する〟という言い方になっていることが知られます。131頁

（96）この第一六章をリボーは"Explication par les cases finales"（目的因による説明）だと題しながら〝人間の諸々の身体〟「頭・両眼と視覚・付帯的な諸原因・とメカニズム・聴覚」が扱われているのだとしています。それは読めば分ることでありますが、次の題一七章についは"Explication par la la nécessité.L'ordre de la nécessité"（「必然」による説明。「必然」の秩序）と題していることと対比させて読むとティーマイオスの語りの全体像を予め得ることが出来るでしょう。132頁

（97）〝頭への奉仕のためにこそ身体があるのだ〟というこの着想には全く不意を突かれたようでもあり奇異な感じも持たざるを得ないかと思われますが、古代ギリシア世界は、他方にまた〝そこに頸のないたくさんの頭が生え出た／腕立ちは肩なしにそれだけ裸でさまよい／目は額なしに　ひとりうろついていた〟（『ギリシア思想家集』世界文學大系63筑摩書房　の藤沢令夫訳に拠る）というエムペドクレースの断片『自然について』の五七というのもまた併せ持っていました。今日の言葉で言えば如何にも〝シュール〟だと言うところですが、しかし「何らかの意味に満ちたものはすべからく語るべきものなのだ」とするギリシア精神をも思わせられもすることでしょう。132頁

（98）私どもはすでに『饗宴』篇のアリストパネースの「エロース」論においてこことは違って顔が頭の前後に二つあるのだということが語られていることを見たのでした。そしてそこでの力点は〝太古の人間の行動力のすさまじさ〟ということに置かれていたのでした。133頁

（99）前註で私が〝意味に満ちたもの〟と言ったそのことがこう語られているのだと思います。今日の私どもは〝さあお先へ〟とか〝もっと前へどうぞ〟などと確かに人に勧めそして言いもするわけですが、ここで言われているようなことについてはもう殆ど意識することもないかと思います。今日の私どもの意識はもうくたびれかえってしまっているのでしょうか。133頁

（100）私どもはすでに『パイドーン』篇九七B以下の「原因論」において〝真実の意味の原因、すなわち理由となるべきもの〟と〝それ無しには真実の原因の働きも働くことが出来ぬというその意味で必要条件ともなるべきもの〟との厳格な区別ということがソークラテースによって語られていることを見たのでしたが、ここでもその同じ区別の意識の下でその後者が語られて来るわけです。133頁

（101）ここのところはおよそ「火」というものには二種があること、すなわち（イ）〝燃やす〟という持ち前のあるもの、（ロ）〝穏やかな光〟という各々の日において固有に認められるものを提供する持ち前のもの、これらがあること、そして神はその後者を〝身体〟となるよう工夫されたことなどが言われています。そしてその後は「視覚」が成立することのそのメカニズムの説明である分けです。すなわち、次のことが語られています――

イ、我々の内部には右の後者の火と兄弟の火があり、外部から来る火は身体として両眼を通り内部のそれと遭遇すること

ロ、その身体としての火は全体は滑らかで押し詰まってあり、両眼の真ん中を圧縮し流れ込む

こと
ハ、その圧縮は清浄な流れ込みのみを濾過して通すためであること
ニ、その内外の兄弟の火の遭遇が親密化して一直線の行路で組織をされること、親密化はまたそこに抵抗として存在すること
ホ、その抵抗は一つの動でありそれが「見る」という感覚として魂のこととなること
へ、夜や瞼の閉じによりその内外の火の遭遇のない場合に起こること　133頁
(102) この段落で語られる鏡に映って見える諸々の像の説明は前の段落のそれとおよそ類比的であると言えましょうか。何故なら、先の〝遭遇〟はここでは〝共同〟であり、先の〝一直線の行路に沿う組織〟はここで〝滑らかさのめぐり〟と語られていますから。後は恐らく岩波版の68頁の図4による図示と67頁の註3と69頁の註との註の通りでありましょう。135頁
(103) 要するにこの段落では問題の〝真実の原因とすべきもの〟と〝補助原因〟とは厳格な区別において考えられるべきものなのだと語っているわけですから、私どもはその語りを味読することに努めることでしょう。語られていることの核心は「物事のそうあることに対して私どもがどうしてもおよそ〈魂〉というものの介在を思わなくてはならぬかどうか」という点にあるでしょうか。136頁
(104) 人間存在が智慧を愛する哲学的な生に恵まれるという最大の善には神こそが真実の原因をなすものとして坐《ましま》したのだというのが、この段落の要点でしょう。そしてそれこそが眼と視覚

との話しであったのだということです。137頁

(105)ぼんやりした語られ方ですが私どもこうしてただ「視覚」と「聴覚」との二つだけが特筆されるのだということを記憶しておきましょう。138頁

(106)ハルモニアーとリュトモスとの人間形成にとって持つ重要性については『国家』篇第三巻における教育論が力説するところです。139頁

(107)このコスモスの生成は〝混ぜられて〟生じたこと、またその混合とは「必然」とかつまた「知性」とを組織することからのことであること、こうしたことが語られているわけですが、およそコスモスを考えるということに関してこういう理論的な構えを取る事は今日の天文学においてはどのように取り組まれているのでしょうか。浅学菲才の私には見当も付きませんが、専門家の方々に尋ねてみたいものです。〝ビッグバン〟などという着想のことなどを聞き齧ることがありますが、それはただ「必然」のことだけに終始して考えられているのでしょうか。139頁

(108)無論これは「必然」のことがそうも語られているのだというわけですが、先に四六Eでは〝思慮から孤独に残されては行き当たりばったりで配置を欠くものを時々に作り出す〟などと語られていました。139頁

(109)ここの議論はどういうことでしょうか。問題を火・水・空気・土のコスモスの生成以前の自然本性をみることとなのだとすることとはよく分かります。またそれらの生成を明らかに示した

者はいないのだとしていることもよく分かります。けれども何だかよく分らぬ議論は、人々はよく分ってはいない筈なのに我々は彼らがもう知ってでもいる如くにそれらを〝諸々の始め・アルカイ〟でありまた〝構成要素・ストイケイア〟だとする時にその不都合を突いてはそれらを〝諸々の綴り・シュラバイ〟だと比喩することとさえ思慮ある者のすることではないとする、その議論です。「ストイケイア—シュラバイ」(字母—綴り)という一組の言葉を用いながらにその場の思索を深めて行くことは『テアイテートス』篇の第三部などで面目躍如たるものがあるのですが、ここでの議論はそのように思索を深化させるべく先ずは用意されようそうした〝綴り〟の思考そのものがそもそもここでは無力なのだということを自らに意識するというのでしょうか。140頁

(110) 岩波版の75頁の註1にも拘らず私はバーネットの底本のままで読みます。141頁

(111) この段落は敢えて言えば、言わば〝遁辞〟を弄しているのだと言ってもよいようでもありますが、思うにティーマイオスその人も〝「知性」と「必然」との組織をこそ〟という自らの最初の理論的な構えによって、却ってその議論の限界の意識に絡まれたのだということなのでしょうか。何故なら、さればこそもう一度〝ありそうな言論〟へ訴えて自らの立つ瀬を求めるのでしょうから。141頁

(112) この段落のここまでのところ、これまでは一に「模範である思惟をされ常に同一のものに即してあるもの」と二にその「模像」であり生成する可視的なもの」が考えられただけだった

が、これからは〝困難で幽かな形のもの〟を語ることになるのだと言って、請け合った〝尤もらしい言論〟をあらためて展開することへと進んで行きます。以下、読めば分るようにそれは成程綿密で込み入った議論となりますが、それは思うにプラトーンの「イデア論」をコスモスにおいても語り抜くとすればどうなるのかというその課題をも担うことをする議論であるかとも思われます。その意味で「イデア論」でもって物事を考え抜こうとするプラトーンがここでまた〝コスモスにおいて〟という課題まで背負う時にその「考え抜き」が如何なるものとなるかということは、私どもその「イデア論」の徒たるべき者はしっかりとプラトーンに聞くことが求められるでしょう。フィッシャーの校本が第一八章をそれなりの長い分量にしていることも。それ故宜なるかなと思われます。142頁

(113) ここのところ、〝ありてある仕方で水だと語る〟だとか〝全体としてそして個々に即してそう語るよりは何かを何かと語る〟だとか語られていますが、何のことでしょうか。思うに、それは「何かを同定する」というそのことが問題的なのだというそのことでしょうか。それに対して全体的にこうだと語るだとか個々に即してこう語るということはおよそ同定するということには届いてはいないのだと、するのでしょう。142頁

(114) ソークラテース以前に〝自然を語った人々〟(フィジオロゴイ)だったアナクシメネースやアナクサゴラースなどがこのような「火―空気―水―土」が希薄化と濃縮化とにより円環をなして変化することをその認識としたのでした。143頁

(115) こうしたことは彼の『テアイテートス』篇（一七九D～一八三C）での〃万有流転説〃の徹底においてもすでに語られていたのでした。「万有」がおよそ徹底的に流転においてこそあるのなら、我々の魂にはその流転に対する言わば〃摩擦係数〃など存在しないとされるのでした。尤もしかしその第三部での議論では語ることは出来ずに没言論的ではあるが呼ぶことは出来るそういう存在のことは議論されていてそれら二つの説の間の矛盾のことは隠されたままで議論されないということはありました。ここでは〃そのようなものとしてその時々に〃という言い方で、また〃それらのものを各々だとは語らずそのようなものとしてその都度に引き回されている似たものを各々についてまたすべての一切についてそのように呼ぶ〃と言ったような表現で、その『テアイテートス』篇第三部の議論は守られて行くわけです。143頁

(116)〃生成するもの〃は同定においてではなく、ただそれをその都度のそういうものとしての生成としての限りでそれとして呼ぶことこそが求められるのに対して、その生成・消滅がそこへのまたそこからのである生成を受容するものだけは「そのもの」とか「このもの」だとして同定されるべきことが強調されていることには注意しましょう。そしてそのものは同定されることのみが問題なのであり、形容されるべきものではないのだとされていることも。144頁

(117) この段落は〃より明確にあらためて言う〃努力なのだとティーマイオスは言っていますが、〃諸々の形を受容するもの〃と〃受容される諸々の形〃のことがここでは〃黄金〃と〃三角形等々〃とで比喩されていることを思いさえすればよいところです。黄金は黄金であると同定を

されてよいが三角形などは三角形であると同定されてはならず三角形がその都度のそのようなものとしての現れの限りで現われたのだと受け取るべきであるというわけです。144頁

(118) この段落はその前の堕落で〝形の受容者〟と〝受容される形〟とが〝黄金〟と〝三角形等々〟ということで比喩されたのを受けてもう一度前の前の段落へと後戻り〝すべての物体を受容する自然本性〟と〝受容される物体〟という語り方でもって再考するものとなっています。前者は同定し得るものであり受容するものの形を自らのそれとはしないで、ただその受容することによって受容する諸々の形をただ表わすだけなのだという分けです。しかしその受容するものは〝存在するものの模倣物〟であれば、その象りのことは再考を待つのだとは駄目押しをするのだということです。144頁

(119) 前註の段落では〝再考を待つ〟などと言ってそのことを基本線だと言いながら差し当ってこうは念を押すことは出来るのだとして、

イ、「生じ来たるもの・そこにおいてそれが生じ来たるそれ・そこからこそ似せられて生じ来るものが生い育って来るそれ」の三種族を思考すべきこと、そしてそれらを「子・母・父」に準え得ること

ロ、右で母に準えられる〝受容するもの〟のただに無規定であるべきこと

が言われ、特にロが強調されることが知られましょうか。145頁

(120) この段落も前註のロの反復であり強調に過ぎないでしょう。146頁

（121）プラトーンが自らの「イデア論」を自らで批判したのは一般的には『パルメニデース』篇なのだとされましょうが、この下りもまた立派にそうした自己批判の形を呈しているでしょう。しかし私どもとして留意すべきは、その自己批判がなされるに到ったその動因は何であったかということでしょうか。されば私どもはそれは前の前の段落において〝三つの種族〟（生ずるもの、その受容者・生ずるものの模範）を区別したその意識からであったとこそ答えることになりましょうから、それ故、そういう区別と「イデア論批判」とが同根であることが問題なのだと私どもは知るわけです。147頁

（122）この箇所でのティーマイオスの自らが自らに提出した問題の解き方は全くもってこれまでに「イデア論」が主張された論拠と軌を一にしていることがどなたにも気づかれましょうか。すなわち、知性に拠る真実の把握と思惑との区別という「イデア論」にとって伝統的と言ってよい思索です。そして私どももそのように不動の論拠を維持するこの思索に同意を惜しまないことでしょう。148頁

（123）無論、私どもはプラトーンの思索の足跡において幾度もこの区別を思索する姿を見たことでした。『テアイテートス』篇一八七B〜二〇一C、『メノーン』篇九七B〜九八A参照　148頁

（124）この言い方はすでに『クラテュロス』篇で「・・・然るに、もし常にそれが同様のあり方をあり、そして同じものであるのなら如何にしてそのものは変化をしたり動いたりすることであろう、それは何一つとしてそれ自身の姿からは出で立ってなどはしていないのに」（四三九E

3～5）という仕方で語られていたことでした。149頁

（125）前の段落において「イデア論」に伝統でありその正嫡の思索である〝知性把握と思惑〟ということの区別を語ったからには、ティーマイオスは双方に相関する対象であるものそれぞれを確かめて行く中から、〝思惑〟さえもまたその思惑する対象を不当にも「ある」のだとしてしまうのだとして、言わばその剽窃を批判するのです。「思惑」さえも〝あるという〟ことを語る時に何を当てにしているのかと。そしてその当ては、我々が〝尤もらしい言論〟だとして立てることを行ったその「万有の母であり座である受容する場」なのだとし、だがそのものは「イデア論」そのものに必然的に含まれるものなどではなく、まさに思惑こそがそれを当てにした夢想において「あり」に絡むものなのだと。「イデア論」はだがおよそ「似姿」を「典型」からは峻別し〝似姿は典型を自らに固有のものとはなし得ず、それは典型の幻影として落ちて来るそれだけのものだ〟としながら、ただその限りおいてこそ〝受容するもの〟の意味を思うのです。故に、思惑の「あり」の語りと「イデア論」の「あり」の語りとでは〝言論の身分〟がおよそ異なるのだと、こう「イデア論」の立場からはされるのです。149頁

（126）ティーマイオスのこの議論、私には何だか奇妙にも思われるのですが、どうでしょうか。すなわち、それは、素朴なところ、「場」と「生成」とはこのコスモスの成立ということの中でこそ考えられるべきものであり、その〝生成以前〟とはまさにただ「真実のあり」だけが永遠にあるだけであっただろうと考えられる筈だからです。であれば、この議論を理解し得るもの

にするためには私どもの考え方を工夫しなくてはならぬようです。それではどんなことが考えられるでしょうか。前註で〝似姿は典型から落ちる幻影だ〟というように私は考えたのでしたが、考えにくいことですが「永遠のあり」にもその陰影を落す可能性があって、その孕まれた可能性がまたこの現世の持つ現実性と相即してこそあるとすれば、その場合にはこのコスモスの生成と場とはまた生成以前でのそれらでもあるのだというのでしょうか。150頁

(127) この「箕」の原語の πλόκανον はまた「篩」とも訳されるのだというので岩波版の種山氏はその87頁の註1で若干の註を施されていますが、「箕」とは小枝や竹の皮などが編まれた全体としてはUの字の形をして平たくて回りが穀物がこぼれないように縁取りされた農具であり、上下に揺すぶって不純なゴミなどを簸《ひ》ることで有用な穀物だけを残すためのものです。「篩」というのは金網の張ってある円形もしくは四角形で同じように篩い分ける穀物がこぼれぬように縁取りのあるもので、その金網の目を通して不用なゴミなどを篩い落すためのものです。両方同じように有用なものと不用のものとを選別するためのものであり、これが『ソピステース』篇二二六B以下で「技術」の一つの形として見当されていることは周知のことでしょう。151頁

(128) ここも岩波版の種山氏の教えられるように、私どもはエムペドクレースの『断片』一七を参照することが適切でしょう。151頁

(129) 「動そのもの」も〝簸る・篩う〟というようなことでは何か傾向として形相的であるのかも知れません。しかしそれは飽くまでも〝傾向〟という、要するに「動き」のことにも過ぎず、

真実にもあるべきその「あり」を語ることはそこでは出来ぬことでしょう。151頁
(130)「動そのもの」の傾向ということと「神」の諸々の形と数とによる形の与えとの二段構えで語られていることを注意しておきましょう。152頁
(131)この段落で〝物体〟と訳されている原語の「ソーマ(複数はソーマタ)」はまた「魂」との対概念としては〝身体〟とも訳され、また学問的な取り扱いの対象としてはちょうどここでのように〝三次元の立体〟とも訳されるものです。ここでは如何にもティーマイオスという人の語るところに相応しく幾何学的に取り扱う意識に満ちていることが感得されましょうか。また平面をそれと決定するものは三つの点ですから、従って三角形は平面を構成すべき〝要素〟だということにもなります。153頁
(132)どなたにとっても明かな如く二種の三角形とは、一つは直角二等辺三角形でありもう一つは直角不等辺三角形です。だがしかし、問題はこれらの三角形が〝物体の始め(アルケー)〟だとされることでしょう。153頁
(133)ここの段落は語られていることを落ち着いて整理しながら理解することがともかくも求められるでしょうか。そうすると――
イ、二種の三角形はそれから火・水・空気・土という物体すなわち四元が構成される始めなのだと前の段落で語ったことをもう一度確かめて語る。
ロ、それら物体としての限りでは火・水・空気・土は相互に似てはいないが、しかしそれらが

それらへと解体される要素からこそ構成される物体なのだという限りは一の構成要素は他のそれともなるという仕方で相互に転換し合うこと、この思索こそベストであることハ、かく物体を要素の構成とそれへの解体ということで見る限りは、禁じられるべき考え方があること、曰く「火そのものの種族等々の独立的な存在は拒否さるべし」と。154頁

(134) 岩波版と同様、ヘルマンの提案する読みに従って読む。154頁

(135) すでに私どもは高等学校の幾何学の学習において正三角形をその頂点から垂線を下ろして二等分した直角三角形において垂線は$\sqrt{3}$・斜辺は2・短辺は1となることを学んでいましたから、ここでは垂線が長辺であり短辺が短辺ですので、$\sqrt{3}$の二乗と1の二乗とはまさに3対1となるわけです。154頁

(136) 註（133）の線が最後まで通るのならそれでもよいのかも知れないけれどよくよく考えればそうはならないのだとして、この段落は言わば但書をするのだというわけです。すなわち、土の構成要素は二等辺三角形であるのに対して火・水・空気のそれは不等辺三角形であってその構成要素が異なって共通ではないからには、相互への還元は不可能なのだというわけです。154頁

(137) この語り方からすると二等辺或いは不等辺の三角形が構成要素としての限りで形だということとそれらが構成されて形が産み出されることとを形として区別していることが理解されることでしょうか155頁

(138) 岩波版の90頁の図6・図7が判然と理解させてくれるでしょう。参照して下さい。要する

に、直角三角形も一つの正三角形を垂線を下ろして二等分したそれらをその斜辺において二つ併せたものを三つ斜辺と短辺とがなす頂点で合わせれば、そこにまた正三角形が出来る。その正三角形四つ持って来て各辺において合わせれば正四面体が出来るのだと、そういう次第です。155頁

(139) ここも岩波版91頁の註2における種山氏の丁寧な註を参照して下さい。156頁

(140) 無論、この完成した〝身体〟(物体)とは「正四面体」のことですが、註(137)のように、構成要素たるそれらの三角形そのものがではなくて、否、それらによって構成されてそこから完成されるものこそが〝形〟だと語られるのだということを記憶しておきましょう。すなわち、「形とは成就するもののこと」だとされているのです。156頁

(141) 無論、正二十面体のこと　156頁

(142) 註(140)で私どもが見た〝成就〟ということからでしょうか、ここでは「自然本性」と語られることになっています。156頁

(143) これも、無論、正六面体のこと　157頁

(144) これは正十二面体のことですが、『パイドーン』篇(一一〇B5～C1)には〝それならね、語られているのだよ、友よ、第一に、一方、かかるものとして大地はそれ自身見るにつけて。すなわち、もし人が上方からして観賞するなら、それはちょうど十二の面の皮でなる鞠のように多彩であり諸々の色彩でもって色分けされていて、それらのものとして此処での諸々の色も

またちょうど見本のようなものとしてあり、実にそれらの見本を画家たちは用いている次第だと〝というソークラテースのミュートスが語られています。種山氏の93頁の註4に拠れば「神が十二面体を万有に向って用いた、色彩で描きながら」というこの描きに関して解釈の試みが多数ある。だがどれも説得力がないということですが、それは解釈家たちの所謂〝考え過ぎ〟だということでしょうか。何故なら、ここのポイントはむしろ〝正十二面体を万有へ向って〟というその〝万有〟という言葉の方であって、「万有」は文字通りの万有でもあるならそこには断然〝ヴァライアティー〟がなくてはなりませんが、その多様性とは端的には「色彩の色々」でもってこそその表現を得るものですから、要するに「万有とは色々と描かれるものこそその謂いである」とこそ考えられましょうから。157頁

(145)「コスモスは一つか五つか」という問いの立て方はどんな理由で立てられているのかという問題に対する自然で素朴な対応の仕方は、先ずはとにかくこれまでのティーマイオスの語り方にヒントを求めることでしょうか。そうすると確かに〝形〟或いは〝組織〟が五つ語られたということはありました。しかしそうした形などの五つが何故にコスモスの五つのこととならねばならぬかと考えると、答えは判然としないようです。157頁

(146)要するに、この五つの「形」或いは「組織」を火・土・水・空気に分配する遣り方はまさに〝尤もらしい言論〟だという感じが一入でしょうか。158頁

(147)以上の〝尤もらしい言論〟による四元への形の分配の語り方は、皆さん御自身で楽しんで

整理して見て下さい。要は「土―正六面体・火―正四面体・空気―正八面体。水―正二十面体」というところでしょうか。159頁

(148) ここのテクスト、諸々の写本の間に異同がありどの読み方を採るべきかはなかなか決めるのが難しく思われます。何故なら、〃それらについて諸々のゲノスを我々が先に語ったすべての事柄からは、云々〃という岩波版が想定しただろう読み方と私の〃それらのことどもの諸々のゲノスを我々が前に言うに到ったところのすべてのことどもからは、云々〃という読み方との間に読み方としてどう異同があるのかを判別することは、とても困難であるようですから。前置詞と一緒になった関係代名詞の表現の ὧν πέρι で読んでも前置詞を伴わぬ関係代名詞の表現の ὧνπερ で読んでも前者が〃それらについて〃であり後者が〃それらの〃という翻訳になるのであれば、殆ど似たような意味を私どもは得るだけですから。そういう難しさがあるのにも拘らず私が敢えて後者の読みに与するのはこの文章全体の姿からするとその冒頭の副詞句〃～を我々が前に言うに到ったすべてから〃が副詞句として立派に働くなら述語部分も立派に言えるのだということをこそ語ろうとしているのだということが考えられるからです。つまり、前者の読み方のようにその〃～〃のところを〃以上のような種類のものについて、我々が先に言っておいた〃(岩波版96頁)という風に翻訳することは、その副詞句としてだけで働くことこそがその生命であるべき〃すべて〃というものをそれらは「それについて種族を語る主題であったのだ」とまで持って行くことをすることになりますが、思うにそういう主題化する意識

はむしろ余計なことのように思われ、私の訳のように「まさしくそれらの種族を我々が以前に語るに到った」というその事実だけを述べる方が余計な意識を持ち込まないように思われるのではないかということです。岩波版の訳もその〝すべてを綜合すると〟といった訳においては私が副詞句であることの重要性を思っていることと軌を一にしているかと思われますが、それでも〝以上のような種類のものについて〟というその訳においては種山氏の主題化の意識からする歪みからでしょうか、岩波版の読みでも直訳は〝それらについて諸々の種類を〟ともなるべきところでしょうから、その訳出では明らかに誤訳をなさっておられるかと思います。159頁

(149) 註の(146)とも同様、以下においてもまた先に「内容目次」で示しましたように『四元』の邂逅と変換・解体の完了と未完了・場所の交替・構成要素の構成の多様」というようなことが次々に〝尤もらしい言論〟によって言論されるのだということで、この章全体への註と致しましょう。159頁

(150) 第二〇章と第二一章とで「正四面体・正八面体・正二〇面体・正六面体」として火・空気・水・土が組織されることが語られたのでしたが、より大きい組織からより小さな組織への解体する転換とその逆により小さな組織がより大きな組織へと結合される転換とがかくて語られるのだというわけです。種山氏はそこを上手に整理され、(a)前者の解体(b)後者の結合を

(a)一水→一火と二空気(20＝4＋2×8)　一空気→二火(8＝2×4)

(b)二火→一空気(2×4＝8)　二空気＋半空気→一水(2×8＋二分の八＝20)

という風に語られていることを示しておられます。またこの「面」が即「立体」を構成するのだと想定をしていることでの考え方への批判があることや問題的であることを、合わせて報告されています。確かに正八面体だとされる「空気」もそれが二つに解体されて正四面体である空気の二つへとそのままになることはないことでしょうが、ティーマイオスのここでの考え方はそのことを語ろうとするものではなく、それぞれを構成する面の数のことで考えて八つの面は二分されるなら四つの面二つになるのだというその限りで考えているものなのでしょうから、角を矯めて牛を殺すには及ばないだろうと私は考えます。160頁

(151) 岩波版の種山氏はその99頁の註2においてこの〝構成〟を能動的に構成法とこそ訳すべきであり受動的に構造と訳してはならないのだとされていますが、私も首肯致します。162頁

(152) この思考は如何にも古代ギリシア的に単純かつ明解な思考だと言えましょうか。要するに、能動は受動と違うではないか。故にそれらは等しからず、等しからざれば不均等であり、また不均等ならそこで「動」が胚胎されるのだという分けです。「静」はその逆だと。163頁

(153) 以下、この第二四章と第二五章とは火・空気・水の変容と土の種類とを語るという「万有」の多彩と色々とを語り抜く作業となります。幾度もこれは〝尤もらしい話し〟だと注意されるところが私どもには気づかれることでしょう。だがそれでも多彩な万有をこそ語るのだという意欲に満ちていることもまた、私どもに感得されることでしょうか。164頁

(154) この〝アイテール〟(澄み渡り輝くばかりの天)の現代語となったものが「エーテル」で、

この〝アイテール〟と対になる語が〝アエール〟（靄・霧・霞）、その現代語が「エアー」です。この対比の中ではだがまた自ずからそこにこそゼウス大神が住まう（『イーリアス』第二巻四一二行）と語る語り方も準備されて行き、故にそれはまたソポクレース『オイディプース王』の次のような下りを語ることともなっています。

我とともにあれ、よき友運命《さだめ》よ、よくぞ畏まれる清純を言葉にまた仕業において耐える者に。それらのとて諸々の掟が高みにぞ足《あし》して置かれ、アイテールの天空に生まれてあるが、それらにはただオリュムポスの父のみが坐《まします》して、そはこれ人間どもの死すべき本性が産みしものにはあらず、更には何時か忘却が眠らせることもなし。

偉大にぞそれらにおいて神があり、また神は老いることもなし。（八六三〜八七二行）164頁

（155）「『ポリティコス』篇三〇三E、プリニウス『Historia Naturalis』37,4を参照。非常に固く黄金よりもくすみ、人はそれを灰吹法によって分離することを信じていた（赤鉄鋼、或いは白金）」（リヴォー）166頁

（156）この原語〝オポス〟のジョウェットの英訳はVegetable acid（野菜の酸）でありリヴォーの仏訳はferment（酵素）となっていますが、リヴォーは「シュタルバウムに拠ればsilphium, Th.-Martinに拠ればopium, C.Ritterに拠ればFiebersaft, Fraccaroliに拠ればFermentoである。問題は恐らく無花果の汁であり、それは凝乳酵素として牛乳を凝固させるために用いられたのである、云々」と註をしています。ラテン語の植物名が出て来てその和名を確定する

のは厄介なので省略しますが、要は〝牛乳を凝固させる凝固剤〟だということです。168頁
(157)「原語〝ケラモス〟は陶工の生の土或いは焼かれた土(オプトーメノス・ケラモス)を指す、云々」(リヴォー)169頁
(158)私がこれまでにも幾らかの箇所での註釈において「イデア」(姿)という言葉と「エイドス」(種類)という言葉との間のニュアンスに関して従来余り頓着されて来なかったように見えることに異議を唱え、はっきりとしたニュアンスのあることをもっとよく思うべきではないかとして来ましたが、〝エイドス〟(複数はエイデー)という言葉はこのような言い方で語られるのだということを銘記しておきましょう。「エイドス」という言葉はこのようにその成り立ちの子細とともに考えられて来るところのものだということです。(これに対して「イデア」という言葉はこれを「姿」と訳すことが如何にも適切であるように、それを見そしてそれに遭遇してそこに一つの体験を重ねて行く主体のあり方の深まりにおいてこそある言葉でしょう)171頁
(159)ここのところ、岩波版の訳は〝(感覚的)諸性質〟となっていてそれは〝感覚的〟というところに注目すれば私の〝諸々の受動〟という訳と殆ど大差はないように思われますが、ただ私は「コスモス」という私どもにとってそこにあらねばならぬ環境が能動的である時にそこでこそ私どもは受動しているのだという根源的なその相関の存在を思い、そう訳しました。171頁
(160)こういうティーマイオスの(プラトーンの)物事を考えるという時にその考え方そのものをこそ先ず意識するその意識に、私どもは学びたいものです。こういう意識は『ピレーボス』

篇においても終始維持されていたのでした。ここでは私が留意したその〝受動〟ということもそこに魂や身体が受動したならそこで私どもは感覚をするのだということが前提されるべきだともまた意識されていることも、また知られましょう。172頁

(161) この言い方にはこの第二六章で語ろうとしている「熱い・冷たい・硬い・軟らかい・重い・軽い・上下・滑らか・粗い」という諸性質を予想している、心の準備の深さが感じられるようです。そして私どものこの第二六章全体を読んだ時の感想は、一重に〝尤もらしい言論〟とは面白いものだなあということではないでしょうか。172頁

(162) ここのところ、岩波版は適切な意訳によって分り易さと通りのよさとを得ておられますが、その点、私の直訳は一読では或いは分かり辛いことでしょう。けれども私はそこにプラトーンその人の思索の粘っこさというか呼吸というか、そうしたものが見られると思うのです。それ故にであるか、種山氏はその112頁の註2において問題の深さを説明される必要を感じておられます。その問題の要点は、私がその註の(159)で註をしたこともそうでしたけれど、私どもが「能動—受動」ということで考えるべきことと「感覚」ということで考えるべきこととの間には差異があるのだということです。で私の直訳はそれぞれの言葉の守備範囲の相違こそがこの一文の意味であることをより明確にし得ているだろうと思うのです。何故なら、「受動」という問題からこそ「感覚」の問題が出て来ることをまさにプラトーンは意識してこの文章を書いているのですから。勿論、種山氏もそんなことは百も承知されておりましょうが、しかし意訳に

よって得られる通りのよさとはまた逆に問題の重さと難しさとを素通りさせてしまう危険をも合わせ持つものであることをも、私どもは用心すべきかと考えます。177頁

(163) 前の第二七章が「身体全体が受動する快楽と苦痛との問題」を考えたのに対しこの第二八章は「身体の個々の器官における諸々の受動の問題」が考えられるということになりますが、その点研究者らからこの『ティーマイオス』篇こそが中世では最もよく読まれたプラトーンの著作なのだということを教えられることも、宜なるかなと思われましょうか。何故なら、このコスモス全体を考えることからそもそも始めてその細部へと詰めて行く思考は古代ギリシアのおいてゼウス以下の神々がどうしたこうしたと語る諸々の神話によった世界の理解を今や脱して新たな神話を語り直すという自己意識を獲得するに到り、同じその意識において中世世界も自らを享受したのだと思われましょうから。『ティーマイオス』篇の掉尾を飾る私どもにとってさえも感動的に思われるその感動的な文章というのも、かつまたその右の最もよく読まれたのだという事情も、そういう自らの新たな神話を享受するその自己意識故のものでありましょう。私どももまた百科事典を備えることに或る満足を覚えますがフランス革命の前後において百科全書学派なる者たちが輩出したのも、右の自己意識の近代版でもありましょうか。180頁

(164) 「『泡』(ポンポリュクス)という語は恐らくアナクサゴラース(Diels,Vors.3,1,386,41)によって用いられた語であり、またアリストテレースの de Gen.Anima., Ⅲ、11,762a14. により定義されているものである。「掻き立てる」という動詞は泡沫において泡立てることを意味して

いる」（リヴォー）182頁

(165)「〝鋭い〟は常に〝甘い〟に対置され〝辛い〟に近い。酸性のないしは酸っぱい味であり、発酵の匂いを示唆するそれに類似である」（リヴォー）182頁

(166) この章では「舌」の受ける諸々の感覚が「収縮・拡張」「粗さ・滑らかさ」相互の度合いにおいて様々に語られており、そこに〝収斂性のある・辛い・刺激的な・塩辛い・酸味のある・甘い〟といった感覚が語られることを見ていますが、これも二つ前の註の（163）で私が語ったような〝自己意識〟からの新たな神話だとして見れば面白いのではないでしょうか。182頁

(167) ここのところ岩波版は、その121の註1で〝この場合の「種類（εἶδη）は明らかに、火、水などの粒子の持つ、正多面体の「種類」のことであろう〟と註をしていますが、私はそういう原理的なところまで遡って「種類」（形）ということをプラトーンが語ろうとしているようには思われません。前註において「舌」の受ける諸々の感覚が様々の種類の名前でもって語られることがあった身体の受動においてするその感覚的なレヴェルでこそそれは語られているのだと、私には思われます。182頁

(168) こうティーマイオスが問題を設定していることは或いは前註で私が取り上げた岩波版の註が有意味であることを示唆するように一読するところでは思われますが、それでも読み進めばやはり話しは感覚的なレヴェルのことをこそ話そうとするものだと知ることでしょう。184頁

(169) 80A～Bを参照して下さい。184頁

(170) 前章の第二九章では「匂い」がその形を殆ど持たないほどだとして語るのでしたが、この第三〇章での「視覚」の語りではその形の如何にも豊かな語り方が特徴的でしょうか。184頁

(171) 45B以下を参照して下さい。185頁

(172) このことは65D～66Aで語られたことでしたがそこで語られたことをこの「視覚」の場合にも類比的に語り得るのだとする語り方は如何にも尤もらしくかつまた旨い語り方だと思われましょうか。185頁

(173) 私どもはすでに『ピレーボス』篇の第一章から第八章(11A～18E)においてこの〃一と多についての方法的考察〃ということの大切な意義を学んだのでした。それはまた『国家』篇や『パイドロス』篇での例の「ディアレクティケー(問答法)」の議論ともまたなるものでもあり、プラトーンの思索は到るところでこの「一と多」の問題については腐心するのでした。187頁

(174) 私どもは前註で「一と多」の話しにプラトーンが及んだことを見たのでしたがそのまさに言及こそが今こうしてさながら『ティーマイオス』篇の〃中締め〃でもあるかの如く「必然的なもの」と「神的なもの」との区別へとも言及していることに注目すべきでしょう。188頁

(175) 前註で私どもはティーマイオスが今持つに到った〃中締め〃の意識を見たわけでしたが、ここでも依然その意識は持続していて目下の第二部(第一七章～第三〇章)の直前の第一六章でその第二部の議論へ向うために「補助原因」と「真の原因」との区別を区別した議論を想起し言及するのだということです。その際またおよそ全体の結末まで見通すことをも遣っている

わけですが。188頁
(176) 無論、このことこそ『ティーマイオス』篇が何であるのかを語るものです。この万有とはそもそもは無秩序だった素材を可能な比率と均斉とへもたらした上での構成なのだとする見方は、私どもの胸を打つものがありましょうか。189頁
(177) この「一方・・・、他方――」という文章以下、この第三一章の文章はあたかもこの万有の地図を見せられるのであるかのように、一つ「神→神的なものの工作」の線と「神の子→死すべきもの工作」の二本の線が、次いで後者の線は「神よりの不死の始源の受け取り→それに轆轤仕事をして身体（頭）を作り→頭の乗り物としての全身体の与え→全身体への魂の別種の形相たる諸々の情念（快楽・苦痛・大胆・恐れ・憤り・希望・エロース）の組み立て」という線を引いたのだとして行くところが、先ず私どもを唸らせはしないでしょうか。189頁
(178) 「〝乗り物〟（オケーマ）という言葉は、同様に44Eで使われていたが、アポローニアーのディオゲネスによってすでに使用されていたようであった、云々」（リヴォー）189頁
(179) 以下、〝この住まわせる〟といった表現がまさにそうであるように、註(177)で言う如く、万有の地図を書くものとしてこの章の叙述を読むと私どもは成程成程と合点することでしょう。そしてこのことはすべからく『ティーマイオス』篇の以下のすべての語り方そのものとなっていると言っても過言ではなかろうとも思います。190頁
(180) 「〝ディアプラグマ〟（横隔膜）なるソークラテース以前の哲学者たちの下では見られない

しまたアリストテレースによってただ一度だけ使われるだけ（『動物誌』Ⅰ、11、492B16）の術語は恐らく医師団の語彙に借りたものであるが、それは我々がここで最初の技術的な使用をそれについて見出すのでなければである」（リヴォー）190頁

（181）「呼吸の役割に関しては後の78Eを参照。身体に引き込まれる空気、なかんづく肺に引き込まれる空気は血液を冷やすのである。同じ学説が以前にエムペドクレース『断片』一〇〇とシシリー島医師団にある。プラトーン（70B）は彼の勘定でシシリー学派の教義を心臓の諸々の機能に関して採用しているのである」（リヴォー）192頁

（182）言うまでもなく先立つ『国家』篇（第四巻一一章～一五章、434C～441C）の「魂の機能」を三つに区分する議論を踏まえての語りとなっています。『国家』篇はそれら相互の干渉の不正を語りそれら三つの機能が自らのことを行うところに正義はあるのだとしていましたが、全くそれと軌を一にした議論が『ティーマイオス』篇も『ティーマイオス』篇流にやるのだということです。曰く、〝優勢な部分の静粛を欲望的な部分の配置に拠って確保するのだ〟と。192頁

（183）この段落のすべてもその趣旨は前註で申した如く〝魂の正義の確保〟の『ティーマイオス』版だということです。『国家』篇版に関しては、その581D～572Aの美しい語り方を是非とも参照して下さい。リヴォーはここで「占いを懐疑的な態度と一緒に判断するアリストテレース（『ニコマコス倫理学』第四巻、13、一一二七B20）との相違においてプラトーンは尊敬の念とともに占い師たちのことを語っているが、それは少なくとも神的な霊感が訪れる人々のことを語る

としてである（『法律』篇第六巻772D、第一一巻914A）」と註をしています。193頁
(184)「プラトーンは肝臓において三つの部分を区別しているが諸々の占い師らを検査したところのと同じそれらであり（アリストテレース『動物誌』第一巻17章四九六B32）、「葉」と胆汁の小嚢（ドカイ）、そして門脈である。それらはエウリーピデース（『エーレクトラー』八二八行）によって数え上げられた諸部分である」（リヴォー）193頁
(185) 先に註の（179）で私は、コスモスを語るのにこの〝住いさせられる〟という語彙でもって語ることはコスモスの地図を作ることにも等しいのではないかと申しましたが、如何にもその通りこのこれまでの語りを総括する語りにおいてもまたこの語彙が中心的なそれとなっていることが気づかれてよいでしょう。196頁
(186) 岩波版の種山氏は私のこの訳のところを実に明晰かつ積極的に〝同じ方針で〟と訳されていますが、見事だと思います。何故なら、言わずもがなのことですが、「コスモスの地図の作成」ということがティーマイオスの語りのまさしく方針なのですから。そしてこの長い第三三章はその地図の中に「髄・骨・腱・口・皮膚・毛髪・爪」などを次々に書き込むわけです。196頁
(187)「古代の諸々の解剖学はしばしば胴の三つの部分を分ける。すなわち頭部・心臓局部或いは胸部・そして劣等腔窩、横隔膜より下部（『ティーマイオス』73A,78C,85D, アリストテレース『動物誌』第I巻、7章、四六一A二八17章四九六B29)」（リヴォー）197頁
(188) 岩波版の種山氏は私が〝種一切〟というように翻訳したところを〝すべての種子の混合体

（パン・スペルミアー）〃と訳された上でその135の註において一つのこだわりを示しておられますが、私はむしろその次にプラトーンが〃一切の死すべき種族にとって〃とティーマイオスに語らせているその点だけを読んで満足し、それが何であるのかなどと頓着したり詮索したりすることはせぬに如（し）くはなしだと思います。198頁

(189)恐らく「脊髄」は断面としては丸く立面としては長方形であることを言っているのでしょう。「脊髄」という言葉が複数で言われていることへの諸々の解釈についても種山氏は拘って註をつけておられますが、私はこういうところもただ質朴に読んでおくことの方が勝ると思います。そしてこの複数であることとの解釈もリヴォーのそれの方がコーンフォードのそれよりより一層簡明かつ質朴だと思います。尤もしかし〃尤もらしい語り〃もその語りの対象に関しては正確が求められるべきだということもありましょう。とは言え、このこともまた所謂〃角を矯めて牛を殺す〃ことになってはならぬという原則に従うべきだと原則的に思います。198頁

(190)この〃異の能力〃ということにも種山氏は諸々の解釈に拘っておられますが、私はここも前註と同様、脊椎の動くことと曲がることとは、そこで上下が曲がっている或いは動いているという上下を見ることになるわけですから、素朴にそこで考えさえすればよいのだと思います。すなわち、関節は凸凹でこそ成るのだというところまで詮索するよりもともかくもそこで動き曲がるじゃないかという、その実際を見てあることの方が素朴でよいということです。199頁

(191)「（紀元前四世紀の医者）メノーンの『Anonymus Londinensis』19章はこの下りを要約し、

学説をプラトーンに帰している。しかしながら、ここで援用された諸々の事実の一部は恐らくエムペドクレース（『断片』96を参照）により或いはデーモクリトスによって『肉について』において観察済みであった。類似の諸々の展開はアリストテレースにおいて見られ、云々」（リヴォー）201頁

（192）「このテーマ、しばしばアリストテレースによって扱われたそれは、恐らくデーモクリトスによってすでに接近済みだったのだ。ストバイオスの第四巻44、81Wはデーモクリトスの一つの模倣を含んでいるが、そこでは問題なのは人生を短く或いは長くする諸々の根拠こそである」（リヴォー）202頁

（193）私どもが「へへーっ」と思う程にこの〝尤もらしい語り〟には感心させられましょう。203頁

（194）この段落の全体は人間存在が〝農耕する〟ということを持っていることのティーマイオス的な説明ということになっていますが、食料となるべきものとして農耕によって我々が育成をする植物と野生のそれとの区別と一体とについてのことは微妙なまま不問に付されているようにも思われましょうか。何故なら、一方で農耕される植物は〝人間的な自然本性に同族の自然本性のもの〟だとされかつまた以前は野生だったとされて区別と一体とが語られながら、他方ではその野生のもののこのコスモスへの登場についての神の関与には口をつぐんでいるのですから。整合的に語るべきならば先ず第一に神が野生ではあれ植物をコスモスに登場させたその次第を語り、次いでそれを人間的自然本性に同族の自然本性のものとすべく神が人間に対して

仕向けた次第を語るべきではなかったかと思われるのではないでしょうか。ここではその神の人間への仕向けということよりも神自身の工夫ということこそが、一応表の話しになっているようです。他方、リヴォーは「プルータルコスに拠ればアナクサゴラースとデーモクリトスとプラトーンとは植物について同一の定義を与えるに到っていた。すなわち、曰く〝ゾーオンエンゲイオン〟（土中の生き物）と。そして植物を動き得ない動物だと見なしたのだった」と見なすに到っていた」と註しています。205頁

（195）何だか以下の語り方は彼のアリストテレースの『デー・アニマー』（『霊魂論』）においての〝栄養摂取的植物的霊魂〟の説の先蹤のように、私には如何にも響きます。206頁

（196）この第三五章は全体的には私どもの身体の「血管」のことを語っているわけですが、この語り方もまた先の註（177）（179）で私がティーマイオスの語りはこのコスモスを〝地図〟として描き上げようとするものではないかといったことに即応するもののようです。207頁

（197）こうした「呼吸」がどうのこうのといった医学的なというか生理学的なというかそういう知見に関しては同じくその方面の紀元後二世紀の権威であるガレーノスが『ティーマイオス』篇の註釈において言及し、プラトーンの説がまた医学方面で著名なケオス島で活躍した医師の前三世紀の人エラシストラトスのそれと同一であることを指摘しているのだとか。これはこの『ティーマイオス』篇の専門家種山氏の岩波版151頁の註2の教えるところです。212頁

（198）ここの〝吸い玉〟〝嚥下〟〝空中に投げられたものども〟云々と言われていることが何で

あるのかは、私ども素人にはそれが或いは医療の場での処置に関するものであるか或いは何か物理的な現象を言うものであるかとまでは見当がつきますが、実際にそれらに関しての知識を持っている人たちに目前で示して戴かないとよくは分らないところでしょうか。212頁

(199) 先に七九C辺りで「空気が順々に押して行って車輪の回転のような現象を示す」といったことが語られていて種山氏はこれを〝まわし押し〟と訳されていますが、またここでの協和音の何か難しいティーマイオス(プラトーン)の説明についてその補註のK(一九九頁)でその専門家としての御研究の成果を私どもに教えて下さっています。212頁

(200) 協和音のあり方に〝神的なハルモニアーの模倣〟を見て歓喜することに高尚を見ることは、自らをミューズの徒だとするプラトーンには一般的なあり方でした。212頁

(201) 磁石が鉄を引きつけることについてその力の不思議を思い古代のギリシア人たちはこれを〝ヘーラクレースの石〟と呼んで、その力強さのことを表現したのでした。213頁

(202) この第三八章はこれを要するに註(199)で言及しました〝まわし押し〟ということが血液循環―充足・喪失―成長・老衰―死における快楽と苦痛ということを説明する原理となるのだということで終始していると言えるでしょう。但し、「充足と喪失」についての説明が〝同種のものの集合〟ということで説明されるのだという但書はあるわけです。またもう一つ、成長をすることに関し若い組織体の〝三角形〟が外から来る三角形を切断するということで説明することも私どもの耳目を峙たせることでしょうか。213頁

(203) かくて今や遂に「病気」というおよそ〝組織体〟であるものに対しての反組織のあり方を語るまでに到りましたが、当然のことかも知れませんが、以下においてのその語り方はおよそ「組織」ということを成立させる組織される素材たる土・火・水・空気とそれらの運動のあり方とでもって語るという、総じて原理的な語り方となることが注意されてよいでしょう。216頁

(204) 直前の第三九章では身体を組み立てる四元とそれらによる第二次の組織体の髄・骨・肉・腱・血液の異状ということで「病気」が語られましたが、それ故次の病気は〝第三の形〟だとされる分けです。とは言え、プラトーンがどのようにしてこうした知識を得るに到っているのかということについては、私は殆ど関知するところがありません。221頁

(205)(206)(207) これらの箇所に関しては、『ティーマイオス』研究の第一人者の種山氏の岩波版では何れも彼の医学の祖ヒッポクラテースが絡む『ヒッポクラテース全書』への言及がなされています。私は手が及びませんが、興味をお持ちの方は岩波版163頁をご参照下さい。222～223頁

(208) ここも前註と同様です。224頁

(209) 巻間〝健全な精神は健全な身体に宿る〟(salva mensa salva corpore) などといった格言のような言葉が語られていますが、ここもその同工異曲ということなのでしょうか。けれども続く言葉を見る限りは「魂の病気は無知の性質である」と明言されていてそれが過度の快苦がその所為ともなるのだとされているのを私どもが読むと巻間の右の言葉との間には少しばかりの距離があるように思われないでしょうか。何故なら、巻間のその言い方は分析や掘り下げや

といったことを全く省いた上で何やら手放しでそういう結果だけのことを語るもののようですから。225頁

(210)「同じ表現が『法律』篇三巻六九一Cで見られる。曰く〝最大の病、すなわち無智の〟と。ソークラテース的な定式の〝誰一人意図して邪悪ではないのだ〟はしばしば諸々の対話篇の中で出会うのである。例えば『プロータゴラース』篇三四五D～E。『ゴルギアース』篇四八〇Bは「悪」はただ病に過ぎぬという考えを展開している。その際、彼は医学上の語彙(爛れた・・・かつ不治のもの)に借用をした表現を伴うのである。ここで教えは正確な生物学的な諸々の考慮によって正当化されている」(リヴォー)225頁

(211)これに拠ればプラトーンの「病気」の分析は国制とか言論・教育のそれまでをも含むことが示唆されているわけですから(尤もここでは〝話しは別〟とされてはいますが)、前註で私が言及した言葉のあり方との隔たりは随分の隔たりだとも私どもには感得されましょう。227頁

(212)前章の最後でなされた〝話しは別〟という語り方もこの段落の語り方を読めば、事実上、その一端には最早すでに触れるようなことになっていることを思うことも私どもに許されるのではないかと思います。228頁

(213)「この〝同時に一方美しく、同時に他方善き者として〟という表現は〝美にしてそしてまた善〟というそれの奇妙な歪みであり、後者はしばしば諸対話篇(『プロータゴラース』)篇315D『国家』篇四〇一E『テアイテートス』篇一八五Eにおいて使用されている」(リヴォー)230頁

（214）「実際は十二分に類似の諸々の考察がGaudryとM.Bergsonにより提出されるに到っているのだ」（リヴォー）234頁
（215）「このテクストに拠ればただ単に魂のすべての部分が不死であるのみならず、否、不死においては程度の差があるのである」（リヴォー）234頁
（216）「女性の不妊の諸々の危険に関するこの理論は、ギリシアの医学においては古典的である。アリストテレースに拠れば、それが空のままにある時には子宮は身体において交尾をしそして石女を帳消しすることが出来る（『動物発生論』第一巻二章19a21）とか」（リヴォー）237頁
（217）「すべてこの下りは明らかにアイロニカルである」（リヴォー）237頁
（218）この掉尾の言葉に拠る限り、なるほどティーマイオスの語りは人体の組織の細部へと到るまでを詰めて行くといったようなものではありましたが、それにしても語りの中心的な趣旨はこの「コスモス」を語ることにこそ置かれてあったのだということをあらためて私どもは思うべきでしょうか。239頁

梟を持つアテナ女神（エルギンのアテナ）

出典：小学館『世界美術大全集 第４巻』

クリティアース

『クリティアース』篇をこう読む

一

先ず何時ものように内容目次を示しましょう。

第一章（106a1-108a4）語りから解放された者とこれから語る者と
第二章（108a5-108d8）万人周知の事柄を語る者たちのその困難故のこと、記憶の女神への加護の祈り
第三章（108e-110c2）クリティアース、語り始めるに当たって必要な若干のことを語る。
第四章（110c3-111d8）アテーナイの農工階級と守護者の階級
第五章（111e1-112e1）農夫たちの耕作とアクロポリスのこと
第六章（112e2-113b6）アテーナイ人のヨーロッパ・アジアに渡る盛名とアトランティス島の人々の名前がギリシア語である理由
第七章（113b7-115c3）ポセイドーンとアトランティス島
第八章（115c4-116c2）アトランティス島の諸々の施設の秩序正しい配置のこと
第九章（116c3-117e8）アクロポリスにある宮殿のこと
第一〇章（117e9-119b8）アトランティスの町を囲む平野のこと、その濠にそして運河、民衆と各指導者の戦時における義務

第一一章（119c1-120d5）王にある者たちに関わること
第一二章（120d6-121c5）アトランティス島の力の神々によるアッティカへの移動のこと

二

『クリティアース』篇の読み方については、何を読まなくてはならぬかということに関しては戸惑うべきことは何もないように思われます。何故なら、『クリティアース』篇は何よりも先ずは書き始められたのでありそして中断されて未完成に終ったのでありますから、その何故書き始められたかという理由を先ずそれとして確かめ、そしてそれが単に憶測に過ぎないものに終るかも知れないことになるにもせよ、とにもかくにも一応その中断に到る理由をそれなりに思って見ること、この二つのことがともかくも求められることだろうと考えられるからです。そして学者や研究者のその学者的な詮議というのも、すべからくこの殆ど自明な問題への自らの回答の提出をするということになっているのを私どもは見る分けです。無論、学者や研究者たちは流石にこの問題がプラトーンその人の哲学全体にとってどんなことであるのかということの詮議をすることに対して、それぞれの力を精々尽くされるということにはなるわけです。それ故、私もまたそのような詮議を或いは求められるのかも知れません。けれども私としてはそのような特に学者的・研究者的な詮議には深入りすることはせず、ただ一人の読者にとって平明に思われることだけに可能な限り集中することに止めたいと思います。かくて本篇の読み方は先ず方向づけられる。

さてそれで先ずは何故書き始められたのかということですが、この間の事情は全く簡明であり、私どもはただ『クリティアース』篇にすぐ先立って書かれた『ティーマイオス』篇の次の下りを振り返りさえすれば直ちに明らかになるわけです。すなわち、クリティアースがソークラテースにこう語る下りがありました——

狙い見てくれ給え、さあそこであなたに対する諸々のもてなしの塩梅を、ソークラテース、どの道筋で塩梅したかを。何故なら、我々にはこう思われたからだ。ティーマイオスが先ず我々の中にあっては最も天文学に通じてあればまた万有の自然本性について知ることを取り分けて仕事として来たのであるから、第一に語って宇宙の生成からして始めつつ、他方、人間どもの自然本性へ終るがよしと。然るに、この私はこの人の後で、一方、この方からは人間たちの、議論でもって生じてある者たちを受け取り、他方、君からは彼らの中で抜きん出た仕方で教育されてしまっている或る人々をそうしているとのつもりで、他方、ソローンの言論とかつまた法とに即して彼らを我々裁判官たちの中へというように導き入れポリスのこれなるものの市民たちとするがよし、彼らは彼の時のアテーナイ人たちなのだとの考えで。その彼らをこそ消え去りし者たちとして諸々の聖なる書きものの伝承は明らかにしたのであった。他方、その後のことどもに関しては、市民たちにしてアテーナイ人たちである者についてのつもりで今や諸々の語りをものして行くがよしとね。(27a2-b5)

これに拠れば先日にソークラテースからその〃国家論〃を拝聴させて貰ったティーマイオス・

クリティアース・ヘルモクラテースの三人がその返礼としての〝言論のもてなし〟をするべくもここにまた相集ったという時に、その返礼の語りはこういうことで行われるのだというそのお膳立てを語っている。そしてそれはティーマイオスの宇宙論、そして続くはクリティアースの先ずティーマイオスの宇宙論から生誕する人間とソークラテースの国家論が理想として描く人間とを合わせた人間をかつてのアテーナイ人として語る語りともなるのであると言われていることを、私どもは知ることでしょう。そうです。この『クリティアース』篇とはそういうお膳立てのそのままに先ずは素直に書き始められたものなのだということです。それ故、お膳立てがお膳立てのそのままに実際にもなされるということだけに関してならば、私どもには何の不思議も思われる必要はないことでしょう。とは言え、もしまさにそのお膳立てがそのお膳立てであるそのことのその中にこそこの『クリティアース』篇が中断され未完成に終ってしまうその理由もまた或いは潜んでいるのかも知れないというのであったならば、そのお膳立ては一方では書き始めることを許しもし他方では中断をさせるようなものでもありますから、予めであれ最後にであれ、多少の検討がそのお膳立てそのものに関して試みられなくてはならぬのかも知れません。

そう考えておき、だがしかし今は書き始めがまさに書き始められるその勢いにあった時のその勢いを確かめておきましょう。

しかし時にこの書き始めが、つまり語り始めがまさにそれとして先へ先へとただその前進するその勢いにあることをテクストにおいて見ることには、殆ど何の造作もないと言ってよいことでしょう。先ずまさに冒頭でティーマイオスが今しも『ティーマイオス』篇での語りを語り終えたその安堵を口にしさあ次は君の番だねとクリティアースにその言論を受け渡すや、一も二もなくクリティアースは受け取るのだし、その際クリティアースが自分の言論はティーマイオスのそれのように神々の事柄といったような人間にとって知り難いことではなく、否、万人承知の人間の世の事柄であって見れば、およそ描写の批評は我々の通暁しないものには寛大だが周知のものに対しては厳格になり勝ちなのが常であれば、私の語りには厳しい批評こそが先ずは考えられる。されば寛大の批評を自分は自分の語りの聞き手には乞わざるを得ないのだと言うのにも、これに対するソークラテースのまた一も二もないその承知の表明がなされるし、それはまた加えてその次のヘルモクラテースの語りへとも捧げられよう寛大なのだとも語られることになる。その寛大をクリティアースの次の語り手のヘルモクラテースも享受する期待を早速述べつつ満足し、目下の語り手のクリティアースに勇気をもって語り給えと、今やただ促す。その激励のそのままに、クリティアースも自分の語りはソローンの語りからの祖父の語りの記憶からする語りであれば、今は一重に記憶の女神ムネーモシュネーの加護を祈るばかりと祈りを捧げる。こうした一切はただただすべからく『クリティアース』篇は語り始められるぞというまさにそのことを示すものでこそありましょう。それ故、目下は先ずその勢いこそが生きてそこにあるのだということを、私どもは知るわけです。それ故、『クリティアース』篇は語り始められた。

では何が語られたのか。前半（テクストの第三章～第六章）が往にし方のアテーナイに関する事柄であり後半（テクストの第七章～第一二章）がそのアテーナイと戦った大国アトランティスの国家に関することであるという大枠になっていることは言及するに足りもしましょうが、だがそれぞれの語りにおいて何か哲学的にと言うか何と言うか、とにかく何か特筆すべきことがあるかどうか、先ず何とも言い難しというところでしょうか。農工業に従事する一般の庶民と国家を守護する守護者・軍人階級との区別に関することの語りがどちらにもあるということはそれなりに留意するに価いもしましょうしまた同じくアクロポリスの存在が共通のことに語られることも眼につくことかも知れませんが、その他のことどもはまあ事はそういうことだろうというようなそうした語りだと言ってもよいものかも知れませんし、取り分けて哲学的な含意があることとも思われぬことばかりだと言ってもそう過言ではないでしょう。

然は然りながら、これこそが恐らくは『クリティアース』篇が中断され未完成に終ったことに絡むことではないかと私などは憶測するのですが、最後の第一二章での語り方は落ち着いて聞き届けるに価いするだけのものが哲学的な意味であるようにも思います。それは支配者階級のあり方或いは支配する者を人々はどう見るべきかというそのことに関する語りが、まさに彼の『国家』篇でのそれと軌を一にして語られているということです。すなわち、それは「徳こそが我々の富をなすものであり、富を徳の力で耐えることの出来ぬ者は滅びるのだ」ということ、そしてそうした支配者と支配者を幸福視する人々とに充満し始めたアトラースの国こそがゼウスの怒りからしてその力をアテーナイに移されるにも到ったのだと語られているそのことです。そしてその中

で所謂「徳治」の概念を語り進めて行く語りが、その挙句にこう語られて行くのです。すなわち、

力がおありだったから、心のうちに優れた種族が惨めな状態に置かれてあるのをお認めになり、彼らに対して罰を科すことをお望みになられて、それは彼らが思慮を健全にした者だとされて程に適う者ともなるようにということででしたが、お集めになられました、すべての神々たちを彼らの最も貴重な住いへと。そしてその住いは、さあそこで、全宇宙の真ん中にあって生成を分け取った限りのすべてのものどもを見て取るものでしたが、またお集めになられた上で仰せになりました〕

〔**他方、神々の中の神たるゼウスは王たちの諸々の掟においてそのようなことどもを看取する**

(121b7-c6)

とこう語られるに到るのですが、ここでプラトーンがゼウスをして神々にどのように告げさせるかということは先ずそれなりに大きな仕事ともなるものでしょう。何故なら、その告知によってこそアトラースの国の徳の力がアテーナイのそれへと移されることを得、『ティーマイオス』篇で期待されたソークラテースが理想として描いた人間存在とティーマイオスがこの地上の生き物として産み出した人間存在との生きた具現としてみなされる往にし方の嘗てのアテーナイ人こその語りが語られるにも到るわけであれば、この告知こそが大きく深い力を持つものでなくてはならないことは私どもにも想像に難くないことでしょうから。

思うにソークラテースの理想国における人間存在とクリティアースの語りにおける往にし方の現実における人間とを突き合わせなくてはならぬという試みそのものなら、或いは試みとしては

十分に試みられてもよいことかも知れません。だがしかし、右のその「告知」というものがもし「徳治」の理想をこそ神々に対して告げるのだというようなものであるとしたら一体どうなのか。そうした時のプラトーンとはお膳立てに拠る限りはソークラテースの語る理想的な人間ではなく、否、ティーマイオスの語りがこの地上へともたらしたただの事実的な人間をこそ語るのだということには最早なってはいないのではないのか。何故なら、右の告知が行われようとしている状況とは人間存在をまさしく人間存在として呼ぶことの出来るものとしてこそ真実にも見ようとしてのことだと見られるようなそれかと推察されるのでもあれば、それは彼のディオゲネースの逸話にいう情景を私どもに思わせるようなものでありましょう。すなわち、ディオゲネースは真昼に提灯をつけてアテーナイの街をうろついていた。人がどうしたのだと尋ねると彼は言った、俺は人間を探しているのだと。すなわち、彼は彼の思う真実の人間をそれと見させる明かりはただの太陽の光りなどではなく、否、それを見させる明かりはまさにそのための光りこそだとするわけでしょうか。とまあそのように、それこそが往に方のアテーナイ人であったとするその事実的な人間というものも最早「徳治」の理想の下にあってこそのそれでなくてはならぬのだとするのであれば、そのような人間存在の語りとはソークラテースのそれの語りと何の異なるところがあると言えるでしょうか。『クリティアース』篇は中断をした。そしてその中断が物議を醸そうことも恐らくは当然のことかも知れません。

三

それ故、学者たちもまた当然の如くその中断の理由の詮索に急ぐということにもなる。そしてその中断の始末はプラトーンの哲学全体の中でどうつけられることになったかということがまた、熱心にかつ忙しく探られて行く。曰く、『クリティアース』篇は中断された。『ヘルモクラテース』篇は予定されていたはずなのに影も形もない。これはどうしたなのことか。いやいや、『法律』篇をプラトーンはその代わりにものしたのだ、等々。

とは言え、この私もまたこのように何か斜めから学者たちの努力を冷やかすような全うならぬあり方でかかる問題を前にして終始することは許されてはならないことでしょう。私もまた何故『ティーマイオス』篇・『クリティアース』篇・『ヘルモクラテース』篇というようなことが一度は構想もされたそのことの持っただろう哲学的な含意のことをそれなりに思って見ることが求められるようにも思います。しかしそれは一体どう考えられるのか。

しかしながら、そのことを考えようともするのなら、その思索もプラトーンその人が意志的に踏み固めて行ったその足跡のことを思うに如かずだろうと思います。私は『ティーマイオス』篇でその読み方を語り始めるに当たって〝引きずられた今〟というようなことを申しておりました。プラトーンの対話篇の一つの一般的なあり方としてはソークラテースその人の今、例えば愛するアルキビアデースの今に彼自身の今がどのように共鳴してともにあるかというその「今」という点としての今こそが対話を始めることになるということがある。それに対して『ティーマイオス』

篇が語られるに当たってはソークラテースの理想国の語りへの返礼としての〝言論のもてなし〟という心と心とがその間合いを持ちながらに彼らの今を維持するという、そうしたことがあったからです。しかしながら、何故そのような〝引きずられた今〟をプラトーンは彼らに維持させたのであるか。それは多分は、或いは言うまでもなく、プラトーンその人の「自分は一大決心して国家というものを語ったのだ」というその思いから強いられる余剰であったのではないかと私は推測致します。プラトーンの思索はこれまでに様々の場面で遂行されて来た。到るところでその思索は燃焼しそしてそこでそれぞれに輝きとなって来た。しかし今およそ「国家」というものを語るに至り語り抜いたその時には、その「国家」とはそれらすべての燃焼と輝きとがそれこその為にあったのだというその抜き差しならない定点なのだということがプラトーンには思われたのではないか。「国家」とは単なるあれこれの主題の一つなのではなくて、否、断固、決定的なその主題であり、およそ「哲学」たるものは国家哲学でなくてはならぬのだということにプラトーンは想到したのではないか。今日にあってはおよそ〝国家哲学〟などというものは何だか或る厄介で野暮なそしてまた危険極まるところのあってはならない思想であるかのような見方で見られるのが相場となっていますが、それはプラトーンに静かに語らせるなら「人間にはその故郷があるのだ」というその美しく静かな思いの忘却でありその蹂躙なのだとされることでしょう。この今に私はプラトーンが『国家』篇で次の如く語ることに万感の思いをかつて喚起させられたことを思い出します。すなわち――

〔「さあそこで我々の仕事は」と、私は言った「国家建設をする者こそのだとしてそれらの最も優秀な自然本性をしてかつは到り着かしめること、学問の、それをこそ我々が先に最大のものだと主張していたものに向って。またかつは善きものを見さしめそして彼の上昇を上昇せしめること、そして一旦上昇した上で十分に彼らが見るや、彼らに対してこの今には任せていることを任せないことだ」

「さあそこはどのようなことをでしょうか」

「まさしくその場所に」と、この私は言った「じっと留まること、そしてもう一度彼の囚人たちの許へと下降しようともせず更には彼の者たちの許にある諸々の労苦にそしてまた諸々の名誉を分かつ気にはならぬことだ、よしまたそれがより詰まらぬものであれ、よしまたより真面目なものであれ」〕（519c8-d7）

とこう語られていることに対してです。この語り方がプラトーンその人が真実の人間とは何か。それは単に優れた哲学者であるそのことではないのだ。否、それは同胞とともにこの国家に住み合う国民そのもののことなのだと語るものであることを、我々の誰しもが認めなくてはならないのではないでしょうか。そういうそこにこそプラトーンの真実のかつまた最後の哲学が置かれてあることを私どもは胸に深く刻むのでなくてはならないのだとこう思います。それ故、もしそう考えられるのだとすれば、プラトーンの晩年の哲学がおよそ国家社会というもののその中にこそ住まう人間存在に最早定位してそこにおいてこそ努力がなされるものとこそなったということは、晩年の対話篇すべての基本的な動向なのだとして見られ続けなくてはならないようにも思います。こうした時、プラトーンは確かに一度はティーマイオス・クリティアース・ヘルモクラテースら三人をソークラテースに対して〝言論のもてなし〟でもって返礼する者たちとなしながら国家的な事柄をなおも見続けようとはした。だがしかし、右において私が見たようにその試みは重ねてソークラテースの理想的な人間を語ることにもならんばかりであった。とすれば、それは壊れた昔のレコードさながら何度も同じ音楽を鳴らし続けることともなりかねない。そのことに気付くならどうしてそれを中断することをプラトーンが思わぬなどということがあり得るでしょうか。中断は当然のことであり、それは最初のお膳立ての中にその可能性として準備をされて仕舞っていたとも言えることでしょう。すなわち、それは人間的な事柄として何を見なくてはならないかということのことの構想によってということです。

恐らくプラトーンその人のその後の著作の実際が示していることからすれば、その人間的なる事柄とは単に「徳治」というそのことの委細を尽くすということに留まらず、その実際的にしてかつまた地上的な展開であるもの、すなわち法的な現実というものなのだということで思われたのでありましょう。それ故、学者たちが『法律』篇が『クリティアース』篇の中断と加えてまた『ヘルモクラテース』篇の最初からの放棄にまさに代わるものとしてものされることになったのだと見ることには、思うに、結果として見られる限りにおいては十分な理由があることでしょう。よしんば私のようにプラトーンその人の『クリティアース』篇中断の必然の気づきということのような理由までは思わないにもせよ。それ故、再度強調すればクリティアースがティーマイオスの語りから受け取らなくてはならない人間とは何か。それはソークラテースのそれの如く理念的な人間に尽きるものであってはならない。それはまさしく地上に一つの事実として展開をするその人間こそでなくてはならないのです。然り、プラトーンは天上に「善のイデア」を学ぶ眼差しのその人間性とともにこの地上に法的にそして事実的に住まう人間性の、これら二つの人間性の必然をこそ思ったのではないでしょうか。

四

この『クリティアース』篇が先立つ『ティーマイオス』篇とともに先ずは構想されたそのことは疑う余地のないことですが、それはまさに先ず自然哲学として私ども人間存在を地上の事実となし、次いでそれを地上の歴史的事実として見ることの試みとなったのでした。しかしながら、これら二つの努力がどのように通底するものを持っているかということは何かしら所謂〝首の皮一枚〟による繋がりにも過ぎないもののように思われましょうか。「自然哲学」の名はただ一重に『ティーマイオス』篇にのみ安んじて冠することの出来るものであり、ただ『クリティアース』篇の語るポリスの建設や設計ということまでをも強いて「それもまた自然のことだ」と見ることが認められるなら、やっとその限りで同じ一つの「自然哲学」にもなるのでしょうか。

（平成二十五年三月十九日、午前五時五十九分擱筆）

『クリティアース』篇翻訳
――アトランティスの物語――

登場人物

ティーマイオス　本篇に先立つ『ティーマイオス』篇で語り手となるイタリアはロクリスの人
クリティアース　ティーマイオスともに『ティーマイオス』篇でも登場し、ソークラテースの先日の「国家」についての話しに感謝を表明しその返礼をティーマイオスと更に自分とヘルモクラテースとでこれからするのだという今後のお膳立てを語る。
ソークラテース　晩年のソークラテース
ヘルモクラテース　シケリアー（シシリー）の政治家、同じくティーマイオス・クリティアースとともに『ティーマイオス』篇の登場人物であり、そこでは彼もまた返礼にとソークラテースに話しをすることがお膳立てされたのでしたが、だが現実にはこの『クリティアース』篇が中断された事情にも絡むものなのか、彼の名前を冠した『ヘルモクラテース』篇は書かれずに終りました。

一

106 **ティーマイオス**　何とも嬉しく、ソークラテース、譬えて言えば長い旅路から一息ついた
ところといったように、今はこのように言論の旅から喜んで私は解放されたところです[1]。
とは言え、私は、一方、以前にずっと昔から何時かしら事実においては、他方、この今に
諸々の言論でもって先程に、神としてお生まれの方に[2]お祈り致します。語られたことどもも
B のうち、一方、程に適って語られた限りのことどもにはそれらの安寧を私どもに彼がお与え
下さるよう、他方、調子を外してもし何かをそれらについて不本意ながらで私どもが言った
とすれば罰の相応しいそれを課されますように、とこう。だがしかし、罰として全うなのは
調子外れのものを調子に適った者となすことです。されば、残る所、神々の御誕生について
全うに我々が諸々の薬の中から知識としてお与えになられますようにと私どもはお祈り致し
ます。他方、加えて祈りかけた上で私どもは手渡します、諸々の同意に即し[3]クリティアース
に次なる言論を。
C **クリティアース**　いや、ティーマイオス、僕は先ず受け取るよ。だがしかし、このことを
君もまた諸々の始めに即して用いたのだったが、その際、君は同情を乞いながら大きなこと
どもについてまさに語ろうとしていた。同じこととしてこの今もまた僕はそのことをお願い
107 するけれど、他方、より大きい仕方でそのことには当たることをなお一層至当とするのだよ、
まさにこれから語られようとしていることどもについてはね。とは言うものの、殆ど、一方、

僕は承知をしているよ、お願いをまあ何とも野心的で必要以上に不作法にまさしくお願いをしようとしているのだとは。しかしながら、言わなくてはならないのだ、それにも拘らず。何故なら、一方、よくぞ君からして語られたことどもが語られるには到らなかったなど、まあ誰が思慮ある身で語ろうとすることだろうか。だがしかし、これから語られようとすることどもが難しいものだからより多くの同情を必要としているということ、このことを僕はどうとかして教えなくてはならないのだよ。何故なら、神々についてだと、ティーマイオス、
B 何事かを人々に向って語りつつ十分に語っているのだと思われることはより易しいのだからね、死すべき者どもについて我々に向ってそうであるのよりも。何故なら、聞き手の人々の無経験と全くの無知とは、彼らがそうしたあり方をあるそれらについて多大の好都合を提供するのだからね、何事かをそれらについてまさに語ろうとしている者にとってはさ。他方、さあそこで神々については我々は御承知だ、我々がどのようなあり方であるのかは。

　だけれども、より明確に私が語ることを私が明らかにするために、この筋道でもって私は諸君に着いて来て欲しいのだ。何故なら、模倣としてこそ[4]先ずはさあそこで、そしてなぞりとしてこそ、すべての我々からして語られることどもは何処かしら生ずる必要があるからだ。
C 他方、画家たちの神的なそしてまた人間的な諸々の身体をめぐっての偶像制作として生じて来るものを我々は見ることとしよう、見る者たちにとって十分に真似をしていると思われることに向っての容易と困難とについてだ。そうすると我々は看取することとなるであろう、

一方、大地・山々・諸河・森・天空にかつまたそれをめぐってあるもの進み行くものども
は、第一に、一方、我々は満足をするのだ、もしも人が何かしら僅かなことでもあれそれら
のものどもの類似性に向って模倣することが出来てありさえすれば。他方、それらに加えて
我々は何一つ正確なことをそうしたことどもについては知らぬものだから、我々は描かれた
D ことどもを吟味することも論駁することもせず、他方、影絵の不明確でまやかしのをそれら
については用いるのだということを。然るに、我々の諸々の身体を人が擬《なぞ》ることを手掛ける
といったその時には我々は取り残されたものを常に共住いの観察の故に鋭く観察をしながら
我々は厳しい批評家になるのだ、諸々のすべての類似をあらゆる仕方で与え返さぬといった
者に対しては。同じことが、さあそこで諸々の言論に即してもまた生じているのを見なくて
はならないのだ。すなわち、一方、天空のことどもに神的なことどもは僅かばかりの仕方で
似たことどもが語られて居て我々は満足をするのだが、他方、死すべき者どもで人間的な者
E どもは、正確な仕方で我々は吟味をするのです。さあそこで即興からということでこの今に
語られることどもを、よしんば相応しいことをあらゆる仕方で与え返すことを我々が出来ぬ
としても同情をすることが必要なのです。何故なら、死すべきことどもは生半可のことども
としてではなく、否、困難なことどもとして思惑に向って擬るべくもあるのだと思考せねば
ならぬのだから。
108 それらのことどもを、さあそこで諸君が心覚えするように促したいということで、そして

まさに語られようとしていることどもについて同情のより小さなものではなく大きなものをこそ懇願しつつすべてそれらのことどもを僕は語ったということなのだ。[5] ソークラテース。もしさあそこで正当な仕方により贈物を懇願しているのだと僕が見えるのであれば、諸君は進んで与えて貰いたい。

二

B

ソークラテース　しかし何故に我々が、クリティアース、それを与えようとはしていないなんていうことがありましょうか。またとにかくなお三番目の者に同じそのことが与えられ済みだと致しましょう。ヘルモクラテースにと我々からですね。[6] 何故なら、明かですからね、僅か後に彼が語らなくてはならなくなったその時には彼はちょうど他ならぬあなた方がそうしたように懇願するのだというように。されば別の出発を備えていてそして同じ始めを語ることを強いられることがないように彼にとって同情はすでに基礎としてあるのだとし、その時にかけてはそのように彼を語らしめましょう。私はともかくも前もって語りますよ、とは言え、親しいクリティアース、あなたに対しては観客の思うところを。すなわち、驚く程にもより先の御方はその中で詩人として名をお上げなされたところですからそこでまた同情をあなたは必要となさることだろう、あなたにとっては何かしら仰山なのを、もしもあなたがそれらを勝ち得る能力のあるものとなろうともしているのであれば。

C

ヘルモクラテース　同じことを、実に、ソークラテース、この私にもまたあなたは告げておられるのですね、まさにそれをこの人にそうなさっているのを。いやしかし、とこう言うのも、それはへなへなして武士《もののふ》があっては決して勝利の碑を建てることなどなかったのだということです、クリティアース。されば議論へと突き進むべきなのです、男子らしく、かつパイオーン(7)とムーサの女神たちとに呼び掛けながら往にし方の市民たちの優れてあった方々を明らかに現わしかつまた讃美をするべきです。

クリティアース　親しきヘルモクラテース、君は後の順番になっていれば前には他の者を持っていて悠々としているのだよ。されば、一方、事がどのようなものであるかはそれ自身が君にすぐに明かにすることだろう。だがしかし、他方、激励し力づけてくれている君には、されば信じなくてはならないのであり、そして君が語った神々に加えて他の神々を呼ばなくてはならないし、かつまたさあそこで取り分けてムネーモシュネー(8)をもまたそうしなくてはならない。何故なら、殆ど我々には諸々の言論の最大のことどもはその女神の手中にすべて

D

存するのだから。何故なら、十分に記憶しては何時か神官たちにより語られそしてソローンによってもたらされたことどもを報告した上では殆ど僕は承知をするのだからね、この劇場にとって僕らは思われることだろう、諸々の相応しいことどもを程に適って果たしたことになるのだと。そのことを、さればあらためて今や遣らなくてはならない。そして躊躇してはならぬのだ、何一つも最早。

109

三

さあそこですべてのことどもの中で第一に我々は思い起すこととしよう、要点は九千年であったのだということを[9]。それは戦争が生じてヘーラクレースの柱[10]の向こうに住まっていた人々とその内側の人々とにとってあからさまとなってからなのだが。その戦争を、この今に余す所無く描写しなくてはならない。

一方の人々は、さればこのポリスが支配をした上ですべての戦争を戦い抜いたものとして語られていたが、他方の人々はアトランティスの王らが支配したとか。その島はさあそこでリュビアー[11]とアシアーよりもより大きな島で何時かはあったのだと我々は言っていたのだが、他方、この今には諸々の地震によって沈んだ上で通行出来ない泥土としてあって、ここから全海洋へ向って航海に出る人々にとっては、そこでまた最早すすむことがないようにと障害を差し出しているのです。

さあそこで、一方、多くの民族の夷狄のものどもにまたギリシア人たちの種族でその時にあった限りの者たちは、各々に即して言論の詳しい物語[12]が例えば起こったことを取り上げて到るところで明らかにすることだろう。他方、アテーナイ人たちのその当時の人々であった人々とかつまた敵対者どものこととは、この者どもに対してこそ彼らは戦い通したのだったが、諸々の最初に即しつつ第一のことどもとして詳述するのが必然である、各々の者たちの力にかつまた諸々の国制とを。だがしかし、まさにそれらのことどものうち、この地のことどもをこそ先に語ることを優先しなくてはならない。

B

神々は、何故なら、大地すべてをかつて諸々の地域に即して籤でもって分割なさった――争いに即してではなくてです[13]。何故なら、全うな理屈を持ちなどしないのですから、神々が彼ら自身の各々に相応しいことどもを知り損なうということも、更にはあらためてむしろ他の神々にこそ相応しいものを認識しておられながらそれを他の神々として自分自身のために獲得するよう手掛けたなどということは――正義のなす諸々の籤でもって親しいものを勝ち得て行きながら、彼らは諸々の国を建設して行かれました。かつ建設をなさった上で例えば羊飼いらがその群れをというように、彼ら自身の所有物で飼育物だとして我々を育てなさいました。但し、身体でもって身体を強いてということではありません、ちょうど羊飼いたちが群れ群れを鞭打ちでもって牧草地へと駆り立てて行きつつそうするように。否、取り分けてよく育てられた生き物をその仕方でもってそうするように、艫から正しく導きつつ例えば舵の柄としての説得でもって魂に対して彼らの思考に即して触れて行かれ、そのようにして導きながら死すべき者すべてを舵取りして行かれたのでした。

C

神々は、されば、一方、その様々に神々の様々の地域に即して配分によって入手した上で彼のことどもを秩序づけて行かれたが、他方、ヘーパイストスとアテーナー[14]とは共通の自然本性を持っていたものだから、すなわち同時に、一方、兄弟として同じ父親からしての出自であり、同時に、他方、智慧に対する親しみと技術に対する親しみとにより同じことどもへ

と赴かれてということですが、そのようにして一つの指定地だとしてお二方はこの国を割り
D 当ての土地として手に入れなさったのでした、徳と思慮とにとり固有にしてまた適して本来産まれついてあるものとして。他方、人々の優れた者たちを土着の者たちとして植付けられ、知性に向っては国制という秩序を置かれました。彼らの、一方、その諸々の名前は保たれてありますが、他方、諸々の業績の方は受け継いだ人々の諸々の消滅と時々のそれらの長さの故に消え去ったのです。何故なら、その都度に生き延びて残された種族は、ちょうど先にも言われたように[15]山に住む文字を欠く者として残されて行ったのであり、その際、国において力のあった人々の名前だけは耳にしていたが、また僅かのことどもをそれらに加えて諸々の
E 業績のだとして聞いたのでした。されば、一方、諸々の名前を子孫たちに対して彼らは満足をしながら置いたのだが、他方、諸々の徳と諸々の法の以前の人々のものであるのは、その際に知ることはなかったのでした。もしも各々のことどもについて何か曖昧に諸々の聞いた
110 或ることどもをではないならば。他方、必要欠くべからざるものどもの不如意の中で多くの世代に向って彼ら自らと子供たちとがありつつ、それらに向ってこそ彼らは注意をしながら行き悩んでいたのであり、それらについてまた諸々の議論をしながら先のことどもにおいてまた何時かの昔に生じたことどものことは、頓着することがなかったのでした。何故なら、物語にまた往にし方のことどもに遡る探求とは閑暇とともに同時に諸々のポリスへと向って遣って来るのですから、それらの両者は或る人々にとって今や生活の諸々の必要欠くべから

ざるものどもがすっかり準備されてあるのを見た場合にこそ、他方、それ以前には否であるのです。

B さあそこで、以上の道筋で古人たちの名前が諸々の業績を欠いて記憶されるに到っているのです。しかしそれらの名前を私は語りますが、それは証示しながら「ケクロープスにかつまたエレクテウス、エリクトニオス、エリュシクトーン[16]、またその他の人々の、諸々の最も多くの名前の、テーセウスより以前の人々のだとそれぞれの名前について記録をされているまさにその限りのものどもは、それらの多くのものどもを彼の神官たちが名前を挙げて行きながら当時の戦争を叙述したのだとソローンは言ったのだ」ということをその際に語って。

C 女たちのそれらもまた同じようにしたのだが。さあそこでまた女神の形と像もまた当時には諸々の営みの婦人たちにとってそしてまた男たちにとっての戦争をめぐったものどもは共通だったから、そのようにしてその慣習に即して女神が武装をしたものとしての奉納物として当時の人々にとってはあったが、すなわちそれは証拠なのです、慣習をともにする生き物は女性である限りがそして男性である限りが各々の種族にとって相応しい徳を、一切が共通に営むべく能力のあるものとして本来生じてあるのだというそのことの[17]。

四

然るに、さあそこで住いしてあったのであった、当時この国において、一方、市民たちの中の他の部族たちは諸々の職人仕事と大地からの養いをめぐってありながら、他方、戦士の部族は神的な人々によって諸々の始めに即して別に切り離されて住いしていました。その際、すべてのことどもを養いと教養とにかけて諸々の相応しいものどもを持ちながらも、一方、私的なものとしては彼らの中の誰一人も何一つも所有することはせずにすべてのことどもを

D

すべて彼ら自身の共有のものだと見なしつつも、他方、十分な養い以上には何一つをも他の市民たちからは受け取ることを至当だとはしませんでした[18]。そしてさあそこですべての昨日に語られた営みを彼らは営んだのであり[19]、それらは基本の設定をされた守護者たちについて語られた限りのことどもです。

またさあそこで、我々の国土についてのこともまた信じられてまた真実なことが語られて

E

いました。すなわち、第一には先ず諸々の境界をそれは当時にあってはイストモス[20]に向って区切られたものとして持ち、他の道筋で内陸に沿ってはキタイローン[21]とパルネースまで諸々の頂きの中で持ち、他方、それらの境界は下って右手にオーローピアー[22]を持ち、他方、左手には海に面してアソーポス[23]を区切っていました。他方、卓越でもって一切の土地はそこでの土地によって凌駕されてあり、それ故にもその当時は国土は養うことが可能でありました、大地をめぐった諸々の仕事に対して働かずにあった軍隊を。大きな証拠が、とは言え、卓越ということのだとしてあるのです。何故なら、この今の国土のだとして残されたものが対等なのですから、如何なる国土に向ってであれそれに向って、あらゆるものを産み出しそして

111 肥沃であることに、かつまた生き物たちのすべてにとって牧草地で一杯であることでもって。
然るに、当時はその美に加えてそれはまた全体の多量においてそれらを産んでいたのでした。
　されば如何にして、さあそこでこのことは信じ得ることなのか、そして当時の大地の何に
即してそれは残した上で全うに語られ得ることであるのか。
　すべての国土は大陸の他の国土から長々と大洋の中へと伸長しながら、例えば岬がという
ように横たわっています。さあそこで、海という容器はそれをめぐってたまたますべてが岸
近くで深くてあるのです。されば数多くのそして大きな諸々の洪水が九千年において生じた
B その時――何故なら、それ程のものがこの今の時に向って彼の時から年々として生じてある
のですから――大地のものはそれらの時間と災難とにおいて諸々の高所から流れ出ながらに
も他の諸々の地域のように堤の語りに価いするものとして常に積み上げることもせず、また
渦を描いて回って流れながら海底へと消えて行くのです。さあそこで今や残されてあるわけ
です、ちょうど諸々の小さな島々においてのように当時のものどもに向ってはこの今のもの
どもは例えば病んでいる身体の骨々といったように、肥えて柔らかな限りの大地は流れ去り
国土の痩せた身体だけが残されることになって。
C 　当時は、しかしながら、国土は無傷でありながらかつは山々を高い丘として持ち、かつは
この今には石ばかりの[24]だと名づけられている平野は肥沃な大地に満ちたものとして所有して
いたし、また沢山の森を山々には持っていたし、その森のだとしてこの今にもなお明らかな

証拠があるのです。何故なら、諸々の山の中にはこの今に、一方、ただ蜂どもだけに養いを
持っているだけのものがありますが、随分のということではなくて時があってその時は諸々
の樹木がそこから諸々の大きな建築へと屋根のためのものとして切り出されておりましたが、
諸々の屋根はなおも健在であるのです。他方、数多くの他の栽培された丈の高い樹木たちが
あり、それらは家畜らにとって食料を測り知れぬものとしてもたらしていたのでした。かつ
D さあそこでまたそれは年に即した水をゼウスからして享受していたのであり、この今のよう
に裸の大地から海へとそれが流れて行くのを解き放つことはせず、否、それは多大の大地を
持ちながらそれの中へと受け入れつつ粘土という保水的な大地でもって節約しながら、諸々
の高所から何処かしら下へと向う水を諸々の窪地へと解き放ち、すべての地域に即して諸々
泉に河のふんだんな流れを提供して行ったのです。そしてそれらのだとしてこの今にもまた
なお諸々の流水の以前にあったものに面して諸々の社が間に残されてありながら印しである
のです、国土について真実なことどもがこの今に語られているのだということの。

五

E されば、一方、他の国土のことどもは自然本性においてそのようにあり方があり、そして
首尾一貫して整えられてありました。然るべくも農夫たちの、一方、真実でかつまさにその
ことを遣って行く者たち、他方、美しいものを愛しまたよく生まれついてある者たち、他方、

大地の最高のものと水の最もふんだんなのを持っており、そして大地の上では四季を最も程
よくも調合されてあるのを持っているものたちによって。

112 他方、町は次のように建設されてありました。第一に、一方、アクロポリスのことはその
時にはこの現在にそれがあるようにではなくてそのあり方がありました。何故なら、この今
に、一方、一つの異常に雨の降る夜が生じてそれは大地から洗い去った上でそれを裸にして
しまったのですから。その際、同時に諸々の地震とデウカリオーン[25]の時代においての破滅の
前の三番目のより前の水とが、定められるところのもの以上のもので生じたもので。しかし
ながら、以前の異なる時代での大きさに関しては、アクロポリスは、一方、エーリダノス川
とイーリーソス川とに[26]向って及び、また内側にプニュクスの丘を擁しまたリュカベットスの
山をプニュクスの[27]対面から持ってありながら、他方、大地の姿でそのすべてはあり、そして
僅かに関してこれを除けば平面として上部はあったのです。

B 他方、住まわれていたのでした、一方、外側からした諸々はアクロポリスのまさに側面の
その下では職人たちと農夫たちの近くを耕作していた限りの者たちによって。他方、上部の
諸々は戦士の種族が自らがただ自らだけに即してということでアテーナーとヘーパイストス
との社をめぐって住いを定めていたのだったが、それは例えば一つの家の庭を一つの囲いで
もってまた囲んでしまってというようでした。何故なら、彼らはその家の北風に向いたもの
C どもを家々の共同のものとして住まったのであり、かつ冬期の共同食事所を用意した上で、

そして共同の国制にとって彼ら自らと神官たちの諸々の建築作業を通じて土台として最初に
あるのに相応しくある限りのすべてのものどもをそうした上で、但し金や銀なしに——何故
なら、それらのものどもを何ら何一つのものに向ってでも彼らは用いることをしなかったので
あり、否、彼らは尊大と卑屈との中間を追求しつつ秩序のある諸々の住いを建てたのであり、
それらの中で自らがかつまた子孫の子孫たちも齢を重ねながら他に相似た者たちに同じ家々
を常に手渡したのでした——他方、南風に向ってのものどもが、諸々の中庭に体育館に共同
食事所を夏なのであればというように彼らが打っちゃったその上では、それらのことどもに
向って彼らのために使用されたのでした。他方、泉が一つ現在のアクロポリスの地域に即し
D てありましたが、それが諸々の地震によって涸れてしまったので、この今の流れの小さなの
が近くに残されてあります。だがしかし、当時にあってのすべての人々に対してはふんだん
な流れを提供していたのでした。それが冬にかつまた夏に向って変わらぬ温度のものであり
ながら。

　さあそこでその形態でもって彼らは住いしていたのでしたが、それは一方では彼ら自身の
身張り手として、他方では他のギリシア人たちの進んで迎える指導者としてでした。他方、
大勢を見張りながらも出来る限り彼ら自身の男子たる者たちと女子である者たちとの同一が
常の時間に向って存在するようにとしていたが、その多とは戦うのにすでに能力がありなお
E 能力があるそれであった。すなわち、その際彼らはおよそ二万であったのです。

六

されぱこの者たちこそが先ずさあそこでそうした者たちとして自らがありながらかつまたそうした仕方で常に自らの国土とヘッラースの国土とを正当にも治めてありながら、すべてヨーロッパとアジアへと向い諸々の身体の諸々の美に即してまた諸々の魂のありとあらゆる徳に即して賞讃をされる者たちであり、そしてまたすべての当時にあって人々の中で最高に名をなした者たちでありました。[28] 他方、さあそこで彼らに対して対抗をして戦った者たちのことどもをそれがどのようなものであったかそしてどのようにして最初から生じたか、もし我々がまだ子供としてありながら聞いたことどもの[29] 記憶を奪われてはいないのであるなら、真ん中へとそれらをこの今に我々は与え返すことでしょう、あなた方友人である方々にとり共同のものたるべくも。

113 とは言え、なお僅かばかりのことを語りの前に明らかにしなくてはなりません。しばしばギリシア語での名前を夷狄の者どものだとして聞きながら、あなた方が驚かないようにと。何故なら、それはそれらの原因を諸君は聞いて下さいということですから。

B ソローンは自らの詩作の中へとその語りを使用することを着想していたものだから、諸々の名前の意味を調べながら見出したのでした、エジプト人たちの最初の彼の人々のそれらの名前を書いた者たちが自らの言語へと変更してしまっているのを。そこで自らがあらためてもう一度各々の名前の思想を取り上げながらに我々の言語の中へと導いて行って書き留めたのでした。そしてとにかくそれらの書き物がさあそこで祖父の許にあったのであり、そしてまたなおこの私の許にこの今にあるのですが、そしてすっかりと熱心に習われたところなのです、この私が子供であるのによって[30]。
さればもし諸君がこの地でも名前であるといったようなそうした名前を聞くことがあっても、何一つ諸君にとって不思議はあらしめ給うな。何故なら、それらの理由を諸君は持っているのであるから。だがしかし、さあそこで長い語りのだとしてはこのような何かが始めとしてあったのでした、その時には。

C

七

ちょうど先のことどもにおいて神々の配分については語られて「神々は大地のすべてを、一方、ここではより大きな分配を、ここでは、他方、より小さな分配を分配なされた、またその際、彼ら御自身のために諸々の社と犠牲とを準備なさった」とされた[31]わけですが、そのようにしてさあそこで島のアトランティスなるものもまたポセイドーン[32]は得て御自身の子孫たちを住まわせなさいました、死すべき者の女から設けられて島の何かこのような地域に。すなわち、一方は海の前他方は全島の真ん中にとして平野があり、それはさあそこですべての平野の中で最も美しくそして卓越でもって十分なものとして生じたと語られており、他方、平野の近くにあらためて中央のところにちょうど五千間の距離を隔てつつ山の到るところで

D 低いのがありました。だが、その山には住民がおりました、その場所に諸々の最初に即して
大地からの人間として生まれた者たちの所属の、一方でエウエーノールが名前であり他方で
レウキッペーという妻とともに住まっている者が。クレイトーを、他方、一人娘として二人
は産みました、今や、だがしかし、婿選びの時へと娘が来ていた時に母と父とは身罷るので
ありましたが、他方、彼女に対しての欲望へとポセイドーンが到って交わりをなさいます。
そして丘を、その中に彼女は住まっていたのでしたが、囲みよきものにしながら円でもって
裁ち切りなさる。その際、海と大地を交互により小さくまたより大きく車輪として相互の
回りにお作りなさいました。すなわち、二つを、一方、大地のなのだとして、他方、海のを
E 三つ、例えば轆轤仕事をしながらでというように島の中心からしてでしたが、それらは到る
ところで等しく隔たってあり、そこでまた人間たちにとっては渡り得ないものでありました。
何故なら、諸々の船と航海することとが未だ当時はなかったからです。他方、御自身は真ん
中の島を、そうもそこであるようにと、神としてすっかりお飾りになられました。すなわち、
泉からは清水を二つ大地によって上方へと持って来られた上で。つまり、一方は熱いのを、
冷たいのとして泉から流れ出る他方を。他方、食物を様々で十分なのを大地から送り上げて
です。

　他方、子供たちの男子たる者の五組の双子の出生を設けなさった上でお育てになりました。
114 そしてアトランティスの島のすべてを十の部分としてお分かちになられ、最年長の双子たち

の中で先に生まれた者に対して母の住いと近くの土地の最も広大で優れてあるのを配分して
与え、そして他の者たちの王としてお据えになられ、他方、他の者らを支配する者となさい
ましたが、各々に対しては多くの人間たちの支配と多くの国土の地域とを与えなさいました。
他方、諸々の名前をすべての子供たちに与えられましたが、一方、最年長である者にはそれ、
実にそれこそのだとしてまた島のすべてもまた大洋も因み名を持ったもの、アトランティス
のと語られるものをそうなさいましたが、それと言うのも、名前が最初として王たりし者に
B とってその時にアトラース[33]が名前であったということです。他方、双子で彼の後で生まれた
者で、他方、土地を島の端のそれとしてヘーラクレースの諸々の柱の前でこの今にガデイラ
の国土だとして彼の地域に即し名づけられているものに面して得たのに対しては、ギリシア
語では、一方、エウメーロスと、他方、土地の名はガデイロスなる名前をお与えでしたが、
まさに名前でもってあったのをその道筋で名前として提供をしたのでした。他方、二番目に
生まれた二人はこれを、一方をアンペレース他方をエウアイモーンとお呼びになられました。
C 他方、三番目の二人にはムネーセウスを、一方、先に生まれた者に、その後に生まれた者は、
他方、アウクトーンとされ、他方、四番目の者たちのうちではエラシッポスとして、一方、
先の者を、メーストールとして、他方、後の者を呼ばれました。他方、五番目の双子の場合
には、一方、先の者に対してはアザエースが名前だとして置かれ、他方、後の者に対しては
ディアプレペースがそうされました。これらすべての者たちは、さあそこで自らがかつまた

D

彼らの子孫らが多くの世代に向って住いし、その際、一方、大洋に沿った多くの島々を支配し、他方、なおちょうど先にもまた言われたように、エジプトにそしてまたテュレーニアーまでその内部にある人々をこちらへと支配を及ぼしてあるのでした。

アトラースのとしてはさあそこで、一方、多くの他の栄えある種族が生まれるのであるが、他方、王として最も年長の者が常に子孫たちの中の最年長の者に多くの世代に向い手渡して行きつつ、王制を彼らは保ち続けて行きました。富を、一方、その多でもってこれ程までの、つまり、これまで以前に諸々の王の或る諸々の権力において生ずることなどまたなかったし何時か後で生ずるべくも容易くはない程までのを彼らは所有していて、他方、用意をされてすべてのことどもは彼らにとってはあったのです。ポリスにおいてそして他の場所において用意さるべく仕事があった限りのことどもはということです。

E

何故なら、多くのことどもが、一方、支配の故に彼らに対しては外から向って来たからであり、他方、最も多くのものどもを島が自ら生活の諸々の用意へと提供し得たからなのですが、それらは最初に先ず採鉱によって採掘されて硬い限りのものどもとして、また軟らかい限りのものどもとして生じたものどもです。そしてこの今にはただ名づけられるだけのものが――だがしかし、当時は名前よりはより多くの種族として大地からして島の多くの地域に沿って掘り出されてあったのでした。オレイカルコスの名前よりはです。金を除けば当時のものどもにおいて最も貴重でそれはありましたが――そして森林が大工たちの諸々の苦心の

作品に向って提供する限りのものどももすべてを惜しむことなくもたらし、またあらためて
諸々の生き物の飼育されたまた野生のものどもをめぐったものどもを養っていたのでした。
そしてさあそこでまた象たちの種族も島の中には最も多くてありました。何故なら、食料が
115 他の動物にとって、すなわち、諸々の沼地に湖に諸々の河に即しましたあらためて諸々の山に
即してかつ諸々の平野の中に棲みついている限りのものどものすべてにとり十分にそこでは
備わってありましたけれど、またその生き物の生来最大で大いに喰らうところのものどもに
もまた同じことどもに即してあったからです。それらに加えて、香りのよいものとして何処
かしら大地がこの今に養う限りのものどもは、諸々の根の或いは葉の或いは木々の、或いは
花々の或いは諸々の果実の滲み出た汁のだとして島はそれらをもたらしかつまたよく養った
のでした。他方、なお栽培される果実にまた我々にとっては養いのためである穀物、そして
B 食べ物のために我々がそれらを加えて用いる限りのものども——とは言え、我々はそのもの
の諸々の部分一切を豆類と呼んでいるのであるが——木のであり飲物に食物に塗りものども
をもたらして行きながら、また慰みと快楽とのために諸々の果物の貯蔵が困難な果実として
生じてあるもの、また満腹の和らげのデザートとして病む者に対して我々が置いている限り
のものども、すべてこれらを当時に太陽の下にあった島が神聖でまた美しくかつ驚嘆すべく
そして諸々の多さでもって無限のものとしてもたらしていたのでした。

C されればそれらのものどもを彼らはすべて大地から受け取りながら、諸々の神社に諸々の王

の住いに、港にまた諸々の造船所にそして一切の他の場所を用意して行ったのでした、このような配置に置いて秩序立てて行きながら。

八

海の諸々の輪を、すなわちそれらは往にし方のメトロポリス（中央都市）の回りにあったのでしたが、第一に、一方、彼らは架橋をしたのでした、路を外から王宮へと向って作って行っては。他方、宮殿を神ポセイドーンとその先祖たちの住居において諸々の最初に直ちに
D 造作し、他方、一が他から受け取って行ってすでに飾り立てられてあるのを飾り立てて行きつつ、出来る限り先の王を常に凌ごうとしたのでした、諸々の仕事の大きさと美とでもって見るにつけて仰天へと住居を彼らが作り上げるまで。

何故なら、一方、水路を海から始めて幅三プレトロン、他方、深さが百プースの、他方、長さは五十スタディオンのもの[34]として最も外側に輪に向け彼らは連絡をさせました。そして運河を海からその道筋でもって彼の許へと向いさながら港の中へとというように彼らは作り
E ました。口を最大の船に対して侵入するのに十分なものに切り開いた上で。そしてさあまた大地の諸々の輪も、それらは海のそれらを隔てていたのでしたが、諸々の堤に即して一隻の三段橈船でもってする限りの通路を彼らは割ってそして上から覆い、そこでまた船の通路が下に存在するように致しました。何故なら、大地の諸々の輪の諸々の縁は、十分な底を海に

比較して上に持っていたからです。他方、諸々の輪の中で、一方、最大のもの、その中へと
海が連絡していたのは、幅が三スタディオンであり、大地の次のそれは前者に等しくてあり
ました。他方、第二の二つのそれらのうち、一方、海の物は幅二スタディオンであり、他方、
116 陸のであるものはあらためてもう一度先の海の物に等しくてありました。一スタディオンの
だとして真ん中の島そのものをめぐって回っているものはありました。他方、その中に宮殿
があった島は、五スタディオンのだとして直径を持っていました。

さあそこで、その島と諸々の輪と堤の幅一プレトロンであるものとを円形で此処また彼処
と石の塀でもって彼らは囲みましたが、その際、諸々の塔と諸々の門とを諸々の堤の上に海
に対する諸々の通路に沿って各々の側に設えたのでした。他方、石を彼らは島の中央辺りに
B よってまたそれらの輪の外側のまた内側のにより、一方は白いのを、他方は黒いのを、他方
は赤くあるのを切ったのでしたが、他方、切りながらも同時にドックの虚ろで二重のものを
内部に作り上げました、岩そのもので覆いをされたのを。

そして諸々の建築物の中の、一方、或るものどもは単純でしたが、他方のものどもは諸々
の石を混ぜながら多彩なものとして慰みのために工夫をなさったのであり、その際、快楽を
それらにとってともに生い出てあるものとして分配されたわけでした。そして、一方、最も
外側の輪をめぐる塀のすべての周囲を銅で持って彼らは囲みました。例えば塗料を用いてと
C いうように。他方、内部の輪のとしては錫の塗装でもって覆い、他方、アクロポリス自身を

めぐったそれを諸々の火の姿に輝きを持ったオレイカルコスでもってそうしたのでした。

九

他方、さあそこでアクロポリスの内なる宮殿は、このようにして設えられてありました。先ず中央には聖なる社がそこにクレイトーとポセイドーンとのだとして不可侵のものに取り置かれてありました。黄金の囲いでもって周囲を取り囲まれてです。すなわち、それはその中で諸々の最初に即して彼らが親となられお産みになったところでありました、十人の王の族を。そこでまた年毎にすべての十の領地から諸々の季節の供物を(35)、そこへと彼らのために
D 彼らは心尽くしとしたのでした。他方、ポセイドーンその方の神殿はあったのでした、縦が一スタディオン、横が三プレトロン、他方、高さはそれらに基づいて見るにつけ均斉があり、何か異国風の形を持ったもののそれでありました。然るに、すべて一切、外からして彼らは神殿を銀でもって覆ったのでした。それは破風のところは除いてということなのでしたが、破風のところは黄金でもってそうしたのでした。他方、内部のものどもは先ず天井を見るにつけてすべてが象牙で作られてあるのを金・銀・オレイカルコスでもって多彩にされ、他方、その他のすべて、諸々の壁・諸々の柱・諸々の床だといったものどもは、オレイカルコスでもってそれらを彼らは擁したのでした。

E 他方、彼らは諸々の黄金の神像を安置なされたが、一方は神の戦車の上に立ち六頭の翼の

或る馬たちの御者であるのをでありましたが、また御自身はその大によって頭でもって天上
に触れており、他方、海神ネーレウスの娘たち[36]の海豚どもの上に乗った百頭を、辺りにそう
なさいました——何故なら、それ程までと彼女たちを見なしていたからです、当時の人々は
あるのだと——他方、多くのものどもが内部に諸々の私人らの他の神像の奉納物として中に
ありました。他方、神殿のまわりその外側にはすべての方々の諸々の似像が黄金から出来て
置かれてありました。それは妻たちに十人の王たちの所属だとして生じた限りの方々自身の
ということでしたが、また多くの別の奉納物の大きいのが諸々の王たちにそしてまた諸々の
私人たちのだとしてポリスそのものと彼らが支配を及ぼしていた限りの他のポリスからして
117 ありました。祭壇はまた、さあそこでその大またその造作がその整いにとって応じてあり、
そして宮殿が同じことどもに即して、一方、その支配の大に相応しく、他方、諸々の神域を
めぐった装飾に相応しくてありました。

他方、さあそこで諸々の泉、冷たい流れのそれと温かい流れのそれとは、一方、ふんだん
な量を持っており、他方、諸々の水の快適と卓越とでもって[37]各人の使用に向っては驚くべき
B ものに生来生じてあるものに所属していたが、彼らは用いるのでありました、諸々の建物と
諸々の樹木のそれらの水に適した植樹を張り巡らし、またあらためてそれらの諸々の受け皿
としては、一方、野外のものを、他方、冬期の温かい浴室でもってする屋内の諸々をまわり
に置いて。その際、切り離して、一方、王室のものを、切り離して、他方、私人たちのもの

ものを、他方、なお女たちにとっては別のものどもを、そして異なったものどもを馬たちにまたその他の頸木に付くものどもにとってとこうしたのでしたが、装飾の適したものをそれぞれにとって配して行かれたのでした。他方、流れ出る水を彼らはポセイドーンの森に向い導いて行きましたが、様々の木々は不可思議の美と高さとを大地の卓越によってもっておりました。また外側の諸々の円に向って諸々の水道管を通して諸々の堤に沿って彼らは運んで行くのでした。

C

そこには、さあそこで多くの神殿が、一方、神々のでもあるとして、他方、多くの庭と多くの体育場が手作りされてありました。それらの体育場は、或るものどもは、一方、人々のであり、他方、或るものどもは馬どものでありましたが、それらの輪の各々の島において切り離されてありました。また他のことどもでは島々の中の大きいものの真ん中にはとって離れて馬の競走路が彼らのためにはありましたが、一スタディオンの幅を持ち、他方、長さは円の全体をめぐり競走の中へと馬たちのために捧げられておりました。

D

他方、槍を持つ親衛隊(38)のだとして、それの回りには此処また彼処と諸々の住いが親衛隊員の数だけありました。しかし、より信頼されている者たちにはより小さい輪のアクロポリスの側にもっとあるのにおいてその見張りは指定されてあったのであり、然るに、すべての者たちの中で信頼に向って抜きん出てある者たちにはアクロポリスの内で諸々の王たち自身の周りに諸々の住いが与えられてあったのでした。他方、諸々の造船所は三段橈船により一杯でありまた諸々の三段橈船に相応しい限りの諸々の用具によりそうでしたが、他方、すべて

E

のものどもが十分に準備されてありました。

そして、一方、さあそこで、宮殿の住いをめぐったことどもはそのように準備されてありました。他方、諸々の港の三つあるのを外へと過ぎる者には海から始まった上で環状で壁が遣って来ることとでしたが、五十スタディオン[39]を、最大の輪とそしてまた港から、到るところ離れてあり、そして一つ所へともに閉じ込んでいたのでした、水路の口の海へ向ったものに向って。さあそこでそれらのすべては、一方、多くのまた密集した住居によってともに住いされ、他方、外海への水路と最大の港とは諸々の船舶と到るところから到着した商人たちで一杯でしたが、音声に様々の騒音にまたぶつかる音を昼に夜に彼らは提供していたのでした。

118

一〇

されば、一方、町と往にし方の住いをめぐることとは殆ど彼の時に語られたように、この今にはっきりと思い起されました。他方、別の場所のことを如何に自然本性はこれを持っていたか、また秩序づけの形はどうだったか、記憶から物語ることを試みなくてはなりません。

第一に、一方、されば地域のすべては非常に高くてそしてまた海から切り立っていたが、他方、ポリスの周辺は一面に平野だったと語られておりました。すなわち、ポリスを、一方、平野が囲み、他方、そのものは円形でもって山々の海に向ってまで広がっているのでもって囲まれてありました。それはなだらかで平坦、だがしかし、全体は長方形、そして、一方、

B　一方のものどもへと向っては三千スタディオンの、他方、真ん中に沿って海から上へとでは二千スタディオンのものでありました。他方、領域のそれは島の全体の南へと向って向きを取ってあり、北側からは保護されてありました。他方、それの回りの山々は当時にはその多・大・美が現在にあるのに比べて生じていることで賞讃されてありました。すなわち、それらは、一方、周辺住民たちの沢山のまた裕福な村々を自らの内に持ってあったし、他方、諸々の川に諸々の湖に諸々の牧場を、養いとしてすべての飼育をされたそして野生の動物どもにとって十分なものに、他方、森林をその多と諸々の種類とでもって多彩なものとしてすべての仕事に対して持っていたし、かつまた各々のものどもに向って惜しみなく持っていました。

C　さればこのようにその平野は、自然本性においてまた多くの王たちによって、多くの時間の中で苦心されていたのでありました。先ず平野は四角形のものとしてここでそもそも存在していました、大抵は真っ直ぐでまた長方形で。他方、それがそうはせずに残したものは壕がぐるっと堀りめぐらされて真っ直ぐにされたのでした。然るに、濠の深さ・幅・長さは、一方、信じられぬものに手作りの仕事として諸々の他の苦心作に加えてそれ程のものであると語られておりますが、だがしかし、述べなくてはならないのです、とにかく我々が聞いたことは。

D　何故なら、一方、それは一プレトロンだとして深さは掘られ、他方、幅は到るところで一スタディオンとされ、他方、平野すべての回りでそれは掘られつつ長さは一万スタディオン

E

であることとなりました。他方、それは山々からの落ちて来る諸々の流れを迎え入れながら、また平野をめぐって円をなして引かれつつポリスに向って此処そしてまた彼処と到着して、そこで海に向って流れ出るのに任されました。他方、上部からはポリスが幅が取り分けて百プースの諸々の運河の真っ直ぐなのが切られてあって平野に沿ってもう一度濠の海に向ったものの中へと放免されたのでしたが、他方、それらの一つは別のそれからは百スタディオン隔たってありました。その運河でもって、さあそこで山々からの木材を彼らは町へと導いて下ろし、そして、他方、諸々の他の季節のものを諸々の船でもって運び下ろされるようにと致しました。その際、彼らは諸々の横切りの通路を諸々の濠から濠相互を斜めの濠へそしてまた町へ向い切ったのでした。そして実に二度一年に置いて大地から収穫を上げたのでした。すなわち、冬には、一方、ゼウスの諸々の水を用い、夏には、他方、大地がもたらす限りを諸々の濠からの流れとして導きながら。

119

他方、一般大衆に関しては、一方、平野の中で戦争に向い有用な男子たちの中から各地区は男子の指導者を提供するように課されていましたが、他方、地区の大きさは十の十倍ものスタディオンに及んでいましたし、他方、諸々の地区一切のだとしては六万人がおりました。他方、諸々の山からしてのまたその他の場所からしての人々のだとしては無数の数が語られていましたが、諸々の地域と村々に即してそれらの地区の中へと諸々の指導者に向って配分されてしまっておりました。されば指導者は課しつけられておりました、戦争へと、一方、戦士用の戦車の六つの部分を一万の戦車へと、他方、台座なしの二頭の馬に下りて戦う小楯持ちと二頭の馬と一緒の戦闘員の手綱を持った者、他方、重装備兵を二名、また弓兵と投石兵とを各二名、軽装備の投石兵と投げ槍兵とを各々三名、他方、水夫四名を千二百の艦船の乗組員へと提供するようにと[40]。

されば軍備のことどもはそのようにして整えられてしまっていたのでした、その王国のだとしては。だがしかし、それらの中の九つの他の軍備は他の仕方でそうされていましたが、それらを語るのは長い時間となることでしょう。

一一

C　他方、諸々の支配と名誉とのことどもは、次のようにして最初からそのあり方が秩序立てられてありました。十人の王たちのそれぞれ一人は自らに即した部分において自らのポリスに即して諸々の人々とまた最も多くの法律とを支配したのでした。その際、誰でもあれその欲した者を懲らしめまた処刑しながらで。然るに、相互においての支配と共同とにおいては諸々の通達のポセイドーンのそれらに即してありましたが、掟が彼らに対して与えたのだとしてあり、そして諸々の文字が初代の王たちによってオレイカルコスの柱の中へと刻まれて

D　としてでありました。そしてその柱は、島の中央に沿ってポセイドーンの社の中に置かれていたのです。そしてそのところでさあそこで五年を通じて、他方、或る時には交替に六年目

に彼らは相集ったのですが、その際、彼らは偶数に対してかつまた奇数に対して等しい分け前を割り当てたのであり、他方、相集いつつ共同のことどもを彼らは諮り、また誰かが何かを踏み外しているのかどうかを詮議しかつ裁いたのでした。

然るに、彼らがまさしく裁きを行おうとしていた時には、諸々の保証を相互に対して次のようなものとして彼らはその前に与えたのでした。諸々の牡牛がポセイドーンの社に放たれていた
E のですが、ただ十人だけのあり方になって行き神に対し彼にとって嘉される犠牲獣を捕えることを祈願した上で、鉄はなしにして木々と投げ縄とでもって彼らは狩りをするのでした。他方、諸々の牡牛の中から彼らが掴まえたのを柱に向い引いて行った上で、柱の頭のところで彼らは喉を切り、諸々の字に沿って血を流したのでした。然るに、その柱の中には諸々の
120 掟に加えて誓いの大きなのが諸々の呪いを不信仰の者どもに対しかけてありました。されば彼ら自身の諸々の掟に即し犠牲を捧げた上で牡牛のすべての四肢を奉納した時、クラテール（混酒器）を調合した上で各人のために血の塊を投げ入れるのでした[41]。他方、その他のものは碑の中へもたらしましたが、その際、柱を完全に浄めたのでした。他方、その後、諸々の黄金の盃でもってクラテールから彼らは酒を注ぎながら火に注ぎつつ彼らは誓ったのです、かつは柱の中にある諸々の掟に則して裁きかつは懲らしめるのだ、もしも誰かが何かを以前
B に踏み越えてあるのならば。そしてあらためて、その後は諸々の文字の何一つをも意図して踏み越えることはないだろうし、更には支配するだろうこともなくまた支配するものに服従

することもないだろう、父の諸々の掟に則して課しつける者を除いては、とこう。

それらのことどもを彼らの各々は自らのためにそして自らに発する種族のために祈願した上で飲み、そして盃をその神の社へと奉納し[42]、食事と諸々の必要事をめぐって時を費やして今や暗闇が生じて火の犠牲獣どものまわりのものが冷え切ってしまうや、全員はそのようにして最高に美しい瑠璃色の衣装を身に着けた上で諸々の誓いのための諸々の焼きものに向い地上に腰を下ろしながら、夜を通し社のまわりのすべての火を消した上で、彼らは裁かれてそしてまた裁くのでした。もしも誰かが何かのことでこれらの中の誰かを踏み越えていると咎めることがあったなら。だがしかし、彼らが裁きをした上では裁かれたことどもを、光が生まれて来るや、黄金の板の真ん中に書き込んだその上で、諸々の衣装とともに彼らは奉納したのでした。

D

他方、掟の沢山のものどもが、一方、王たちのそれぞれの諸々の特典をめぐり特有なものとしてありましたが、他方、最大のそれらは何時か武器を互いへと向けてもたらそうことはあるべからず、全員は助力すべきなのだ、もしも何処かで彼らの中の誰かが何かのポリスにおいて王の種族を解くことを試みるとすれば。だがしかし、共同して、ちょうど先の王たちの如く、戦争にまたその他の諸々の行為をめぐって思われることどもを図りつつ、指導権はアトランテイスの種族に与え返して。他方、死刑の如何なるものについても同族の者たちの中の王は権威あるべからず、十人の王の半分を超える者たちによってよしと思われぬならば、とこうであったのだ。

一二

そのそれ程のまたそうした力の彼の諸々の地域において当時にあったのを神はあらためて
E これらの地域に向って纏められた上で、何かこうした目的からして持ち込みになられました。先ずは多くの世代に渡って神の自然本性が彼らにとって足りてあった限り彼らは諸々の掟を聴従してあり、そして同族の神的なものに向って親しいあり方をしていました。何故なら、諸々の思考を真実でまたあらゆる点で大きなものとして彼らは所有をしていて思慮を伴った温厚をその都度に帰結して来る諸々の巡り合わせに向ってかつまた相互に向って用いていて、
121 それ故に徳を除いて一切のことどもを軽視しながらその身に備わるものどもを小さなものに考え、そして例えば重荷だといった黄金のかつまたその他諸々の所有物の塊を易々と耐えて、否、富の故の贅沢に酔いつつ自己自身を抑制せずにありながら蹉跌をすることはしなかったのであり、他方、素面でありながら鋭く彼らは看取をしていたのでした、それらのすべてもまた共同の友愛からして徳とともに増大するのであり、それらのものの熱心と尊重とによりまさにそれらのものどもは衰え、そして彼の徳がそれらとともに一緒に滅ぶのだということを。さあそこでそうした思量と神的な自然本性の親しく留まってあるのとからしてすべての先に我々が詳らかに語ったところのものどもは、彼らにとって増大したのでした。

B

だがしかし、神の分け前が、一方、彼らの中で多くの死すべきものとしばしばまた混じり合わされて行きながら消えかかったものとなり、他方、人間的な性が力を持ってあるようになると、その時には今や備わってあるものどもを耐えることが出来なくなり彼らは見苦しく振舞うようになり、また、一方、見ることが出来る者にとっては醜く彼らは姿が現われたのでした。最も美しい諸々の物を最も貴重なものどもから彼らが滅ぼしたものだから。然るに、幸福に向っての真実の人生を見ることの不可能な者どもにとっては、その時にこそさあそこで、取り分け絢爛にして至福であると思惑されてあるのでした。その際、彼らが不正な物欲と力とに充ちてありながら。

C

他方、神々の中の神たるゼウスは王たちの諸々の掟においてそうしたことどもを看取する力がおありだったから、心のうちに優れた種族が惨めな状態に置かれてあるのを認められて彼らに対して罰を科すことをお望みになり、それは彼らが思慮を健全にした者とされて程に適う者ともなるようにということでしたが、お集めになられました、すべての神々を彼らの最も貴重な住いへと。そしてその住いは、さあそこで、全宇宙の真ん中にあって生成を分け取った限りのすべてのものどもを見て取るものでしたが、またお集めになられた上で仰せになりました――（未完）

『クリティアース』篇註釈

（1）プラトーンのほぼ最晩年の時期において『ティーマイオス』篇・『クリティアース』篇、またそれらに加えて『ヘルモクラテース』篇の三篇が言わば三部作といったように書くことが構想されたことは最初の『ティーマイオス』篇の導入部の下り（二七AB）でのクリティアースの発言から窺うことが出来ますが、その最初の努力たる『ティーマイオス』篇での自らの語りを無事終えることがところからその安堵を口にしているところです。結果としては、『クリティアース』篇は未完のうちに終り『ヘルモクラテース』篇は試みられることさえなかったわけで、そんなところから最晩年のプラトーンの著作活動のあり方は学者的な詮議の格好の的となるわけですが、ともあれプラトーンか『ティーマイオス』篇をものにするその意志だけは揺るぐことないものだったということでしょう。330頁

（2）『ティーマイオス』篇（三四AB）では唯一神がこの「コスモス」を創造するがその創造された「コスモス」もまた神（何時かあらんとする神）として言われるのでした。『ティーマイオス』篇はその「コスモス」の生成の次第を語ったわけですから、このように言うわけです。330頁

（3）右の註（1）でも触れた『ティーマイオス』篇の導入部の下り（二七AB）のことです。330頁

（4）「此処で呼び戻されている芸術の理論は『国家』篇第十巻五九七A以下と『ソピステース』篇において提出されている。展開は幾分長くまた主題にとって無関係である」（リヴォー）331頁

（5）「批評」というものもその対象がお互いに周知のものであればより厳しくもなろうしお互いによく承知するところがなければより寛大に行われるわけですが、ティーマイオスその人の語りは「コスモス」のことを語るという途方もないそれであったが自分のそれは歴史的な事実にも及ぶものであれば批評が厳しくなろうことは予想される。さればこそ「どうか寛大な批評を」と予めお願いをするのだと言うことです。333頁

（6）この下りの限りでは『ヘルモクラテース』篇がものされようとしていたことは明かでしょう。333頁

（7）パイオーンは光りや予言や医術の神アポッルローンの別名、ムーサは詩歌文芸を司る九柱の女神たちである所謂ミューズのこと　334頁

（8）右のムーサたちの母で「記憶」の女神、ヘーシオドス『神統記』冒頭を参照のこと　334頁

（9）『ティーマイオス』篇二三Eを参照されたし。335頁

（10）ジブラルタル海峡のことでこれより西は〝夕べの娘たち〟のヘスペリデスが住むところともされていました。335頁

（11）リュビアはおよそアフリカのこと、アシアは無論アジアですがかつてはエジプトをも含んで言われていました。335頁

（12）『ティーマイオス』篇二五Dを参照されたし。335頁

（13）アッティカの所有をめぐってはポセイドーンとアテーナーとの間に諍いがあったのだと神話

は伝えており、『メネクセノス』篇がそのことに触れています。336頁
(14) 前註では争った神々としての見られ方で触れられていますが、しかし彼らは一方は「鍛冶の神」他方は「技芸の女神」としてそうした技術を重んじたアテーナイのポリスでは等しく人々の尊崇の念を寄せられていたのでした。336頁
(15)『ティーマイオス』篇二三Aを参照されたし。337頁
(16) ケクロープス・エレクテウス・エリクトニオス・エリュクシトーンは皆伝説的なアテーナイの王だということで覚えておきましょう。ただ最後のエリュクシトーンは彼がデーメーテールの聖なる森の木を切ったことで無限の飢餓に落ちるという罰を受けそのためにその娘が次々に身を売ってその飢餓に尽すということになったという、哀れで厳しい神話が伝えられていることを申しておきましょう。テーセウスはクレタ島の怪物ミノタウロスを倒してアテーナイ人たちの悲しみと不安とを解いたその勲しが有名なところです。338頁
(17) このことについては『国家』篇の四五一C〜四五七Bを参照して下さい。338頁
(18)『国家』篇四一六DEを参照のこと 339頁
(19) 恐らくは『国家』篇三七六C以下のこと 339頁
(20) アテーナイは陸地帯でもって西側のペロポンネーソス半島と繋がっていますが、その半島において最もアテーナイに近く商業都市コリントスが位置しています。そのコリントスに近くてありまがらイストミアというポリスもありました。イストミアは女性形ですが、その男性形が

イストモスです。339頁

(21) キタイローンはアテーナイの北西でテーバイの西に位置する高山、パルネースはアテーナイの北方近くその名前を取る山脈をなす山、山脈をなす故、これがアッティカとボイオーティアとの間の境界をなしたことは自然でしょう。339頁

(22) オーローピアーはボイオーティアーの東を海に面した町オーローポス一帯を呼ぶ言葉 339頁

(23) アソーポスは右のオーローポスのすぐ北を東西に流れるボイオーティアーの川のこと 339頁

(24) 〝石ばかりの平野〟と訳した言葉はギリシア語は「ペッレウス」といいますが、これはまた「ペッロス」という言葉にも繋がります。そしてこの「ペッロス」についてリヴォーはその註で「〝ペッロス〟は一種の多孔の石を印しするのであり、それは溶岩のそれに類似している。〝ペッレウス〟という言葉は石ばかりの土地を指すために用いられている（アリストパネース『アカルナイの人々』二七三行、『雲』七一行）」と註をしています。340頁

(25) プロメーテウスの子、父親の弟のエピメーテウスとパンドーラーとの娘のピュラー（つまり姪）を娶りました。ゼウスが人間の堕落を怒り大洪水でもって滅ぼそうとした時彼は父からの忠告で箱船を作り水上を九日九夜漂いましたがパルナーソス（ギリシア中部の高山、後に詩歌・文芸の中心地と見られるようになった、パリのモンパルナスのゆかり）に漂着、ゼウスが彼の望みを叶えるべく「母の骨を背後に投げよ」と言ったのを石を投げることだと解釈をしてそうしたところ彼の投げた石は男・妻の投げた石は女となり、その二人からギリシア人の祖先たる

ヘレーン・アムピクテュオーン・プロートゲネイアが生まれたとか。有名な神話です。ここのリヴォーの註は「さてデウカリオーンの大洪水を数えながら、歴史時代の以前に四つの大洪水があったのだった。『ティーマイオス』二三Cはただ〝以前には多くのものが生じたが〟とだけを言っている」となっています。342頁

(26) エーリダノス・イーリーソスはそれぞれアテーナイのアクロポリスの北側と南側とを流れる川、特にイーリーソス川は彼の『パイドロス』篇でソークラテースが真夏の日差しの下で裸足になりその流れに沿いとあるプラタナスの木陰まで歩いて行ったことが語られています。342頁

(27) プニュクス・リュカベットスもアテーナイの丘ないし山、前者はアクロポリスの西・後者はその北東にあります。(筆者もリュカベットスには登りました。30分程で登ったか) 342頁

(28)「この簡略な既述は『国家』篇での理想的なポリスの光景の記憶を思い出させる。にも拘らず、それは『ティーマイオス』篇(二三AB)で述べられるプログラムには対応してはいないように見える。そのプログラムに拠ればクリティアースは何よりも開陳すべきであったのだ、過去のアテーナイ人たちの諸々の資質に関するものをこそ。恐らくはプラトーンは意図的に曖昧の中振舞っているのである。恐らく、彼は『ヘルモクラテース』篇というより完全な発展に向けて留保したのだ」(リヴォー) 344頁

(29)『ティーマイオス』篇二一A以下でそのことがクリティアースの口から語られています。344頁

(30)『ティーマイオス』篇二五E以下 345頁

（31）すでに先の一〇九Bでそう語られていました。345頁
（32）ゼウスの兄弟でクロノスとレアーの子、海の神また大地と地震との神、ローマ神話では彼はネプトゥーヌス、所謂英語のネプテューンです。345頁
（33）アトラースはティーターン神族の一柱でプロメーテウス・エピメーテウス・メノイティオスとともにイーアペトスとクリュメネーとの子、ティータン神族とオリュムポス神族との戦いで彼らがオリュムポス神族に破れた時に懲らしめられ、ヘーロドトスに拠れば現在のアトラース山脈辺りで蒼穹を肩で支える罰を受けたとされています。以前は〝地図帳〟は一枚の紙の地図であるマップとははっきりと区別されていて、その地図帳の表紙にはアトラースが天をその肩に支えている絵がよく使われていました。因みに〝アトラース〟というギリシア語の本来的な意味は〝耐えられない〟というそれであり、そこからすると〝アトラース〟は「耐えられない神」ということでしょうか。蒼穹を支えるなどは誰しもにとってその苦痛はまさに耐えられぬそれでありましょう。347頁
（34）プレトロン・プース・スタディオンなど長さの単位を現わす言葉が出て来ますが、それぞれを現在の慣習の単位で言えば、先ず一プースは一フィート、一プレトロンは一〇〇フィート、一スタディオンは六プレトロンすなわち六〇〇ギリシアフィート（六〇六と四分の三のイギリスのフィート）です。メートル法で言えば一プースは二九、六センチ、一プレトロンは百プースだから二九、六メートル、一スタディオンは六プレトロンだから二九、六の六倍、すなわち、

一七七、六メートルとなります。それ故、ここの下りの三プレトロンの幅は八八、八メートル、深さの一〇〇プースとは二九、六メートル、長さの五〇スタディオンとは一七七、六の五〇倍、すなわち八八八〇メートル、つまり、八、八八キロメートルとなります。この幅・深さ・長さの水路とは如何にも堂々としたものだということです。350頁

（35）「原語は ὡραῖα ἱερά これを Ast はラテン語の justa（rights, privileges, due ceremonies）という言葉で翻訳している。すなわち、convenables（適当な・相応しいもの）である。問題は疑いも無く人が各々の季節の始めに当たって捧げる諸々の供物である」（リヴォー）352頁

（36）〝ネーレウスの娘たち〟とはギリシア語ではネーレーイスですが、これは彼女たちの父親のネーレウスによる呼び方です。ネーレウスは同じく海の神であるポセイドーンの子、故に彼女たち五〇とも一〇〇もその数が言われる海の娘たちは、海底のその父親の宮殿で黄金の椅子に座し歌い踊り、紡ぎ、普通の娘たちと同じ生活を送っているのだと見られていました。無論、彼女たちの美は神話としては語られなくてはなりませんでしたが。353頁

（37）「プラトーンによってアトランティス島の水利施設へ与えられた極度の重要性は理解されるのである、疑念の余地無く。すなわち、①プラトーンは一切の自然の豊かさで充ちたこの地帯を歴史時代の不毛で干涸らびたアッティカに対置しているから。②恐らくずっと先に想定されたように、この仕方でクレタ人たちによって現実化された諸々の驚異の或る思い出によってで」（リヴォー）353頁

（38）「δορυφόροι（槍持ち兵）たちというのは適切に言えばテュランノス（独裁者・専制君主）の身体の番兵らである。人の言う、ペリアンドロスが最初に徴集された者たちを持ったところの彼らのように。ギリシアのポリスにあっては諸々の兵舎の必要は無く、更にはまた軍団の間でのこれらのより多く或いは少なく忠誠だという区別もないのである」（リヴォー）354頁

（39）この濠はメートル法で深さが約二九、六メートル、幅一七七、六メートル、長さは一七七六キロメートルということです。355頁

（40）「ここで描写されている軍隊の組織は夷狄のものである。決してギリシア人たちは戦車をなど用いなかったし、それらは反対にエジプト人たちとペルシア人たちにあって用いられていたのである。投石器が同様に夷狄の武器であった。すなわち、顕著にリグリア人らにあって使用されたのである」（リヴォー）358頁

（41）「ギリシア語のトゥロムボス（θρόμβος）は先ず丸い穀粒・凝塊を指し、次いで凝固をした血液の凝塊を指すのである。これは血液の諸々の滴りの、犠牲の後の散布の役に立つところのものを指すのである。ピアレー（φιάλη）というギリシア語は一種の特殊な形の盃であって、それはクラテール（混酒器）の中に灌奠の液体を汲むのに役立つのである」（リヴォー）359頁

（42）「盛大な礼拝が問題である時には特に、犠牲の後には、恒例の慣習である」360頁

後書き

一

私はこの第七巻の『前書き』を今日において古代ギリシアの思想に経験のある人であればいざ知らず普通の人たちにとっては〝自然哲学〟というような言い方には、何か変な感触を持たれるのではなかろうかということから書き始めました。何故なら、今日ではおよそ「自然」がその中に秘めている真実は客観的にまさに「科学」によってこそ探求され認識されるものなのだということが、広く人々の思うところともなっていましょうから。けれども、「哲学」は「科学」というものが自らの尊厳として確保するに到っている客観性に関して何かしら無責任・無能力・無資格のようにさえ見え、それの本領とするところは何やら主観的な究極的真理とやらに纏わりつくということではないか。とすれば、そうした営みは「自然」の持つ神秘もこれを客観的にこそ追求したいのだという私どもにはそぐわないではないのかというわけです。そういうことで私は古代ギリシアにおいておよそ学問的な努力がどのようにして始められたのだったかということを回顧して、それは「自然を神話によって説明するのではなく、自然をただ自然の内側から説明する」というその努力として始まり、それは今日ではおよそ「科学」という名前が相応しいのかも知れませんがむしろ〝智慧に対する親しみ〟（ピロソピアー）としての「哲学」の名前でもってこそ呼ばれたのだということを申上げました。アリストテレースに拠ればイーオーニアーのタレースこそが紀元前五八五年五月二十八日に起こった日蝕を予言したその驚異によって最初の哲学者の名前に浴し、彼はまた「万有の始源は水だ」という形で「自然の自然の内にあるものによる説明」を試みたのでしたが、そういうそこではその努力の本質だけに注目するとすれば、よしんば今日ではそれは「科学」なのだとされるべきものでもあれ、「哲学」の名前で呼ばれることはただ単に〝呼び名〟の問題にも過ぎませんから、「自然哲学」という言葉はむしろ本質をそのままに率直に言うものであることが私どもにも納得されるだろうと思います。

二

それはそうだとしても、皆さん方は『ティーマイオス』篇・『クリティアース』篇から編まれたこの『自然哲学』と題された第七巻に眼を通されてどのように思われたことでしょうか。察するに、〝自然をただ自然のその内側から説明する〟ということは本当にそうされたのかなあという不審の思いが払拭出来ないと言うところが正直なところかと思います。依然として「神」の名前は出て来ていますからにはその思いは当然のことでしょう。解説を或る程度熱心に読んで戴いた方々には気付かれたことかとも思いますが、私は「イデア論」を本柱に持って思索を続けているそのプラトーンが何故この自然もまた哲学の対象とさえするのかということにこだわって、あれこれと申したのでした。そしてまた私の結論として「プラトーンは自然哲学をもまた自らの哲学のことをとしたが断じてイデア論を修正したり引っ込めたりはするものではなく、否、むしろ自然へとも通底するものとして保ちつづけたのだ」ということを述べたかとも思いますが、すなわち、皆様の不審の念を些かでも解すかと私が思いますのは「イデア論」の自然への通底ということにプラトーンはそれなりの見通しを自らの内に確保しているのではないかと私は考えるのだということです。とこうも申上げるのは「自然を自然の内側からこそ説明する」ということと「神の名を持ち出しながらにもイデア論によって自然を説明する」ということとは決して相互に相排斥し合うような二つのことではなく、否、むしろ案外に共通の広場にあるようにさえ思われはせぬかということです。何故なら、およそ「説明する」とは自らの思索を限界づけられかつ限定されたものとして提出をするということの謂いではないかと考えるからです。タレースが「水」で万有を限定すれば「自然を自然の内側から説明する」ことになるけれど、プラトーンが「神」を持ち出して語れば最早それは神話にも過ぎぬのだと見るのは、それはおよそ軽率な即断なのではないかと私は思います。問題の肝要なところはただに「その思索は限定されてあるか」というそこにこそあるのであり、限定するのは一重に言葉とその使用との客観性ということだろうから、問題は「水」でもあれ「神」でもあれどのように自らを限定されて客観的なものとするかというその営みのあり方だけなのだということこそなりましょうから。

　それ故、私どもは今日に天文学的な諸々の現象が一分の隙もなく検証や予言の可能性において科学的に限定されてこそ語られるのを経験しては科学的な言論の客観性に信服せざるを得ぬことの実感をまさに実感するわけですが、それでもなお天文学は一切をすべからく限定し尽してあることでしょうか。宇宙の起源とかその限界だとかいうことになると。まさに天文学の自己限定もただに課題なのだということが残されるのではないでしょうか。その意味において天文学も自己を限定することを永遠に課題とするのかも知れません。そして翻ってプラトーンの〝自然哲学〟を思って見る時、如何にプラトーンその人が徹頭徹尾まさしくその「自己限定」というそのこと自身で終始するものであるかということを認めざるを得ないことでしょう。プラトーンが「神」の名前を持ち出すとしてもそれは断じて彼の〝デウス・エクス・マーキーナー〟（機械仕掛けの神）といった悲劇作家エウリーピデースがそれを使うことを好んだ「筋書きの完成にはひたすらその完成というそのことだけを目指して持ち出される神による決着」などではなく、何度も申しますように「自らの思索はそれによって自己を限定し得るのか」というまさにそこにおいてこそ持ち出されているのだということを、私どもは決して等閑に付してはならないのだと思います。

三

幾らか内容的なことに触れて後書きすることも必要なことでしょうか。その点で言えば「自然を自然の内側から語る」という点に関して行われる「場所」（コーラー）の議論が、誰しも認めるだろうように、思索の自己限定ということでは白眉の議論であることでしょうか。それは第二部での「必然からの所産」を語る時の議論であるわけですが、「万有の生成」の語ろうともするそのためには「モデルと模写」との二つではなく、否、なお或る一定のものとなし得る受容者を措定してそこへとすべてのものが入って来るのだという仕方で「受容者は母・そこへ入り似せられるものは父・父母の間のものは子」ということで自然界の成立を語ろうともするわけですが、「我々は〈あるもの〉とはすべて何らかの場所に何らかの場を占有してこそあるものだとする」ことを、よしんば夢見心地に思うことには過ぎぬとは言え、それを言うことを消し去り得ないこととして言うのでありました。「イデア論」であればそれは典型とその模像というその二項関係の中でこそ「ある」ということを認めて行こうとするのですが、万有がそこにこそあるコスモスを語ることにおいては「コスモスとはそこにおいてこそあれこれを受容するその受容者である基本を持つ」ということで、そこでは三項関係になることの必然が思われたのでした。無論、そこでは学者的議論がそれら二項関係と三項関係とのどちらがどう基本的なのかということで或いは「イデア論」は否定されたのだとか修正されたのだとか吹聴もするわけですが、私の見るところでは、およそ受容者の必然を思うのだとは言ってもおよそそれはすべからく基本的には「言論の成立」というそのことにおいてこそ初めて思われることでもありますから、最も根本的にあるのは「言論とは成立しなくてはならぬものの謂いである」とするその「イデア論」こそであるだろうと思います。『ティーマイオス』篇の掉尾を飾る美しい語りというのもまた、私の見るところ、「イデア論」の二項関係を最も基底的に据えたならその上に立つ三項関係は見事にこのコスモスの成立を見させてくれたのだという、その感動の思いの表出なのではないかと思われます。

四

続く『クリティアース』篇がどうして〝自然哲学〟の書なのかということは『ティーマイオス』篇がおよそすべからくそのように肯定されるだろう事情に比べたら、全くもって奇異なことだと思われることでしょうか。「コーラーの議論」の如く「自然哲学」としての自己の思索を限定することに先ず捧げられるようなどんな言葉も見られず、見られるのはただアトランティスの島の山がどうだ川がどうだ平野がどうだ、神殿がどうだ王宮がどうだ、といったような見られるものがどう見られ続けるかということの、言って見れば羅列にも過ぎず、それはそれなりにああそうであったのかという好奇心は満たしてくれも致しましょうが、それで哲学的に深遠な感動に喜びを覚えるといったようなものではあり得ないことは、どなたも同意して戴けましょう。

それ故、私はよしんばこの『クリティアース』篇を「自然哲学」の書なのだとして読むことには何程かの躊躇いを私どもが覚えざるを得ないとしてもむしろ問題の根本はそもそもの基本的な動因がソークラテースの「国家」の話しに対する返礼としてのティーマイオス・クリティアース・ヘルモクラテースの三人の「コスモスにおいて生成する人間・往にし方にあったアテーナイ人という現実の人間等々」といったそれら人間存在の語りおいてこそあったのだということが、先ず承知されるべきではないかと考えます。従って、強いて『クリティアース』篇を自然哲学の書物なのだと見るべきだとすれば、それは辛うじて「人間存在がコスモスにおいて産出をされ彼らは神殿を建て町や港に運河等を造ったのだがそれも結局は人間における自然の通底なのだ」というようなことを考えることで或いはなされもすることでしょうか。否、むしろ『クリティアース』篇において私どもが是非とも読まなくてはならないのはむしろその中断にまさに理由ともなっただろうその間のその事情のことではないかと考えます。すなわち、『クリティアース』篇は地上の人間・かつてのアテーナイ人をこそ語るべきものでこそありましたが、それはソークラテースの『国家』篇を反復しながら「徳治」の支配を行うアテーナイ人を再び語ることに向ってはならず、否、むしろまさにその「徳治」の地上における現実こそが委細を尽して見られ続けなくてはならないのだとこそ想到されたのでした。学者たちがその努力は『法律』篇こそが担う者となったのだと見なすこととなるのも、それ故それなりの尤もなところはあると言えましょう。

かくて、この第七巻は『自然哲学』とは題されましたがそれは「自然科学」が「自然」という対象をおよそ自明の対象として前提してその謎を科学的に明らかにするといったような〝自明な自然〟に寄りかかって終始し得るのだというような安逸においてあるのではなく、否、人間存在の自然本性というまさにそこにおいてこそ見られるべきその「自然」に局限されたそのところで、初めて「自然哲学」ということを思うものなのでしょう。「人間存在」は魂を持ちそれ故その言葉とともに自己を真実にも限定するところのあるものなのでしょうが、所謂「ものとしての自然」とは自己限定をなし得るようなものではなく、それ故にも「自然を語る語り方」はまさに我々の『ティーマイオス』篇が如何にも意図的に〝尤もらしい語り〟だとしなくてはならなかったのだと思います。

「櫂歌全書」発刊の辞

野に遺賢あり、という。史資料にも、その価値・意義が高いにもかかわらず、私たちの目に触れる機会を逸しているものが少なくない。それは地中に眠る考古文化財に似ていよう。

世は挙げて消費文化の時代である。活字文化の衰退が嘆かれながら、片や、ただ一瞬の娯楽に供されるだけの出版物が氾濫している。

ＩＴ情報ネットワークの隆盛も、ひたすら便宜の供与のみが急がれて、情報化される以前の原石の存在に遮幕を掛けている弊をなしとしない。

それがまた、真摯な研究、思索に深くかかわり得る史資料の発掘、刊行をさまたげる要因の一つになっている。

ここに「櫂歌全書」の刊行を企図するのは、私たちの足下周辺に目を配り、たとえ読者は少なかろうと、再読三読に耐える学術に新しい息吹きを回復させせんがためである。

二〇一〇年錦秋

櫂歌書房

プラトーン著作集　第七巻
自然哲学
ISBN978-4-434-23063-9　C0310

発行日　2017 年 2 月 15 日　初版 第 1 刷
著　者　　水崎 博明
発行者　　東　 保司

発 行 所
櫂 歌 書 房
〒 811-1365　福岡市南区皿山４丁目 14- 2
TEL　092-511-8111　FAX　092-511-6641
E-mail:e@touka.com　http://www.touka.com
発売所　　株式会社　星雲社
〒 112-0005　東京都文京区水道 1-3-30

出典：前川光永著「カメオとギリシャ神話図鑑」柏書店松原株式会社